KB113362

문학하는 마음

문학하는 마음

―

김필균 인터뷰집

그놈의 문학병

운명이 어느 정도 정해져 있다고 믿는 편이다. 일이 잘 풀리지 않을 때 그런 생각을 하면 조금 덜 억울하다. 왜 나한테만 이런 일이 일어나는가! 이런 생각이 들 때, 그게 내 의지와 상관없이 그렇게 정해져 있는 거라고 여기면 위로가 되기도 한다. 내가 1년에 한두 번 용하다는 점집을 찾는 이유다. 사주, 타로, 띠별 운세 등 장르를 가리지 않는다. 내 사주가 바뀔 리 없는데도 사주풀이를 볼 때마다 새로운 사실을 알게 되는 것처럼 무릎을 치는 건 좋은 이야기든 나쁜 이야기든 오래 기억하거나 마음에 깊이 담아두지 않는 성격 때문이기도 하지만, 그 자리에서 잠시 즐겁거나 걱정하다 지나가는 것 말고는 기억한다 해서 뭘 어떻게 할 수 있는 건 아니기 때문이다. 어차피 좋은 이야기는 희망으로, 나쁜 이야기는 운명이라는 핑계로 위로를 받으면 그만이다. 그래서 앞날이 별 볼 일 없다거나 부정적인 결과가 나와도 크게 낙담하지는 않는다. 내 운명이 그렇다는데 어쩌겠는가. 지금껏 그래왔듯이 어찌어찌 지나가겠지. 그런데 지난해 초에 본 별자리점은 조금 달랐다. 그때 들었던 말은 내 지난 생을 통째로 돌아보게 했을 뿐 아니라 앞으로도 내내 잊지 못할 것이 되었다.

계획대로라면 이 책은 지난해에 나왔어야 했다. (계획을 좀처럼 지키지 못하는 나 때문에 이제야 세상에 나오게 되었지만, 그 이야기는 하지 않겠다. 반성은 마음속으로 하겠다.) 책을 만들기만 하다가 내 이름으로 처음 책을 내려니 여간 걱정되는 게 아니어서, 나는 이 책의 운명이 어찌 될지 어디에라도 묻지 않을 수 없었다. 별 볼일 없을 거라는 말을 듣게 되더라도, 정말 별 볼일 없게 되었을 때 도망칠 자리를 마련해두고 싶은 얄팍한 계산에서였을지도 모른다.

"올해 책을 하나 내려고 준비하고 있는데, 잘될까요?"라고 조금은 긴장된 마음으로 물었다. 어떤 책이냐고 하기에 문학판에 있는 사람들을 인터뷰한 책이라고 간략하게 설명했다. 내 말이 끝나자마자 점을 봐주던 이가 아주 피곤한 얼굴이 되어 짜증이 배인 목소리로 버럭 소리를 질렀다. (사실 이건 그 뒤에 내 기억이 재구성한 것이다. 그의 얼굴과 목소리는 지워진 지 오래다. 내겐 그의 워딩만 남았고, 그것을 수차례 곱씹는 과정에서 이런 이미지로 굳어졌음을 밝힌다.)

"그놈의 문학병 좀 버려요!"

나는 앉아 있었지만 무릎이 꺾였다. 잘 안 될 거라고 했

더라면 그럴 줄 알았다고 웃어넘겼을 텐데. '그놈의 문학병'
이라니. 내가 '그놈의 문학병'에 걸렸다니. 심하게 충격을 받
은 듯이 보였는지 그가 내게 대안을 주었는데, 문학하는 사람
들의 인터뷰 말고 의사나 의사이자 교수인 사람들의 인터뷰
를 하면 잘될 거라 했다. 그러면 그 제자들이 책을 많이 사줄
거라고.

"갑자기요?" 목소리가 떨려 나왔다.

지금 생각하면 웃길 수 있는 상황인데, 당시에는 큰 충
격으로 정상적인 사고를 할 수 없었으므로, 나는 더 절망스러
워졌다. 아무리 생각해봐도 내가 아는 사람 중에 의사나 의사
이자 교수인 사람은 단 한 명도 없었다. 마치 그것이 내가 '그
놈의 문학병'에 걸린 결정적인 증거처럼 여겨졌다. 내가 아는
유명한 사람은 모두 문학하는 사람이었으니까.

어쩌다 이런 병에 걸린 것일까. 불치병으로 시한부 판정
을 받기라도 한 것처럼, 그때까지 내가 살아온 시간이 역순으
로 주마등처럼 스쳐 갔다.

두 곳의 출판사에서 10년 가까이, 이후 프리랜서로 지금
까지 문학 편집자로 일해왔다. 사실 프리랜서로는 문학책만
한 것은 아니지만, 문학 편집자라는 경력으로 일을 받고 있으
니 그것의 연장선에 있다고 할 수 있다. 되돌아보니, '문학'이
아니었다면 출판사에 취직할 생각은 못 했을 것 같다. 대학을
졸업한 후 기업의 사보와 브로슈어 등을 만드는 편집사무실

에서 사회생활을 시작했고 비슷한 업종의 회사들을 전전하면서 그 일에 익숙해질 무렵, 우연히 '문학과지성사' 채용 공고를 보게 되었다. 그전까지는 딱히 다른 하고 싶은 일이 있는 것도 아니어서, 익숙한 일로 적당한 돈을 버는 생활이 언제까지고 이어질 줄 알았다. 그런데 '문학과지성사'라는 이름을 보자마자 '여기다. 여기서 꼭 일하고 싶다'라는 강렬한 욕구가 치솟았다. 문예창작을 전공하면서 한때 소설가를 꿈꾸기도 했으므로, 그것은 단순히 출판사의 이름이 아니라 꿈이었다. (아. 나는 그때 이미 분명 '그놈의 문학병'을 앓고 있었던 것이다.) 그렇다고 대학에 다니면서 소설을 열심히 썼던 것은 아니었고, 친구들과 어울리거나 아르바이트를 한 시간이 훨씬 길었다. 그럼에도 마음 한구석엔 '언젠가 쓰겠다!' 하는 결심이 늘 있었는데, 그건 화려했던 지난날을 잊지 못해서였던 듯하다.

중고등학교 때 교내 백일장은 물론 외부 백일장에서도 굵직한 상을 받으면서 나는 스스로 꽤 쓴다고 조금은 오만한 생각을 했다. 문예창작과로의 진학을 별다른 고민 없이 당연하게 여겼던 건 그 때문이었다. (아마도 '그놈의 문학병'의 초기 증상쯤 되지 않았을까.) 그러고 보니 초등학교 때부터 나는 유독 백일장에 민감했다. 장려상이라도 받아야 마음이 놓였다. 그건 사실 숨기고 싶은 비밀이 있어서였다. 초등학교 2학년, 그해 6월에 열린 반공독후감대회에서였다. 반공도서를 읽고 독후감 써오라는 숙제를 받아 들고 나는 울상이 되었다. 독후감이 뭐지? 어떻게 쓰는 거지? 찡얼대는 나를 보다 못한 엄마가

6학년인 오빠에게 네가 대신 좀 써주라고 시킨 것이 화근이었다. 그렇게 오빠가 『비학산의 두 용사』를 읽고 쓴 독후감은 내 이름으로 학교에 제출되었고, 나는 생애 처음으로 상을 받았다. 상장을 손에 드니 기쁨보다는 두려움이 몰려왔다. 다음 글쓰기 대회에서 또 상을 받는 것이 내 거짓 수상을 숨길 수 있는 유일한 길이라 생각했다.

기억이 여기까지 거슬러 올라가자 나는 운명이라는 정교한 플롯에 숨은 엄청난 복선에 소스라칠 수밖에 없었다. 예기치 않은 수상으로 나를 읽고 쓰는 일로 몰아넣은(?) 그 오빠가, 그리하여 결국 '그놈의 문학병'까지 걸리게 만든 그 오빠가 바로, '일하는 마음' 시리즈 중에서 『문학하는 마음』을 나에게 맡긴 제철소의 편집자인 것이다. '이러려고 그랬니?' 멱살을 잡고 억지라도 부리고 싶었다.

이제 와서 얄궂은 운명을 탓해봐야 소용없는 일이고, 어쨌든 나는 이 책으로 인해 '그놈의 문학병' 환자로 진단을 받았으니 이젠 고치는 일만 남았구나 싶었다. 그런데 내게 이 병의 진단을 내린 그는 병을 '고쳐라!'라고 하지 않고 '버려라!'라고 했다. 그러면 이것은 '치료'가 아닌 내 '의지'의 문제가 아닌가. 그렇다면 나는 왜 여태 그것을 버리지 않고 쥐고 있었을까.

그것이 '그놈의 문학병'인 줄 알았다면, 버리고 싶었던 순간은 물론 있었다. 이를테면 편집자를 막 시작했을 무렵 같은 시기. 유명한 작가들을 만나는 감격은 그리 오래가지 않았다. 나는 '문학하는 사람'이 아닌 '문학하는 사람과 일하는 사람'이었고, 일을 하며 처음 부딪히는 상황에서 상처 주는 사람도 없는데 혼자 상처를 받는 일도 많았다. 모든 일에 눈치가 보이고 '죄송하다'는 말이 입에서 떨어질 줄 몰랐던 그때, 한 선배는 위로 반 농담 반으로 이런 말을 건네기도 했다. "작품이 좋으면 작가를 만나지 말고, 작가가 좋으면 작품을 보지 말아야 해." 당시엔 명언 중의 명언이라고 엄지를 치켜세웠지만, 이후 더 많은 작가와 더 다양한 책을 만들면서 그 말은 오래된 농담으로 남았다. 책이란 건 만들수록 어려웠지만 문학은, 작가는, 만날수록 매혹적이었다. 그래서 버릴 수 없었나 보다.

왜 회사를 그만두었느냐는 질문을 종종 받는다. 회사를 그만둔 것이, 드디어 '그놈의 문학병'을 버린 것이 아니냐는 물음과 같은 의미처럼 들리기도 한다. 수많은 이유가 있기도 하고 아무 이유가 없기도 한데, 중요한 건 그만둔 이유가 아니고 그만둔 이후에 내가 알게 된 것들이다. 그중 하나는 편집자들이 실로 대단한 사람들이라는 것. 그 속에 있을 땐 일에 묻혀서 돌아볼 겨를이 없었는데, 떨어져 있으니 보인다. 단순히 월급을 받는 직장인으로서가 아니라 정말 책을 사랑하는 사람들의 마음이. (『출판하는 마음』에 아주 잘 담겨 있다.) 그리고 또 다른 하나는 이번에 인터뷰하면서 알게 된 '문학하는 사람들'의 마음이다. 이건 다가가서 보니 보인다. 문학 편집자로 일하면서, 나는 내가 문학하는 사람들과 당연히 가깝게 연결되어 있다고 막연하게 생각했다. 그런데 아니었다. 이 인터뷰를 통해서 비로소 나는 그들 옆에 제대로 선 듯했다. 그들의 이야기가, 그들의 마음이 제대로 들렸다. 그런데 이상한 것은 그들 옆에 가까이 설수록 나는 문학 편집자가 아닌 문학을 꿈꾸던 지난 시절의 마음으로 자꾸만 되돌아갔다는 것.

그렇다. 어쩌면 이 책이 '그놈의 문학병'을 도지게 만든 것인지도 모른다.

'내게는 '꿈'이었던 '문학'을 '직업'으로 가진 열한 명의 인터뷰이. 동경과 호기심이 뒤섞인 추측과 진실 사이에서 우리의 인터뷰는 진행되었다. 그들은 현실을 객관적으로 전하는 것에 주저함이 없었으나, 경제적인 혹독함을 얘기하는 순간에도 자신이 하는 일에 대한 애정에는 흔들림이 없었다. 그것이 그들의 단단한 마음 때문이라는 걸 알아차리는 것은 어려운 일이 아니었다. 돈 많이 버는 방법을 알고자 이 책을 펴는 사람은 없을 것이다. (그러길 바란다. 원하는 답을 줄 수 없기 때문이다.) 다만 '문학'으로 먹고사는 일의 가능성을 확인해보고자 한다면, 그 노하우 또는 마음의 준비를 위한 경고문을 발견할 수는 있을 것이다. 우리가 좋아하는 '그들'의 마음과 좀더 가까워질 수 있음은 물론이다.

해서 나는 그들의 이야기를 잘 듣고, 잘 담고 싶었다. 하지만 서툴렀음을 부정할 수는 없다. 두서없는 질문 속에서 그나마 길을 잃지 않고 하나씩 인터뷰가 완성될 수 있었던 건, 모두 열한 명의 인터뷰이의 배려와 정성스러운 답변 덕이다. 귀한 이야기를 미처 다 담아내지 못했을지도 모른다. 뭔가 아쉬움이 남는다면 그날의 분위기와 그들이 전한 이야기를 오롯하게 담아내지 못한 나의 부족함 탓이다.

인터뷰를 글로 옮길 때에야 나는 편집자의 위치로 돌아왔다. 한 권의 책을 내기 위한 원고를 쓰는 건 처음 해보는 일이었지만, 이것이 내가 쓰는 책이 아니라고 생각하자 길이 보였다. 나는 열한 저자의 책을 만든다고 생각하고 인터뷰를 정리했다. 그들이 말로 전한 원고를 잘 편집하는 것이 내 일이었다. 웃음도 감동이 된다고 믿는 그림책 작가, 글쓰기가 놀이라고 생각하는 어린이·청소년문학 작가, 주변을 바라보는 시각이 바뀌는 것이 쓰는 일의 의미라고 생각하는 시인, 장래의 꿈이 전업 작가인 소설가, 희곡이 문학이 아니어도 좋다는 극작가, 글쓰기를 위해 투잡을 가지라고 하는 에세이스트, 돈을 목적으로 웹 소설에 뛰어드는 이들을 도시락 싸 들고 말리고 싶다는 웹 소설 작가, 자신의 글은 자신을 위한 거라고 말하는 문학 평론가, 쓰고 또 쓰고 또 써야 했던 상황에서 눈물을 흘리지 않을 수 없었던 서평가, 편집자들이 기획하는 문학잡지를 만들며 야망과 재미를 좇는 문학잡지 편집자, 기사와 상관없이 읽는 책의 양이 기사의 질을 결정한다고 믿는 문학기자. 나는 무언가를 더 얹거나 빼거나 하지 않고, 그들의 목소리에 내 화법을 덧씌우지 않으려 노력했다. 그것이 이 책을 선택한 독자들이 원하는 바이기도 할 테니까.

한데 정말 그래도 되는 걸까? 불안함은 있었다. 늘 판권면에 들어가던 내 이름이 책 표지에 들어간다는 데서 오는 부담 때문이었다. 뭔가 더 적극적으로 그들의 일과 마음에 개입해 들어가는 것이 필요한 걸까? 고민이 깊어질 무렵, 나는 김민정 시인을 찾았다. 그는 훌륭한 편집자 선배이기도 하지만, 내가 가장 사랑하는 시인이다. 오랜 시간 곁에서 내 손을 잡고 이끌어준 사람. 길게 말하지 않아도, 나에 대해서라면 이미 다 알고 있을 것 같은 그에게 뭔가 잘못된 것 같다고 털어놓았다. 그러자 그가 내 '귀'에 대해 이야기해주었다.

"너는 귀를 온몸에 달고 있는 사람. 네게는 이파리 같은 수많은 귀가 달려 있어. 들어주는 사람, 감춰주는 사람, 안아주는 사람, 끝끝내 후회를 지워주는 사람. 너는 그들을 그들 자체로 가장 그들답게 있게 해주는 사람. 그들 목소리를 가장 가까이서 듣고 혹시나 티가 섞일까 싶어 조바심내며 불안해하며 가장 정직한 방법으로 뱉어주는 사람. 그래서 너는 가장 가난한 사람. 이름을 지우는 존재라는 거. 네 몸에 여름 나무 이파리 같은 귀들이 쫑긋 제 몸을 세우고, 잘못 듣고 잘 못 들을까 봐 서로 쉬쉬하며 들어주는 사람. 그래 그거, 들어주는 사람…, 들어서 주는 사람."

물론 나는 이런 상찬을 듣기에 터무니없이 부족하다. 더구나 그가 이 책의 원고를 보지 못했을 때이므로, 그의 기대에 못 미치는 인터뷰일 것이 분명해진 지금, 이 말이 여전히 유효할지 장담할 수 없다. 그럼에도 그의 메시지를 옮기는 용기를 내본다. 왜냐하면 꼭 이런 '귀'가 되리라 마음먹었기 때문이다. 그건 '그놈의 문학병'을 버릴 마음이 없다는 결론을 내렸다는 말이기도 하다.

그 점술가는 끝내 이 책이 잘되는지, 아닌지 말해주지 않았다. 그러나 이젠 그의 대답이 필요하지 않다. 내가 바라는 '잘된다'의 의미는 의사나 의사이자 교수인 사람들의 제자들이 사주는 것만큼 이 책이 잘 팔리는 것이 아니기 때문이다. 내가 바라는 건 '그놈의 문학병'이 전염성이 짙은 바이러스였으면 하는 것이다. 하여 이 책을 읽는 당신의 마음에 '그놈의 문학병'이 옮았으면, 하고 간절히 바란다. 그러면 당신의 귀에도 이 열한 명의 인터뷰이가 얼마나 자신의 문학과 삶을 사랑하는지, 그것이 '먹고사는' 문제와 어떻게 맞닿아 있는지 들릴 것이다. 그때에, 이 책을 집으면서 저마다 마음속에 품었던 고민과 질문들에 대한 자신만의 대답도 함께 들을 수 있게 되길 또한 간절히 바란다.

출판사에 다니면 다 저자가 되는 줄 알고, 엄마는 내게 "네 책은 언제 나오냐?"라고 종종 물었다. 나는 자세한 설명도 없이 콧방귀만 피식피식 뀌어댔다. 그때 나는 왜 단호하게 그럴 일은 없을 거라고 말하지 못했을까? 내가 뀐 콧방귀는 '그놈의 문학병'에서 생긴 신열 같은 건 아니었을까? 드디어 내 이름이 담긴 첫 책을 엄마에게 건넬 수 있게 된 지금, 문득 이런 고백은 어떨까 생각한다.

"엄마, 내가 사실 '귀'였어."

2019년 초여름
김필균

차례

서현, 그림책 작가의 마음

그림책을 좋아한다. 현재형이다. 어린 시절의 나에게 그림책은 '책'이 아닌 '집'이었다. 나는 그림책으로 주로 집을 지었다. 당시 대개의 집에서 그랬던 것처럼, 우리 집에도 그림책 전집이 있었다. 전집 방문판매가 유행하던 시절이기도 했거니와 한 권, 한 권 고심하여 책을 골라주기엔 부모님이 너무 바빴기 때문이었을 터. 크고 단단한 책들은 집 짓는 데 더없이 좋은 재료였다. 게다가 전집은 내 한 몸 들어갈 집을 짓기에 충분한 양이었다. 그림이 가장 예뻤던 『아기 사슴 밤비』는 누웠을 때 바로 보이는 천장에 두었다. 내 방을 가지는 것이 요원하기만 했던 그때, 안방 한가운데에 책으로 집을 지어놓고 그 안에 들어가 있는 일은 내게 큰 위로가 되었다. 책의 내용은 중요하지 않았다. 그럼에도, 내 공간이 없는 집에 혼자 남아 책으로 집을 만들며 시간을 보내던 내가 '혼자 있는 걸 두려워하지 마라'라는 교훈을 주는 밤비의 성장담이 담긴 책을 특별하게 생각했던 건 공교롭지 않을 수 없다.

내용에 영향을 받은 그림책은 따로 있다. 예림당에서 카세트테이프와 함께 나온 그림책 시리즈. 나는 글자를 읽을 수 있는 나이가 되어서도 테이프가 늘어지도록 그것을 들었다. 가장 충격적이었던 건 『빨간 구두』다. 금기를 깨고 빨간 구두를 신고서 교회에 간 소녀가 결국 발목을 잘리고 마는 이야기. 토막이 나서도 마구 꿈틀대는 낙지 다리처럼, 잘린 발이 제멋대로 춤을 추고 있는 그림은 실눈을 뜨고서 겨우 볼 정도였다. 카세트테이프에서 "빨간 구두야, 춤을 추어라!" 하는 남자의 굵은 목소리를 들을 때면 소름이 돋았다. 당시 나에게도 빨간 구두가 있었고, 내게는 유일한 구두였던지라 좋아할 수밖에 없었는데, 그 책을 읽고(듣고) 나서는 성당에 갈 때 절대 그 구두를 신지 않았다.

　나에게 어린 시절의 그림책이란 그런 것이었다. 그림이 예쁘거나 내용이 충격적이거나. 공주 이야기는 책이 아니라 월트디즈니 만화영화로 접했으므로 논외로 치고. 학교에 들어가고 나서는 그림책을 읽지 않았다. 당연히 집에서 전집도 사라졌다. 그런 건 어린애들이나 읽는 거라고 생각하는 나이가 된 것이다. 다시 그림책을 읽은 건 출판사에서 일을 하고부터다. 내가 다닌 출판사들에서 어린이책 신간이 나오면 그렇게 반가울 수가 없었다.

　새롭게 만난 그림책은 아름다웠다. 그림도 아름답고, 거기 담긴 이야기도 아름답고, 그 이야기가 담고 있는 마음도 아름다웠다. 그러니까 성인이 되어서 그림책을 좋아한 이유는 아름다워서였다. 내가 '아름다워서였다'라고 과거형으로 말한 것은, 지금은 단지 아름답다는 이유만으로 그림책을 좋아하는 건 아니기 때문이다. 왜냐하면 서현의 그림책을 만났으니까.

이건 너무 귀엽고 웃기잖아!

『눈물바다』, 『커졌다!』, 『간질간질』(사계절), 이 세 권의 그림책은 『빨간 구두』만큼 충격적이었다. 물론 그 충격의 종류는 완전히 다른 것이었지만.

　우울하고 짜증 나는 하루를 보낸 아이가 밤새 흘린 눈물로 '눈물바다'가 만들어지는데, 짜증 났던 모든 것들이(엄마, 아빠도 물론) 그 눈물바다에 빠지고 마는 이야기, 키 크고 싶은 아이가 갖가지 방법으로 결국 우주까지 커지면서 작아진 주변의 것들을 다 먹어버리는 이야기, 머리가 간지러워 긁었더니 떨어진 머리카락이 모두 또 다른 내가 되어 함께 한바탕 춤을 추며 노는 이야기다. 이건 너무 귀엽고 웃기잖아! 귀여운 것이 웃음을 줄 수 있다는 사실을 새삼 깨닫게 하는 매력이 그의 작품에 있었다. 유머가 세상을 구원하리라 믿고, 순정만화보다 명랑 개그 만화를 더 좋아하는 나로선 그야말로 취향 저격 아닌가. 발목이 잘린 것도 아닌데, 그림책 작가 서현을 만나러 가는 발걸음이 절로 춤을 추었던 것은 그래서였다.

홍대 앞 그의 작업실은 상상했던 것보다 더 멋졌다. 작은 공간을 세 명이 나눠 쓰고 있었는데, 일단 몹시 어지러웠고(그러나 분명 질서는 있었다. 어지러운 것들의 질서는 얼마나 아름다운가) 무엇보다 귀여운 소품들이 한가득이었다. 압도적으로 많았던 건 아트 토이. 함께 작업실을 쓰는 선생님의 작품이란다. 그림 그리기뿐만 아니라 만들기를 좋아하는 서현은 10개월간 상상마당에서 진행하는 아트 토이 전문가 양성반 수업을 들었다. 그때 아트 토이를 가르쳐준 선생님과 함께 공동 작업실을 쓰고 있는 것이다.

서현이 직접 만든 인형도 그의 책상 한편에 자리하고 있었다. 그의 책에 등장하는 캐릭터들이었다. 아직은 재미로 만들어보고 있다며 수줍게 말하는 그에게 얼마냐고, 당장 구입

하겠다고 말하고 싶은 걸 겨우 참았다. 나중에 콘텐츠가 풍부해지면 판매용 제품으로 만들 생각도 있다고 하니 그때 꼭 사겠다는 다짐으로 흥분된 마음을 가라앉혔다.

서현은 앞서 말한 세 권의 그림책 『눈물바다』, 『커졌다!』, 『간질간질』을 쓰고 그렸다. 2009년에 첫 책 『눈물바다』가 나왔고, 2012년에 『커졌다!』가, 2017년에 『간질간질』이 나왔다. 그러니까 첫 책이 나오고 2019년 현재까지 10년간 세 권의 그림책을 낸 것이다. 그러나 다른 작가의 글에 그림을 그린 책은 셀 수도 없이 많다(셀 수야 있겠지만 세기 귀찮을 정도로 많다는 뜻이다). 출판사를 막론하고, 그림책과 이야기책을 가리지 않고 그는 그림을 그렸다.

                                               •

"그림책 작업에만 집중하면 좋겠지만 아무래도 경제적으로도, 현실적으로도 힘든 부분들이 있잖아요. 그래서 제가 쓰고 그리는 책보다 그림 그리는 일을 많이 받기도 했어요. 꼭 그것 때문만은 아니더라도, 내가 쓰지 않은 다른 이야기들을 내가 그려낼 수 있을까, 하는 기대가 좀 있었거든요. 의뢰받아서 하는 그림 작업은 더 다양한 이야기들을 경험할 수 있는 기회이기도 하니까요. 이러저러한 이유로 일러스트레이션 일들을 좀 하느라 제가 쓰고 그리는 책은 간격이 좀 생겼어요."

직접 쓰고 그리는 책을 만드는 일과 원고가 있는 상태로 그림을 의뢰받아 하는 일에 대한 이야기가 무척이나 궁금해졌다.

일단 그림을 그리게 된 이야기부터 들어보기로 했다. 예상했던 대로, 어릴 적부터 그림 그리기를 좋아했단다. 그런데 재미있는 것은 그의 그림이 '만화책'에서 시작되었다는 점이다.

"세 살 위 오빠가 있는데, 오빠가 보는 만화책을 따라서 보기 시작했어요. 그러면서 한글도 자연스럽게 익혔거든요. 만화책 보면서 그걸 따라 그리고는 했죠. 어렸을 때 제가 여기저기 낙서하고 그러니까 부모님이 스케치북을 사다 주시고, 그렇게 계속 그렸어요. 다른 잘하는 건 없었고, 그림은 잘하는 거니까 좋아했고, 그래서 그림을 그려야겠다고 막연히 생각했어요. 만화를 좋아하니까 만화가가 되고 싶었죠."

그는 고등학교 1학년 때부터 미대 입시 학원을 다녔다. 어쩌면 그림에 재능 있는 아이의 정해진 수순처럼 보이는 이 진행은, 그러나 예상대로만 흘러가지는 않았다. 그는 입시 학원을 다니면서 대학 진학보다는 하루빨리 만화가가 되고 싶은 마음이 더 컸다. 만화가가 되는 길을 그는 만화책과 만화잡지에서 배웠다. 유명한 만화가의 문하생으로 들어가서 도제식으로 일을 익혀 데뷔하는 것. 지금처럼 만화학과가 많지 않던 시절이었다. 급기야 그는 부모님에게 폭탄선언을 하고야 말았다. 대학을 가지 않고 만화가의 문하생으로 들어가겠다고. 그러나 더 이상의 반전은 없었다. 그는 부모님에게 엄청

서현,

그림책 작가의 마음

혼이 났고, 입시 준비를 했고, 홍대 회화과에 들어갔다. 회화과는 자유롭게 그림을 그릴 수 있는 학과가 어디일까 고민 끝에 결정한 것이었다.

"막상 대학에 들어가서 그림을 그리니까, 만화를 하고 싶긴 한데 사실 뭘 해야 할지 모르겠더라고요. 동아리 활동에서 그린 것을 모아 만화책 같은 회지도 만들었어요. 출판의 형식은 아니고 저희끼리 인쇄소 같은 데 맡겨서 만드는 거였어요. 그리고 일러스트레이션이나 애니메이션 관련 수업을 듣고 싶어서 시각디자인과를 복수 전공했어요. 거기서 만화를 구체적으로 공부할 수 있지 않을까 싶어서…. 그렇게 일러스트레이션 공부를 하면서 우연히 그림책을 보게 된 거예요. 전에는 그림책이라는 게 글을 잘 읽지 못하는 어린아이들이 볼 수 있는, 그림으로 이해하기 쉽게 만든 책이라고 단순히 생각했거든요. 그림책을 동화라고만 생각했던 거예요. 근데 그때 그림책을 보고, 아이들뿐 아니라 어른들도 충분히 재미있게 읽을 수 있겠다는 가능성을 느꼈어요. '그림책도 되게 재미있겠는걸.' 그런 생각을 갖게 된 거죠."

내가 작은 세계를 만들어냈다!

만화가의 꿈을 마음에 품었지만, 막상 졸업이 다가오니 진로에 대한 고민을 하지 않을 수 없었다. 그는 다시, 좋아하는 것들을 생각해보았다. 만화는 물론이고 장난감처럼 재미있는 것이라면 뭐든 좋아하는 그였다. 장난감 회사에 들어갈까, 고민하기도 했다. 한편으로는 그림책이나 일러스트레이션 공부를 더 해보고 싶기도 했다.

그러던 차에 일러스트 수업 마지막 시간, 교수님과 상담을 했다. 유학을 가야 하나, 고민하는 그에게 교수님은 한국일러스트레이션학교 힐스(HILLS)를 소개해주었다. 그 교수님의 조언과 추천으로 대학 졸업 후 그는 힐스에서 그림책과 일러스트레이션을 본격적으로 공부하게 되었다. 그곳에서는 대학과는 달리 어떤 것들을 배우는지 궁금했다.

"2년 과정이에요. 1년 동안은 자기 그림을 찾는 것, 그림으로 여러 가지 이야기를 해보는 것 등을 많이 연습해요. 그리고 나머지 1년은 두 번의 전시를 준비하는 수업이에요. 자기가 이야기를 만들고 직접 기획한 것들을 완성해서 전시하는 과정을 함께하는 거죠. 그때 『눈물바다』의 글과 그림 작업을 했어요. 그런데 책으로 먼저 출간된 건 일러스트 작업이었어요. 졸업 전시를 하면 출판사들을 초대하는데, 졸업생들이 각자 쓰고 그린 책들을 보고 일러스트 일을 먼저 맡기는 경우도 있거든요. 제가 그랬어요. 그래서 졸업 후에 『눈물바다』를 준비하면서 일러스트 작업도 같이 하게 됐어요. 그렇게 같은 해에 일러스트 작업한 책이 먼저 나오고, 뒤이어 그전부터 작업해왔던 『눈물바다』가 나왔죠."

　　　　　　　　　　　　그림책 작가의 마음

만화가가 되고 싶었던 그가 그림책 작가가 된 과정은 의외로 자연스러웠다. 중요한 건 '재미'였으니까. 그의 그림책이 특별했던 이유를 그제야 알 수 있었다. 만화적인 상상력으로 '교훈'의 틀을 벗어난 재미있는 이야기. 그림책에서 그런 가능성을 찾은 그의 밝은 눈이 고마울 따름이다.

다시 그의 첫 결과물에 대한 이야기로 돌아가자. 일러스트 작업을 한 첫 책과 자신의 글과 그림을 오롯이 담아낸 첫 책은 각각 어떤 느낌이었을까?

"일러스트 작업은 제가 생각하지 못했던 이야기를 읽고 그걸 그림으로 표현할 수 있는 기회이고 경험이잖아요. 그래서 되게 재미있었어요. 처음 작업했던 게 이야기책이었거든요. 짧은 단편 세 개를 묶은 책이었는데, 그걸 읽고 떠오르는 이미지들을 그려낸다고 생각하니까 정말 재미있더라고요. 제가 글과 그림을 온전히 다 하는 작업은 사실 책임감 때문에 좀 많이 부담이 되기는 했어요. 그렇지만 저의 세계를 다 쏟을 수 있는 책이다 보니, 뭐랄까, 비교하기는 어렵지만 더 나 같은 느낌? 더 나답다는 느낌이 들죠. 저에게서 비롯된 이야기이고, 제가 그리니까요. '내가 작은 세계를 만들어냈다!'라는 생각이 들어요. 책으로 세계를 경험한다는 게 거창하게 느껴질 수도 있는데…. 책은 가볍고, 언제 어디서나 펼쳐 볼 수 있으니까요. 특히 그림책은 얇아서 소설책보다 훨씬 덜 부담스럽잖아요. 그러니까 사람들이 쉽고 편안하게 즐길 수 있는 작은 세계를 만들어냈다는 생각에 뿌듯하더라고요."

책에 그림을 그리고, 자신이 만든 이야기로 그림책을 펴내는 일은 서현에게 '재미'와 '뿌듯함'을 주는 것이 확실해 보이지만, 일이라는 것이 어디 좋은 점만 있으랴. '재미'와 '뿌듯함'의 이면을 알고 싶은 청개구리 심보가 발동했다. 그의 작업 과정 속으로 좀 더 들어가면 알게 되겠지. 해서 일러스트 작업 과정부터 물었다.

"책마다 다르긴 한데요, 출판사에서 의뢰를 받으면 언제까지 하면 되는지 기간을 물어보죠. 그런 것들이 맞으면 하는 건데, 원고를 보고서 결정하고 싶다고 할 때도 있어요. 왜냐하면 편집자 눈에는 그 원고가 제 그림과 맞는다고 생각되더라도, 읽고서 느낌을 받고 이미지나 상상들이 떠올라야 작업이 잘되거든요. 그렇지 않고 막히는 글들이 있어요. 글 자체로는 훌륭하고 재미있지만 '내가 이걸 잘 그릴 수 있을까? 뭔가 떠오르는 게 없어' 이런 것들도 있거든요. 그럴 때는 거절하기도 해요. '너무 재밌다! 이미지가 막 떠올라!' 이런 것들은 하겠다고 하고요. 그런 다음에는 스케치를 하죠. 그림이 많이 들어가지 않는 동화, 읽기물의 경우는 보통 3개월 이상 시간이 걸려요. 그림책은 아무래도 읽기물보다는 그림이 차지하는 비중이 크고 다듬어야 하는 과정들이 있어서 그보다 조금 더 걸리죠. 저 같은 경우는 일부러 더 넉넉하게 말씀을 드려요. 시간을 많이 주셨으면 좋겠다고요. 혹시 사정이 좀 생겨서 미뤄지더라도 괜찮을 정도로. 기본적으로 6개월에서 1년 이상은 걸리는데, 더 걸리기도 해요."

그림책 작가의 마음

생각보다 작업 시간이 길다는 데 놀랐다. 물론 직접 작업을 하는 입장에서는 전혀 길지 않은 시간이겠지만(이 인터뷰가 2018년 2월 초에 이루어졌으니, 나 역시 인터뷰 글 쓰는 데 1년 넘게 걸리지 않았는가). 그림책의 경우엔 당연히 그림의 비중이 크긴 해도, 쪽수가 많지 않은 데다가 이야기가 있고 콘셉트도 잡혀 있어서 그렇게까지 시간이 걸리지는 않을 줄 알았다. 그러나 서현은 단순히 분량의 문제가 아니라고 했다.

"그림책 작업을 할 때는 글이 짧기도 하니까 거기서 느껴지는 것들과 글의 이면 등을 좀 더 해석하는 편이에요. 그래서 글이 말해주지 않는 부분까지 그림으로 다룰 수 있을지 고민을 많이 해요. 그림책에서 그림의 역할이 그것이기도 하고요. 그런 부분이 많이 달라요. 읽기물의 그림 작업은 약간 서포트하는 느낌이 있다면, 그림책은 서포트라기보다는 같이 만드는 작업, 협업이라는 생각이 더 강해요."

그러므로 '마감', 즉 '기한을 지키는 것'이 가장 힘든 일이라고 그는 말한다(그간 인터뷰했던 다른 창작자들 역시 그랬다). 뿐만 아니라 아이디어가 생각나지 않는 것도 곤혹스럽긴 마찬가지라고.

하고 싶은 일을 꿈꿀 수 있겠다, 하는 정도

협업이라고 했지만 실제로 글을 쓰는 작가와 직접 만나는 일은 많지 않다. 주로 편집자를 통해 피드백을 주고받는데, 이렇게 진행하는 것이 자신의 영역을 지켜준다는 느낌을 받아서 일하기가 조금 더 편하다고. 오롯이 글만으로 혼자 마음껏 상상해볼 수 있기 때문이란다. 그렇다면 1년에 몇 작품이나 작업할까?

"지금은 많이 줄이고 있어요. 개인적으로 만화 작업을 하고 싶어서 준비하고 있거든요. 제 글과 그림으로 만든 그림책과 만화책을 내고 싶어서요. 들어오는 일을 다 하게 되면 꽤 많겠지만…, 예전에는 읽기물과 그림책을 합쳐서 1년에 6~7권 정도 작업했어요. 지금도 일은 그 이상 들어오긴 하는데, 제가 다 소화해낼 수가 없더라고요. 1년에 6~7권 하는 것도 저에겐 적지 않은 양이에요. 근데 아이가 있고, 다달이 생활비가 많이 들어가는 분들은 그 이상 작업하기도 해요. 일을 많이 하려고 하면 그 이상도 할 수 있는 환경인 거죠. 물론 작가들 모두에게 일이 골고루 돌아간다기보다는 편중되는 부분이 있지만요."

수입이 어느 정도 되는지 묻자, 자신의 책 인세와 일러스트 작업 수입을 합치면 1년을 생활하는 데 무리가 없는 수준이라고 했다. 비율은 반반 정도. 내가 '무리가 없는 수준'이라고 표현한 것을 그는 "경제적으로 힘들다고 생각하는 정도는 아니고, 이 작업을 하면서 하고 싶은 걸 꿈꿀 수 있겠다, 하는 정도"라고 설명했다. 그러면서 "다행히 부모님과 함께 살아서 더 체감하지 못하나 보다"라고 덧붙였다. 이 말은 곧 생활비가 많이 들지 않는다는 이야기일 텐데, 그렇다면 그에게 지출이 가장 큰 부분은 무엇일까?

"책 사는 걸 좋아해요. 만화책, 그림책 등등 여러 종류를 사죠. 그리고 장난감도 굉장히 좋아해서 피규어나 재미난 물건도 많이 사는 편이에요. 다른 사람 눈에는 쓸데없어 보일 수 있는 것들을…. 저는 그게 아깝다기보다는 그런 것들에서 감성을 키우고, 좋은 기운을 받는다고 생각해요. 또 그런 걸 보면 기분이 좋아지거든요. 최근에 모으는 장난감이 있어요. '가챠'라고 일본식 장난감 뽑기예요. 뭐가 나올지 모르지만, 정해진 것 중에서 하나가 나오는 식으로 한정되어 있는. 거기서 '조개소녀' 피규어를 뽑았어요. 하얀 원피스를 입은 소녀인데, 머리 부분이 조개예요. 근데 그 조개가 여러 종류예요. 관자가 나와 있는 조개도 있고, 뿔소라 조개도 있고. 너무 예쁘더라고요. 그래서 그걸 다 모으려고 혈안이 돼서…. 같은 걸 뽑게 될 수도 있는데, 저는 다행히 많이 안 겹쳤어요. 근데 그게 꽤 비싸거든요. 하나에 2,000원. 피규어 숍이나 장난감 가게에 가면 그런 기계가 꼭 있는데, 마음에 드는 주제나 시리즈 같은 걸 뽑는 기계를 발견하면 가서 뽑는 거죠."

그의 그림책을 봤을 때, 나는 이미 알았다. 나와 비슷한 부분이 있다는 걸. 나도 한때 피규어 숍깨나 들락거렸다. 주로 디즈니나 일본 만화 캐릭터를 사들였다. 지금은 모두 폐기 처분하고, 팀 버튼의 캐릭터들만 남아 뽀얗게 먼지를 뒤집어쓰고 있지만.

웃음도 감동이다

그는 『간질간질』로 2017년 말 제58회 한국출판문화상 어린이청소년 부문을 수상했다. 기분이 어땠는지, 달라진 것은 없는지 물었다.

"상황적으로는 별로 달라진 게 없는 듯해요. 그렇지만 개인적으로 큰 의미가 있었어요. 제가 하고자 하는 이야기나 그림들은 유머러스하고 코믹한 요소가 많아요. 제가 그런 걸 좋아하기도 하고요. 그래서 내 책은 한번 읽고 깔깔 웃고 끝나는 책인가, 하는 생각을 혼자 가끔 하기도 했어요. 독자들의 마음에 남거나 의미를 가지는 책은 제 책과는 거리가 있는 것 같았죠. 그림책이라도, 그림도 이야기도 뭐랄까, 좀 진지하게 삶의 의미를 생각하게끔 하는 책을 사람들이 더 선호하고 귀하게 여기는 듯한 느낌이 들었어요. 그래서 내가 이렇게 계속 작업을 하는 게 맞는 걸까, 고민되더라고요. 내가 잘할 수 있고, 하고자 하는 건 좀 다른 것 같았거든요. 제가 생각하는 저의 장점이라면, 삶 속에서 내가 포착한 것들을 그림과 이야기로 만들면서 내 방식대로 재미있고 웃기게 표현을 하는 건데, 이게 괜찮을까, 사람들이 너무 가볍게 생각하는 건 아닐까 하는 걱정이 드는 거예요. 그래도 어쩔 수 없더라고요. 어쨌든 내가 할 수 있는 건 이거니까 그냥 묵묵히 해야지, 했죠. 저는 개인적으로 '웃음도 감동이다'라고 생각하거든요. 그걸 믿고 작업했던 것 같아요. 근데 『간질간질』로 상을 받게 되니까 많이 떨어져 있던 자신감이 살아났어요. 열심히 해야겠다, 더더욱. 내가 생각한 이야기의 방식을 계속 발전시켜야겠다는 생각이 들어서 개인적으로는 그런 자신감과 함께 응원을 받은 것 같아요. 저에게는 큰 의미였죠."

'한번 깔깔 웃는' 일이 얼마나 큰 의미인지, 나는 안다. 그건 감정을 움직이는 일이고, 행복하게 만드는 일이다. 게다가 그의 책은 한 번만 깔깔 웃게 해주는 데서 그치지 않는다. 펼칠 때마다 깔깔 웃게 된다.

상이 꼭 성공의 척도는 아니지만, 이렇게 드러나는 성과를 거둔 이들의 이야기를 듣고 있자면 가족, 특히 부모님의 반응이 궁금해진다. 이 책을 통해 만난 '문학하는' 사람들의 경우는 더욱 그러하다. 안정적 수입을 포기하고 자신의 꿈을 좇아, 남들의 눈엔 조금 힘들어 보이는 길을 가는 사람들. 나는 결코 가족주의 사고방식을 가진 사람이 아니지만, 이럴 경우에 자기 자신을 빼고 가장 많이 싸우게 되는 것은 아무래도 가

그림책 작가의 마음

족일 것이라는 생각이 든다. 그는 고등학교 때 대학 진학을 포기하고 만화가의 문하생으로 들어가겠다고 해서 이미 한번 부모님에게 찍힌(?) 경력이 있다. 혼을 내고, 무사히(?) 대학에 보냈다고 해서 그의 부모님이 마음을 놓을 수는 없지 않았을까?

"대학을 졸업하고 일러스트레이션학교에 들어가겠다고 했을 때, 부모님이 많이 걱정하셨죠. '교직 이수 수업을 들으면 어때? 선생님을 하는 건?' 하면서 차라리 대학원을 가라고 하셨어요. 일러스트레이션학교는 수료의 개념이라 졸업한다고 학위가 나오거나 하지는 않거든요. 그래서 학위를 받을 수 있는 대학원을 제안하신 거죠. 근데 제가 '열심히 해보겠다', '너무 하고 싶다' 하니까 결국 허락을 하셨어요. 그래도 쭉 걱정이 되셨대요. 제가 혹시 아무것도 안 되면 어떡하나 싶어서 돈을 모아놓았다고 하시더라고요. 가게라도 차려줘야 하나 싶어서. 그런데 다행히 졸업을 하고 책이 나오니까 그제야 한시름 놓으셨는데…. 나중에 걱정이 또 생기셨죠. 『눈물바다』가 나오기 전이었어요. 『눈물바다』에서 엄마, 아빠를 공룡으로 표현한 장면이 있는데, 그걸 보시곤 '책이 팔릴까?' 하면서 걱정을 하시더라고요. '부모를 이렇게 그려놓으면 사람들이 책을 안 살 것 같은데'라고 하셨어요. 그런데 사실 그런 장면을 아이들은 굉장히 좋아하거든요. 공룡을 좋아하기도 하고, 그걸 유머로 받아들이기 때문이죠. 그런데 어른들이 그걸 유머로 받아들이질 않잖아요. 내가 아이의 눈에 이렇게 비쳤나 싶어서 되게 슬퍼하기도 하고, 뜨끔하기도 하고, 무서워하기도 하는 건가 봐요. 하지만 이 책을 읽는 어린 친구들은 그런 걸 재미있어 해준다는 걸 부모님도 이제 아셨을 거예요. 지금은 걱정보다 저를 많이 응원해주세요."

내가 왜 자꾸 이런 얘기를 하고 있을까?

그는 처음 이야기를 만들 때 독자를 크게 고려하지는 않는다고 했다. 그저 자신이 하고 싶은 이야기를 할 뿐이란다. 그러나 완성된 이야기를 책으로 만들 때는 사정이 조금 달라진다. 독자들이 읽어야 하니까. 이때 결정적 역할을 하는 이가 편집자다. 혹시나 오해가 될 만한 부분들, 독자를 좀 더 고려해야 할 부분들에 대한 의견을 편집자를 통해 얻는다. 시작할 때는 다른 고려 없이 하고 싶은 이야기를 하지만, 편집자를 거치면서 수정하고 다듬은 뒤에야 책이 되어 나오는 것. 그렇다고 크게 달라지지는 않는다. 자신이 좋아하는 부분들이 다행히 아이들의 취향과 맞는 것 같다고 말하며 그는 환하게 웃었다. 그래도 처음 썼던 내용이 책이 되면서 달라진 게 있다면 어떤 부분인지 궁금했다.

"『간질간질』이나『커졌다!』는 수정이 많지 않았어요. 근데『눈물바다』에서 큰 수정이 있었죠.『눈물바다』의 결말이 지금 책에는 '눈물바다'에 빠진 짝꿍을 건져서 드라이어로 말려주는 건데, 처

음엔 다리미로 다리는 거였어요."

헉! 이건 잘린 발이 춤을 추는 『빨간 구두』급 충격 결말이다. 아, 그런데 왠지 통쾌하기도 하고 더 매력적인 듯도 싶다. 나도 모르게 오래전 코미디 프로그램에 나왔던 바보 캐릭터 흉내를 내며 "두~ 번 죽이는 건가요?"(손가락 두 개를 펴 보였음은 물론이다) 하고 물었다.

"약간 그런 콘셉트였어요. 짝꿍이 자꾸 약을 올리니까 앙금이 남아 있었던 거죠. 그래서 말려주긴 하지만 '다시 한번 복수!' 이런 건데…. 그 작품은 아까 말씀드렸듯이 일러스트레이션 학교 수업에서 만들었거든요. 근데 선생님이 보시곤 걱정을 하셨죠. '이거 위험하다. 이대로 책이 나오면 안 될 것 같다'라고요. 저는 그것도 유머라고 생각했어요. 발칙한 유머긴 하지만. 예를 들어 애니메이션 〈톰과 제리〉도 보면 되게 위험한 상황이 많이 나오지만, 아이들이 그걸 현실로 생각하지 않고 다 유머로 받아들이잖아요. 이것도 약간 세긴 한데 괜찮지 않을까, 한 거죠. 하지만 결국 출판사에 가기 전에 바꿨어요. 조금 아쉽기는 해요. 나중에 혹시 성인 버전으로 만들 수 있으면 다리미로 다리는 장면을 꼭 넣어보려고요. 사장님을 다리든지… 하는 식으로."

나는 사겠다. 예약 판매를 걸어놓고 사겠다. 두 권 사겠다. 이런 기발한 상상력은 어디서 나오는 걸까? 그의 머릿속

　　　　　　　　　　　　　　그림책 작가의 마음

에는 늘 재미있는 생각이 가득 차 있을 것만 같았다.

"평소에 계속 상상을 하지는 않지만 기본적으로 그런 걸 좋아하고 추구하는 건 맞아요. 언제부턴가 자연스럽게 표현이 되더라고요. 무언가를 상상하면, 제 몸속에서 정수 필터가 작동해서 걸러지듯이 이야기가 되어서 나온다고 할까요? 결과물이 그런 방향으로 이루어지는 걸 보면서 나에 대해 계속 알아가는 느낌이 들어요. '내가 왜 자꾸 이런 얘기를 하고 있을까?' 이런 생각을 하면서요. 어쨌든 분명한 건 내가 이걸 계속 자연스럽게 하고 있구나, 라는 거. 이렇게 책을 한 권, 두 권 낼 때마다 내가 이런 식으로 생각하는 사람이구나, 이걸 이렇게 표현하는 사람이구나, 하면서 저에 대한 탐구를 하게 된다는 거예요."

서현을 그림책으로 이끈 책은 데이비드 위즈너의 『이상한 화요일』이다. 글자라고는 '화요일 저녁, 8시쯤'과 '밤 11시 21분', '새벽 4시 38분', '다음 주 화요일, 저녁 7시 58분' 등 시간을 알리는 몇 줄이 전부인 이상한 그림책. 왜 그 책에 이끌렸는지를 들어보면 그에 대해 조금 더 알 수 있을 것 같았다.

"그 책을 보기 전까진 저도 그림책에 대해 사람들이 일반적으로 하는 생각과 별반 다르지 않게 생각했어요. 아이들이 보는 책이라고요. 그런데 『이상한 화요일』은 컷을 굉장히 다양하게 분할하고, 만화적 요소가 담겨 있는 거예요. 그래서 일단 너무 반가웠죠.

그리고 글이 없는 그림책이라는 것에서 그림책에 대한 가능성을 느꼈어요. 글 없이 그림으로 모든 걸 이야기하고 있잖아요. 그림책이 아니고서는 그렇게 이야기를 할 수 있는 책이 없거든요. 만화에서도 그런 실험을 하긴 하지만요. 어쨌든 그 책은 아이들만을 위한 이야기라는 생각이 전혀 들지 않고, 마치 만화나 영화 같았어요. 저는 어렸을 때부터 줄곧 그림을 그리는 것, 그림으로 표현하는 것을 좋아했기 때문에 그림으로 이야기를 만들고 싶다는 생각이 강했거든요. 만화가를 꿈꿨던 것도 그런 이유에서였고요. 그런데 『이상한 화요일』을 보고 나서는 그림책으로도 충분히 제가 하고 싶은 걸 할 수 있겠다 싶더라고요. 이젠 그림책이 만화 같고, 만화가 그림책 같고 그래요. 또 가끔은 만화의 중요 컷들을 크게 확대해놓은 것이 그림책인가, 이런 생각도 들곤 해요."

이 말을 들으면서 나는 그에게 내가 아끼는 그림책 한 권을 선물하고 싶어졌다. 크리스 반 알스버그의 『해리스 버딕의 미스터리』라는 책인데, 열네 장의 그림과 무한한 상상력을 불러일으키는 짤막한 문장으로 이루어져 있다. 내가 다닌 첫 출판사에서 2009년에 출간한 이 책을 나는 그때까지 두 명에게 선물했었다. 책 선물은 잘 안 하는 편인데도 그랬다. 선물 센스가 없어서 주로 상대에게 무엇을 갖고 싶은지 물어보는데, 책을 말하는 사람이 없기도 하고. 아무튼 첫 번째로 준 사람은 가수 이적이다. 그의 오랜 팬으로서 나는 나의 팬심을 홍보용 도서 품의서에 고이 담아 발송했다. 두 번째로 준 사람은 당시 어린이책 편집자였던 나의 올케언니. 인터뷰 이후 서현에게도 이 책을 보냈으니 이제 모두 세 명이 되었다. 이들의 공통점은 이 책을 분명 좋아할 사람이라는 것(지극히 내 개인적인 생각으로). 여기서 더 추가될 일은 없다. 책이 내 것 한 권밖에 남지 않았으니까. 사실 이 책이 절판된 줄 알았다. 그래서 서현에게 더는 구할 수 없는 책이라고 엄청 생색을 냈는데, 2014년에 다른 출판사에서 다시 나왔다는 걸 이 글을 쓰다 확인했다. "좋아하는 작가인데 구하기 힘든 귀한 책을 읽을 수 있어서 너무 기쁘다"라고 적힌 답장까지 받았는데…. 몹시 창피하다.

마음이 간질간질

서현의 상상력과 유머가 부디 한계를 모르고 쭉쭉 뻗어나가길 바란다. 그건 그 책을 선물한 또 다른 이유이기도 하다. 그는 다양한 이야기와 그림을 좋아하고, 거기에서 자극을 받아 자신만의 이야기를 만드는 사람이니까. 그림책 작가를 꿈꾸는 이들에게 서현이 전하는 메시지도 그것이다. "이야기를 좋아하면 이야기꾼이 될 수 있다." 먹고사는 것만 생각한다면 조금 어려울 테지만, 그림과 이야기를 좋아하는 사람에겐 더없이 행복한 일이라는 것. 그리고 이렇게 '좋아하니까 하고 싶다'라는 마음이 다른 사람에게 전달되어 독자와 함께 즐거움을 느끼는 과정이 이 일을 하면서 찾아오는 가장 큰 보람이자 감동이라고.

"예전에 서울국제도서전에서 사인회 이벤트를 했어요. 그때 어떤 남자아이와 어머니가 같이 와서 『눈물바다』에 사인을 받았어요. 제가 『눈물바다』에 사인할 때마다 쓰는 멘트가 있거든요. '슬플 때는 시원하게 펑펑 울어봐'라고요. 이 책의 주제 같은 거죠. 근데 어머니가 갑자기 눈물을 흘리시는 거예요. 너무 놀랐어요. 『눈물바다』는 웃기려고 만든 책이거든요. 유쾌한 농담으로…. 그래서 왜 우시냐고, 울지 마시라고 했더니 어머니가 눈물을 그치시고는 본인이 아이한테 했던 일들이 생각나서 눈물이 났다고 하시더라고요. 보통 부모님들은 우는 감정을 부정적으로 생각하잖아요. 아이가 슬퍼하는 모습을 보기 싫으니까 되도록 울지 말라고 하고 그 감정을 참게끔 하는데, 오히려 그걸 터뜨려라, 감정을 표현해라, 라고 써주니까 '내가 너무 아이의 감정을 막았구나. 우리 애가 힘들었겠구나' 하는 생각이 갑자기 드셨대요. 그러면서 저에게 고맙다고 하시는 거예요. 저도 너무 감사했죠. 그런 일을 겪고 나면, 저도 생각지 못한 제 책의 다른 면을 알게 돼요. 그때 생각했죠. '아, 책을 그냥 세상에 내놓았다고 끝나는 게 아니구나. 독자들을 만나 피드백을 듣고 그 의미를 다시 한번 되새기면서 그제야 진짜 책이 완성이 되는구나.' 저는 웃기려고 만든 책인데, 다른 사람들에 의해 또 다른 의미들이 생겨나는 것이 무척 신기했어요."

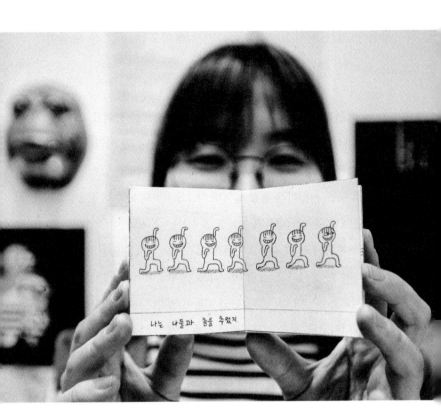

나는 나들과 춤을 추었지

서현,

그가 준비하는 새 책의 캐릭터는 '주머니 먼지'다. 이름은 두스티. 만화적 요소가 더 가미될 것이라고 했다. 그 이름을 듣는 순간, 얼굴도 모르는 두스티가 내 안으로 훅! 들어온 것만 같았다. 너무 기대돼 마음이 간질간질했다. 두스티가 세상에 나오면 나는 그와 함께 한바탕 신나게 춤을 출 준비가 되어 있다. 분명 내 마음에 쏙 드는 아이일 테니 말이다.

김혜정, 어린이·청소년문학 작가의 마음

출판사에서 일하면서 출판계가 호황이라는 말을 한 번도 들어본 적 없다. 해마다 약간의 매출 변화야 있겠지만, 어려울 때는 많았어도 호시절은 떠오르지 않는다. 책은 늘 안 팔렸다. 왜 이렇게 책이 안 팔리는 걸까? 사람들은 왜 책을 안 사 보는 걸까? 전국에 문창과며 국문과가 몇 개고, 거기에 학생들이 또 몇인데, 도대체 그들은 문학을 공부하면서 책도 안 읽는단 말인가. 이런 자조 섞인 탄식을 생각날 때마다 내뱉곤 했다. 가끔 강의를 할 때면 책을 많이 읽어야 한다는 이야기로 시작해 책을 사라는 이야기로 끝마치곤 했다. "책장에 꽂힌 책은 읽'은' 책이 아니라 읽'을' 책"이라고, 어느 유명 작가도 말하지 않았는가. 그러니 책장에 책을 꽂아라. 당장 안 읽더라도 일단 사서 꽂아라. '방판'이 따로 없었다. 학생들은 어느 순간부터 책 읽어라, 책 사라, 라는 이야기를 농담처럼 들었다. 피식거렸다.

독서를 권장하는 분위기는 부족하지 않은 듯한데, 이상한 일이다. 여러 기관에서 주최하는 '선정 도서'는 또 얼마나 많은가. 그러나 선정 기관의 권위에 기대어 판매로 이어지길 기대하기는 어렵다. 주최 측에서 구입하는 지원금의 의미가 판매보다 더욱 크다는 건 부정할 수 없는 현실이다. 중고등학교 때 너무 공부만 시켜서 책 읽는 법을 잊은 건 아닌가, 생각한 적도 있다. 내 학창 시절의 기억이 떠오른 건 그래서였다.

중학교 3학년 여름방학을 앞두고 담임선생님은 방학 계획을 세우라고 했다. 계획표에는 방학 동안 읽을 책도 적어야 했다. 나는 집에 있는 책장을 둘러보며 나름의 기준으로 책을 선정했다. 네 살 터울 오빠의 책장에는 내가 읽지 않은 책들이 대부분이었다. 나는 신경숙의 『외딴방』을 목록에 넣었다. 그런데 내 계획표를 본 담임선생님이 말했다. "이 책은 나중에 읽어라." 그래서 내가 다른 책을 다시 적어 냈는지, 그랬다면 어떤 책이었는지는 기억나지 않는다. 그때 무척 난감했던 기억만이 남아 있다.

또 다른 사건(?)은 시간을 뛰어넘어 고등학생 때다. 군대에서 휴가 나온 오빠가 귀대 전 서점에 간다기에 동행했다. 엄마 카드(!)로 부대에 가지고 갈 책을 잔뜩 사는 오빠 옆에서 나도 책을 좀 사겠다고 했다. 그랬더니 돌아온 대답. "집에 있는 책이나 읽어라." 그때 내가 중3 때 담임선생님 말을 떠올렸던가? 그 '나중'이 '지금'인가, 라고 생각했던가? 왠지 모르게 억울했던 기억만 새삼스럽다.

어쨌거나 무엇을 읽어야 하는지 몰랐던 것만큼은 확실하다. 교과서에 실린 작품을 중심으로 이루어진 독서. 그러나 솔직히 당시의 나에게 그 작품들은 의미를 떠나서 일단 재미가 없었다. 나와는 너무 동떨어진 이야기였던 까닭이다. 공감할 만한 이야기가 절실한 나이였다. 이 책을 나중에 읽어야 한다면 지금은 무엇을 읽어야 하는가? 집에 있는 책 중에 어떤 책을 읽어야 하는가? 알려주는 이도 없었다.

나와 비슷한 시기에 중고등학교 시절을 보냈으며, 역시 나와 비슷한 생각을 했던 이를 인터뷰를 통해 만났다. 반가웠다. 게다가 그가 현재 청소년 소설을 쓰고 있다는 사실이 고마웠다. 작가 김혜정의 이야기다. 인터뷰가 끝날 무렵, 앞으로의 계획을 묻는 나의 질문에 "그 시절 내가 마땅히 읽어야 했던 그런 책을 쓸 것"이라던 그의 말이 오래 기억에 남는다. 물론 지금도 그는 그 일을 충실하게 해나가고 있다. 내가 청소년 소설의 매력을 '세 번째 열네 살'을 불과 몇 년 앞둔 이제야 그를 통해 알게 되었으니까.

열다섯 살, 첫 책을 출간하다

김혜정의 약력에는 시선을 잡아끄는 대목이 있다. 중학교 2학년 때 첫 책 『가출 일기』를 출간했다는 것. 아니, 어떻게?! 궁금하지 않을 수 없었다. 이에 대한 이야기를 첫 질문으로 건넸다.

"어렸을 때부터 이야기를 좋아했어요. 만화책도 좋아했고, 영화도 좋아했고, 책도 드라마도 너무 재미있었어요. 초등학교 6학년 땐 직접 이야기를 만들고 싶다고 생각하기에 이르렀죠. 만화는 그림 실력이 뛰어나지 못해서 안 되고, 영화를 만드는 건 그 나이에 할 수가 없었죠. 가장 간단하게 할 수 있는 게 글을 쓰는 거였어요. 그래서 원고지에 동화를 쓰고, 아직은 완성이 덜 된 채로 제가 좋아하던 출판사 두 곳에 보냈어요. 당시 제가 읽던 책들을 출간한 곳이었죠. 책에 나와 있는 주소를 보고 편지와 함께요. 완성본도 아닌 원고를 보내면서, 편지에 '책을 내준다고 하면 끝까지 쓰겠다'라고 썼어요. 당연히 거절당했고요. 그때 제 원고를 돌려보내면서 편집자분이 편지를 써주셨는데, 그건 아직도 가지고 있어요. '김혜정 어린이에게. 원고는 잘 받았다. 하지만 우리는 초등학생이 쓴 것을 책으로 낼 수 없다. 나중에 좋은 작가가 되길 바란다'라는 내용이었어요. 그렇게 아직 내가 책을 내는 건 안 되는구나, 하고 마음을 접었고, 중학생이 됐죠. 당시에 '가출'이 유행이었거든요. 서태지의 〈컴백홈〉이 나오고 그랬으니까. 왕따, 학교 폭력, 가출 같은 십대들의 문제가 막 부각되기 시작했을 때였죠. 그런 이야기로 소설을 한번 써볼까, 다시 생각하게 됐어요. 직접 가출을 할 수는 없으니까 상상으로 『가출 일기』라는 소설을 쓴 거예요. 보통 '날라리' 애들이 가출을 많이 하는데, 그런 얘기는 너무 흔하니까 모범생이 가출한 얘기로."

코맹맹이 소리로 〈컴백홈〉의 서태지 모창이나 하던 나와는 과연 다른 면모다. HOT를 좋아했던 그는 강타를 모델로 주인공 캐릭터를 만들었다. 이름은 강타의 본명 '안칠현'을 조금 세련되게 바꾼 '채치현'. 강타처럼 생긴 이 완벽한 남학생이 공부를 강요하는 엄마 때문에 스트레스를 받아 한 달 동안 가출한 이야기다.

중학교 1학년 겨울방학 때 컴퓨터 워드 작업으로 완성한 이 원고를 열 군데 이상의 출판사에 보냈단다. 신문과 도서관에서 눈에 띈 출판사에 모두 보낸 것이다. 그리고 '문학수첩'이라는 출판사에서 책을 내자는 연락을 받았다. 그러나 첫 책을 내고 그가 느낀 건 감격과 기쁨이 아니었다. 진짜 작가가 되려면 '등단'을 해야 한다는 깨달음이 수확이라면 수확이었다.

"애들이 만화책만 보고 소설책은 잘 안 읽으니까…. 게다가 그때가 IMF 시기였거든요. 책은 기대만큼 팔리지 않았고, 그다음 작품을 내는 것도 여의치 않았어요. 그래서 그때, 등단을 하고 정식으로 데뷔해야 인정을 받는다는 걸 알게 됐죠. 고등학교에 올라가서는 내가 책을 냈다는 걸 다른 애들이 아는 게 별로 좋지 않았어요. '이제 글 안 써?', '왜 지금은 책 안 내?' 하는 질문을 받는 게 싫었거든요. 안 내고 싶어서 안 내는 게 아니니까. 저는 계속 글을 쓰고 있는데, 내주는 곳이 없었던 거니까요."

기대만큼 성과를 거두지 못했다고 생각한 첫 책의 출간 이후, 그러니까 중학교 2학년 때부터 그는 신춘문예와 각종 문학상 공모전에 계속 도전했다. 그러기를 10년. 어린 나이에 쉽지 않았을 텐데, 학교 다니면서 좋아하는 일을 했던 것이라 그렇게 힘들거나 긴 시간으로 느껴지지 않았단다. 그는 스물다섯 살에 드디어 제1회 블루픽션상을 수상하면서 정식으로 데뷔했다. 그런데 처음부터 청소년 소설을 쓰려고 했던 것은 아니었다고.

"청소년문학이라는 장르가 우리나라에 생긴 지 이제 10년 좀 넘은 것 같아요. 사계절출판사에서 1990년대 후반부터 했다고는 하

지만, 그때는 작품이 많지도 않았고요. 청소년 소설에 대한 인식이 별로 없었죠. 청소년이 주인공인 소설 정도? 그런데 2007년에 세계일보사가 '세계청소년문학상'을 만든 거예요. 상금도 무려 5,000만 원이었고요. 1회 당선자는 정유정 작가(『내 인생의 스프링캠프』, 비룡소)였어요. 저도 그때 응모했는데 당선이 안 됐죠. 그 소설이 『하이킹 걸즈』(2008, 비룡소)인데, 이 작품으로 같은 해에 블루픽션상을 받고 이렇게 청소년 소설 작가가 되었어요."

그때 청소년문학상이라는 게 없었다면 자신의 등단은 좀 더 늦어졌을지 모른다고 그는 덧붙였다. 하지만 작가가 되고 싶다는 마음을 가진 이후 꾸준히 쓰고 꾸준히 등단의 문을 두드렸던 그이기에, 그의 작품을 만나는 데에는 그리 오랜 시간이 걸리지 않았을 것이다.

그는 읽고 쓰는 것만큼이나 영화 보는 것도 즐겼다. 작가 이외에 가졌던 꿈이 영화감독이었던 이유다.

"제 책 『텐텐 영화단』(2013, 사계절)은 학교에 다니지 않는 애들이 영화를 만드는 내용이에요. 학창 시절에는 제가 소설가나 영화감독이 되지 않을까 생각했어요. 대학에 다닐 때 영화 동아리에 들어가기도 했는데 그곳에서 영화감독은 저랑 성향이 맞지 않는다는 걸 알게 됐어요. 영화는 혼자 하는 게 아니잖아요. 그런데 저는 혼자 하는 걸 좋아하거든요. 그리고 실제로 영화를 하는 선배들을 보면서, 제작비 지원받는 일이 엄청 힘들다는 것도 알게 됐고요. 근데 소설은 돈이 많이 드는 일이 아니고, 또 누가 나에게 '돈이 되게 고쳐라' 이런 요구도 하지 않으니까, 그래서 소설이 저에게 더 잘 맞는다고 생각했죠."

자신이 무엇을 좋아하는지 확실히 아는 것과 자신이 어떤 사람인지 정확하게 파악하는 것은 어렵고도 중요한 일이다. 그가 일찌감치 자신이 나아갈 길을 정하고 그 길로 쉼 없이 걸을 수 있었던 건 바로 이 두 가지를 놓치지 않았기 때문인지도 모른다. 그것은 자신에 대한 관심에서 비롯되었으리라. 나를 관심 있게 들여다볼 줄 아는 눈이 타인을 바라보는 눈이 되고, 그것이 다시 이야기를 만드는 힘이 될 테니 말이다.

전혀 흔들리지 않았을 것만 같은 작가라는 직업을 향한 꿈. 그러나 부모님은 그의 꿈을 그리 반기지 않았다고 한다. 중학생 딸이 책을 출간했다는 기쁨보다 다음 책을 낼 수 없어 힘들어하는 딸의 모습에 더 마음이 쓰였던 탓이다. "아마 돈이 안 된다는 것도 아시지 않았을까요?" 그의 말에 함께 크게 웃었다. 자식의 미래에 대한 걱정에 있어 경제적 안정은 늘 큰 부분을 차지하기 마련이다. 교사였던 그의 아버지는 자신처럼 그도 교사가 되길 바랐다. 해서 대입 원서를 쓸 때도, 자기 고집대로 국문과에 들어간 뒤 교직 이수를 안 하겠다고 했을 때도 그는 부모님과의 갈등을 피할 수 없었다. 갈등이 풀리고, 비로소 부모님의 인정을 받을 수 있었던 결정적인 사건은 역시나 『하이킹 걸즈』의 블루픽션상 수상이었다. 그러나 작가가 되고 난 뒤, 생계에 대한 걱정은 그에게도 큰 부담이 아닐 수 없었다. 그가 대학원에 진학한 이유다.

"계속 작가로 살아가지 못할 수도 있는 거고, 만약 작가로 살더라도 생계가 어려울 수 있으니까 대학원에 들어가 계속 공부했지요. 그러다가 박사 수료만 하고 논문을 안 쓰기로 결심을 했던 게 서른두 살이었어요. 그때부터는 내가 시간강사를 하지 않아도 먹고살 수 있겠구나, 라는 확신이 들었기 때문에 학교에 대한 미련을 버릴 수 있었어요."

일종의 보험처럼 대학원을 다닌 셈이다. 박사 학위가 있으면 시간강사를 할 수 있으리라는 계산에서였다. 서른두 살이면 정식 데뷔를 한 지 7년이 흐른 뒤다. 작가가 되고서 7년 만에야 비로소 그는 이제 작가로 살아도 괜찮겠다고 마음먹은 것이다. 물론 책을 팔아 버는 인세 수입만으로는 어려운 결정이었다. 그의 수입에서 큰 부분을 차지하는 것은 중고등학교나 도서관에서 아이들을 대상으로 하는 강연이다. 고정적으로 나가는 곳이 있는 건 아니지만, 그는 1년에 평균 100건 정도 꾸준히 강연을 하고 있다. 그러다 보니 총수입에서 강연 수입이 차지하는 비율은 절반을 조금 넘는다.

청소년을 안아줘!

강연이 경제적 이득만을 가져다주는 건 아니다. 그곳엔 그의 작품 속 주인공들과 같은 '요즘 아이들'이 있다. 그들을 직접 만나는 일에서 그는 경제적 이득 이상의 것을 얻기도 한다.

"『고민해서 뭐 할 건데?』(2018, 와이스쿨), 『시시한 어른이 되지 않는 법』(2016, 자음과모음)이라는 책은 제가 학창 시절부터 살아온 이야기를 모은 것이면서, 동시에 강연을 하며 아이들에게 들은 이야기를 모은 것이기도 해요. 그 아이들을 만나지 못했으면 그 두 권의 책은 절대 쓸 수 없었을 거예요. 평소 십대들을 만날 일이 별로 없는데, 강연하러 학교에 가면 내 주인공 열다섯 살 아이가 이렇게 움직이고, 이렇게 말을 하고, 이렇게 생활하고 있겠구나, 이런 공간에 있겠구나, 이런 게 고민이구나, 하는 생각을 하게 돼요."

의식하지 않고 그려낸 소설 속 캐릭터가 요즘 십대의 모습과 비슷하다는 걸 뒤늦게 아이들을 통해 알게 되었던, 신기한 경험도 있었단다.

"『오늘의 민수』(2017, 문학과지성사)에서 열다섯 살 민수를 그릴 때, 사실 이 아이를 보편적 인물이라고 생각하고 글을 쓴 건 아니에요. 그런데 이 책을 읽은 아이들이 이런 말을 하더라고요. 자기들은 '철 좀 들어라'라는 말을 안 듣는다고요. 이 작품에서도 열다섯 살 민수는 철들라는 말을 안 듣거든요. 이미 철든 애어른이니까요. 그 말을 듣는 건 오히려 육십대 철부지 할아버지 민수죠. 이걸 제가 알고 쓴 건 아니었어요. 저희 때만 하더라도 어른들한테 '철 좀 들어라!'라는 말을 많이 들었잖아요. 그때 요즘 아이들은 왜 철들라는 말을 안 들을까, 생각해봤어요. 철이 들면 안 되는 나이에 이미 철이 다 들어버린 거죠. 강연에서 아이들이 많이 하는 얘기가 '나중에 작가가 되면 돈벌이가 안 되잖아요', '작가가 되고 싶지만 부모님이 반대해요', '작가는 얼마 벌어요?' 이런 것들이거든요. 이미 다 계산이 끝난 거죠. 일찍 철이 들어버린 아이들은 다 공무원이 되고 싶어 하고, 선생님이 되고 싶어 해요. 그런 것들을 아이들과의 대화에서 뒤늦게 알았어요. 앞으로 이런 이야기를 또 쓸 수 있을 것 같아요."

십대의 모습이 사실적으로 그려지는 그의 작품을 보면서 따로 취재를 하는 줄 알았는데, 꼭 그렇지만은 않은 모양이었다.

"저는 청소년문학에서 다른 작가들보다 일찍 등단한 편이거든요. 보통 동화를 썼거나 자녀가 십대여서 쓰게 된 작가가 많아요. 제가 스물다섯 살부터 청소년 소설을 썼는데, 그때는 제 이야기를 한다고 생각했어요. 현재 나의 고민, 그리고 내가 갓 지난 나이 때의 이야기를 한 거예요. 그냥 내 이야기를 하는 거지, 요즘

어린이 · 청소년문학 작가의 마음

애들 얘기를 한다고 생각하지 않았거든요. 근데 지금은 저도 갓 지난 게 아니라 많이 지났구나 싶어서 아이들의 이야기에서 많은 생각을 하게 돼요."

아이와 어른의 경계를 긋는 것은 나처럼 어른이 뭔지도 모르면서 어른인 척하는 이가 흔히 저지르는 실수다. 우리는 모두 십대였다. 그러니 청소년 소설이라고 해서 '그들'의 이야기라고만 할 수는 없다. '나'의 이야기, '우리'의 이야기이기도 할 것이다.

그는 중고등학교 시절, 어떤 책을 읽고 어떤 영향을 받았을까?

"무라카미 류의 『69』라는 책을 고등학생 때 되게 좋아했어요. 그 책에서 '즐겁게 살지 않는 것은 죄다. 나는 나를 괴롭혔던 선생님, 친구들에게 복수할 거다. 그들에게 복수할 수 있는 방법은 그 지겨운 그들에게 내 웃음소리를 들려주려는 노력을 멈추지 않는 거다'라는 구절을 봤을 때 너무 놀랐던 기억이 있어요. 누군가가 미우면 보통 '내가 세상에서 없어져버리면 이 사람들이 미안해하겠지'라고 생각할 텐데, 오히려 통쾌함을 보여준 거예요. 그리고 가네시로 카즈키 작품도 좋아했는데, 『69』도 그렇고 일본 고등학교 남자애들 얘기잖아요. 전에는 같은 또래의 이야기를 담은 작품을 접해보지 못했거든요. 당시 김영하 작가, 은희경 작가도 좋아하긴 했는데, 다 어른들 얘기였으니까요. 작품은 좋았지만 내 얘기다, 하고 읽진 못했죠. 십대가 주인공인 국내 작품을 초등학교 때 이후로 잘 못 봤어요. 당시 내 세대의 이야기에 관심이 많았는데 그런 게 별로 없었죠. 영화도 그렇고요. 나중에 작가 되고 나서 좋은 작품이 많다는 걸 알게 되긴 했지만, 그때는 알려주는 사람도 없었고… 비어 있었어요."

그 비어 있던 자리를 이제는 자신이 직접 채워나가기라도 하듯, 그의 작품 속에는 지금을 살아가고 있는 십대들이 주를 이룬다. 이러한 십대들의 모습을 통해 그가 하고 싶은 이야기는 무엇일까?

"제 작품에는 어른이 많이 나오지 않아요. 한 명의 주인공으로 육십대가 등장한 『오늘의 민수』를 빼고는 거의 그렇죠. 아이들 스스로가 무언가를 했으면 좋겠다는 생각 때문이에요. 그런데 이런 점을 아이들이 신기하게 여기기도 하더라고요. '어? 애들끼리 주인공이네?', '어른은 나오지 않잖아!' 하면서요. 그게 당연한 건데…. 지금 당장은 어른이 도와주어야 하겠지만 언젠간 아이들도 혼자 살아나가야 할 텐데, 요즘엔 부모랑 아이가 너무 분리되지 못하는 게 아닌가 싶어요. 엄마가 아이의 일을 다 해결해주고, 내 인생 네 인생 아니게 살고 있다는 생각이 들어요. 제 작품을 읽은 아이들은 좀 달랐으면 좋겠어요. 자기 일을 스스로 해결해야겠다고 생각하고, 자신이 원하는 게 뭔지를 알고 그걸 찾아갔으면 좋겠어요."

그가 2018년에 출간한 『지구를 안아줘』(문학과지성사)는 청소년 소설에서는 흔치 않은 단편소설집이다. 청소년 소설은 발표 지면이 거의 없기 때문에 단편보다는 장편 위주의 책이 많다. 『지구를 안아줘』에 실린 여섯 편의 작품도 한 편을 제외하고는 잡지에 발표하지 않고 바로 책에 실렸는데, 가까운 미래에 지구에서 벌어지는 일들에 대한 다채로운 상상력이 잘 기획된 한 권의 책 속에 담겨 있다. 역시나 아이들이 주인공이고, 그들 스스로 고민과 선택을 해나간다. 각각의 소설속에는 어른들의 모습도 조금씩 담겨 있지만 그리 긍정적인모습은 아니다. 나는 특히 「화성에 갑니다」를 깔깔대며 읽었다. 대한민국 대표 화성 이주인으로 선발된 아이가 화성행을 반대하는 아빠와 갈등을 겪는 이야기다. (여기서부터는 스포일러주의!) 결국 아이는 가족과 함께 지구에서 살기로 결심하고 화성행을 포기하는데, 아빠와 달리 처음부터 아이의 선택을 지지하며 옆에서 지켜보던 엄마가 아이가 포기한 그 자리를 차지해 두 번째 화성 이주인이 되어 화성으로 떠난다. 이런 기막힌 반전이라니! 그런데 이것도 출판사의 권유로 조금 약해진 것이란다.

"처음에는 엄마가 작정하고 계속 가지 말라고 말리는 이야기였어요. 자신이 화성에 가려고 아이를 속이는 거죠. 그런데 출판사에서 '그래도 엄마라면 그러면 안 되지 않을까?'라고 해서, 일부러 못 가게 막지는 않는 것으로 바꿨어요. 저는 엄마가 그럴 수 있을 것 같은데…."

동감이다. 엄마라도 그럴 수 있을 것이다. 하지만 적극적으로 말리지 않고 아이가 스스로 선택하기를 기다린 뒤에 그 자리를 차지한 엄마여서 더 뒤통수가 얼얼하게 느껴지긴 했다. 이렇게 출판사 권유로 내용이 수정되어 나온 책이 또 있는지 궁금했다.

"『우리들의 에그타르트』(2013, 웅진주니어)라는 동화는 열두 살 여자아이 네 명이 에그타르트를 먹고 너무 맛있어서 마카오에 가기 위해 돈을 버는 이야기예요. 처음 원고는 돈을 다 모아서 마카오로 출발하는 데까지였어요. 근데 출판사에서 초등학생들이 어떻게 마카오에 가냐…. 돈을 버는 것도 그렇고, 아이들끼리 마카오로 가는 것도 현실적으로 어렵다고 판단했어요. 실제로 간다는 게 중요한 게 아니고 그 과정이 중요한 거다, 라고 타협을 했죠."

안 해본 이야기

이렇게 작은(?) 타협과 수정을 해야 할 일은 있지만, 장르적으로 좀 더 자유로울 수 있다는 게 동화와 청소년 소설의 매력이라고 말하는 그다. 이는 또한 독자의 연령층이 더 낮아질 수는 있어도 어른들의 이야기를 쓸 생각은 없음을 그가 단호하게 밝힌 이유이기도 할 것이다.

이야기 소재는 그가 좋아하는 책과 영화를 통해서 얻는다. 1년에 읽는 책이 100권 이상, 영화도 70~80편쯤 본다고. 이러한 직간접적 경험은 그의 작품을 더욱 풍성하게 만든다. 그래서일까? 『지구를 안아줘』 '작가의 말'에서 우주여행이 꿈이고, 다녀오면 근사한 소설을 쓰겠다는 말이 예사로워보이지 않았다. 아직 우주여행은 떠나지 못했으니, 그동안의 지구여행은 작품에 어떤 영향을 끼쳤는지 물었다.

"제가 움직이는 걸 안 좋아하는 사람이긴 한데, 여행은 좋아해요. 낯선 곳에 가는 거잖아요. 그 경험이 너무 좋은 거예요. 여행지에서의 낯선 경험은 작품에 영향을 끼치기도 해요. 외국이 배경인 작품은 『하이킹 걸즈』인데, 실제로 제가 실크로드에 가보기도 했고요. 외국에서 썼던 글들도 있어요. 『잘 먹고 있나요?』(2014, 자음과모음) 같은 경우에는 한국문화예술위원회 지원을 받아 독일 베를린자유대학에 가서 썼던 작품이에요. 거기서 만난 인물들이나 경험이 직접적으로 들어가진 않았지만 간접적으로 영향을 끼치더라고요."

요즘 그가 쓰고 있는 작품들은 경험의 범주를 살짝 벗어난다. 앞서 말한 장르의 자유로움을 한껏 즐기고 있는 듯도 보인다. 미래의 지구를 그린 『지구를 안아줘』 이후 최근 펴내고 있는 『헌터걸』(2018, 사계절) 시리즈는 본격적으로 판타지

김혜정,

어린이·청소년문학 작가의 마음

를 펼쳐 보이고 있으니 말이다. 현실적인 이야기를 생생하고 발랄하게 그리던 그의 이야기 세계가 점점 넓어지고 있는 듯한데, 그 변화의 이유는 무엇일까?

"지금까지는 그냥 제 이야기를 쓴 거예요. 근데 이젠 제가 성장이 다 끝났다는 생각이 들어요. 작가가 되고 나서도 이걸로 먹고 살 수 있을지 아닌지, 진로를 계속 고민했거든요. 2~3년 전까지는 줄곧 그런 고민이 있었어요. 그런 고민들이 저도 모르게 십대 아이들에게 투영이 돼서 현실적인 이야기를 쓸 수 있었던 거죠. 그런데 언젠가부터 어떻게든 먹고살겠지, 라는 생각이 들더라고요. 아, 이렇게 성장이 끝난 건가 싶었죠.『하이킹 걸즈』,『닌자 걸스』(2009, 비룡소) 같은 작품은 다시는 쓸 수 없을 것 같아요. 특히『닌자 걸스』는 여고생 네 명이 학교 심화반을 없애려고 하는 이야기인데, 한 2~3년 전에 갑자기 아, 난 이런 이야기는 다시는 못 쓰겠다, 라는 생각이 들었어요.『텐텐 영화단』도 지금 쓰라면 못 쓸 것 같아요. 앞으로도 주인공은 계속 십대겠지만 장르적으로는 좀 바뀔 거예요. 완벽한 판타지는 아니더라도 판타지, 추리, SF 등이 가미된 작품들로요."

상상력을 훨씬 더 요하는 작업이 될 것 같은데, 이전의 글쓰기보다 더 재미있을까?

"안 해본 이야기라서 재미있어요. 내가 무슨 판타지를 써, 내가 무슨 SF를 써, 이런 생각을 했거든요. 소설이라고 하면 현실과 맞닿아 있어야 한다고 생각했고, 그래서 그렇게 써왔던 거예요. 근데 청소년문학과 아동문학을 해보니까 그러지 않아도 된다는 걸 알게 됐어요. 요즘엔 드라마도 그렇고, 이야기들이 다양하잖아요. 이렇게 안 해봤던 이야기를 해보는 게 너무 재미있어요."

글쓰기가 놀이라는 생각이 들어요

김혜정이 하루에 글을 쓰는 시간은 세 시간. 아이를 어린이집에 보내고 집 근처 카페에서 보내는 시간이다. 쓸 게 없어도, 무조건 그 세 시간 동안에는 노트북을 켜고 그 앞에 앉아 있는다.

"강연을 하면, 아이들이 글을 쓰면서 언제 가장 보람 있고 행복하냐고 자주 물어요. 그럴 때 저는 세 시간 동안 글 쓰고 난 뒤에 가방을 메고 집으로 가는 길을 떠올려요. 그때가 가장 행복하거든요. 책이 나오고, 잘 팔리고 그런 것보다 '오늘 내가 할 일을 다 했네'라고 느껴질 때가 가장 행복해요. 오늘 쓴 글이 책까지 이어지지 않을지도 모르지만 어쨌거나. 보통 그 시간에 원고지 10매에서 15매까지는 써요. 워낙 계획 세우는 게 습관이 돼서, 계획대로 안 되더라도 일단은 계획을 세우고 지키는 식으로 생활을 하죠. 십대 때부터 글을 쓰면서 생긴 장점이 뭐냐 하면, 글 쓰는 것에 두려움이 별로 없다는 거예요. 저는 글쓰기가 놀이라는 생각이 들어요. 전혀 괴롭지가 않아요."

글쓰기가 놀이라고 말하며 환하게 웃는 그를 보면서, 작품의 경쾌함이 작가의 삶에서 나오는 것 같다고 하니 그가 고개를 끄덕인다.

"삶에 대한 태도가 긍정적인 편이에요. 그게 작품에 드러나는 것 같아요. 그런데 꼭 좋게 보이지만은 않는가 봐요. 어떤 사람들은 왜 네 글에는 음각이 느껴지지 않느냐고 하거든요. 왜 애들이 항상 잘되고 행복하냐고 비판하는 분들도 계시고요. 하지만 그건 제 세계관이고, 바뀔 수 있는 부분이 아니에요. 제 글에는 제가 세상을 바라보는 시각이 있는 거잖아요. 저는 인생은 한번 살아볼 만하고, 좀 더 나아질 수 있는 지점이 있다고 생각해요. 그래서 그런 긍정적인 글을 쓰고 있어요."

자신의 책을 읽고 자란 아이들이 이십대가 되어서 '내가 학창 시절에 재밌게 읽던 책의 작가다'라고 블로그 등에 올리는 글이 마냥 좋은 그다. 반대로 이렇게 후루룩 읽히는 게 무슨 문학이냐는 악플도 있지만, 후루룩 읽히면 후루룩 읽으면 되지 뭐, 하면서 대수롭지 않게 넘긴다. 나는 후루룩 읽히면서 재밌고 경쾌한 김혜정의 글이 좋다. 그리고 글만큼이나 이 작가와의 만남도 내내 유쾌하고 즐거웠다.

김혜정,

오늘의 김혜정

재미있는 글쓰기가 직업이 되고, 꿈꾸던 작가로 사는 일이 정말 그렇게 좋은지 묻지 않을 수 없었다.

"다행히 지금은 걱정을 많이 안 해요. 그동안 낸 책이 많이 쌓여서 그런 것 같아요. 출간된 책이 10권 미만일 때는 걱정이 많았어요. 이 일을 지속적으로 할 수 있을까? 물론 글쓰기를 좋아해서 하지만, 만약에 이것이 생활이 가능한 정도의 수입이 되지 않으면 저는 못 할 것 같아요. 그렇게 되면 다른 직업을 가져야 한다고 생각해요. 그런 고민을 지금도 문득문득 하는데, 책이 좀 쌓이고 나서는 덜 하죠. 하지만 좋아하는 일을 직업으로 삼을 수 있다는 게 무엇과도 비교할 수 없을 만큼 좋아요. 책 보고 영화 보는 게 너무 재밌는데, 글을 쓸 때도 그것과 비슷하거나 더 재미있을 때가 있어요. 저는 글쓰기가 고통스럽다는 게 뭔지 잘 모르겠어요. 물론 저도 고심해서 글을 쓰지만, 다른 사람들이 어떻게 평가할지에 크게 신경 쓰지 않거든요. 그냥 제가 좋아하는 걸 하는 거예요. 안 팔리더라도!"

한때 그는 책이 생각만큼 팔리지 않아 늘 고민이었다. 그러다 언젠가 이런 깨달음을 얻었다고 한다. '다음 책은 더 안 팔릴 거다! 그러니까 걱정하지 말자.' 시간이 흐르면서 출간하는 책은 쌓여갔지만, 그렇다고 그에 비례해 수입이 늘어나지는 않았다. 그래도 이제는 일정한 수준을 유지하고 있고, 다행히 경제적으로 힘든 시기도 없었다고 한다. 그는 지금의 수입에 큰 불만이 없는 이유가 얼마를 버느냐보다는 어디에 쓰느냐에 따른 가치관의 차이 때문이라고 했다.

"작가가 돈을 많이 쓰는 직업은 아니잖아요. 저는 운전을 하지도 않고, 옷 사는 것도 즐기지 않고, 물건에 대한 욕심도 별로 없어요. 저의 주요 소비는 여행 다니고 커피 마시는 데에 있어요. 그래서 강연을 하지 않아도, 인세로 어떻게든 살 수 있겠다는 생각도 들어요. 친한 작가들을 만나서 듣는 대부분의 고민은 어디로 여행 갈까 정도예요. 부유해서 그런 게 아니라 인생의 가치관이 다른 거죠. 적게 벌면 적게 쓰면 되는 거지 뭐, 이런 식으로요. 작가라는 직업은 이야기를 좋아하는 사람에겐 너무 좋다고 생각해요. 작가가 되고 싶은데 먹고사는 일이 걱정인 아이들에겐 다른 직업도 마찬가지라고 말해주고 싶어요. 갑자기 회사가 없어질 수도 있는 거고, 사회가 어떻게 바뀔지도 모르니까요. 그러니 내가 해보고 싶은 건 해봐야 하는 거죠. 해보다가 아니면 다른 걸 해도 되고요. 어쨌든 분명한 건 이야기를 좋아하는 사람이면 놀이와 일이 구별이 안 될 정도로 좋은 직업이란 거예요."

책은 안 팔린다. 십대의 이야기를 이렇게 생생하고 현실 감 있게 그려낸 재미있는 글을 쓰는 작가도 나와 같은 생각을 하고 있을 줄은 몰랐다. 놀라운 건 십대 아이들도 알고 있다는 것이다. 작가가 되면 먹고살기 힘들다는 사실에 아이들이 이렇게 민감하다니. 그러나 한 걸음만 더 들어가서 생각하면 답은 의외로 쉽다. 작가가 되면 왜 먹고살기가 힘든가? 책이 안 팔리기 때문이다. 그러니 작가의 생계를 걱정하기에 앞서 책을 사서 볼 일이다. 한 학기의 강의를 마칠 때, 나는 학생들에게 다시 만나자는 인사를 건넨다. 창작자가 되어서 작가와 편집자로 만나거나 출판사에 취직해 동료로 만나거나 서점에서 좋은 독자가 되어 만나자고. 내가 가장 원하는 만남은 바로 마지막, 좋은 독자가 되어 만나는 것이다. 좋은 창작자도, 좋은 편집자도 결국에는 좋은 독자에서 출발하기 때문이다.

십대에 작가 김혜정을 만난 아이들이라면 책이 얼마나 재미있는 것인지 알고 있을 테니, 이미 좋은 독자의 길에 발을 내디딘 것이리라. '오늘의' 김혜정에게 더욱 기대를 거는 이유다.

박준, 시인의 마음

시인의 이야기를 듣기 위해 박준을 만나야지. 여기까지는 고민이 없었다. 문제는 그다음이었다. 나도 모르게 스스로를 점검하게 되었다. 많은 시인 중에서 왜 박준인가? 친분으로 섭외가 편할 것 같아서? 핑계다. 그간 내가 편집을 한 시집이 몇 권인데…. 심지어 그의 시집은 편집을 하지도 않았다. 그렇다면 잘나가니까? 정답! 속 보이지만 어쩔 수 없다. 다른 이유도 물론 있지만, 이 이유가 크게 작용했음을 부인할 수 없다.

등단 무렵에는 이렇다 하게 주목을 받지 못하던 신인 시인이 첫 시집을 출간한 이후 이른바 대박이 났다. 궁금하지 않을 수 없다. 그런데 이렇게 생각하고 보니 슬슬 부담이 되기 시작했다. 사정이 이러하니 그동안 그가 얼마나 많은 인터뷰를 했을 것인가. 또 얼마나 많은 인터뷰가 그를 기다리고 있을 것인가. 무슨 이야기를 새롭게 끌어낼지에 대한 고민뿐만 아니라, 바빠진 그의 스케줄도 문제일 것이다. 강연이나 행사는 또 오죽 많겠는가. 심지어 섭외를 할 무렵엔 그의 첫 산문집 『운다고 달라지는 일은 아무것도 없겠지만』(2017, 난다)이 출간을 앞두고 있었다. 당장은 출간 준비 때문에 바쁠 테고, 책이 나오면 또 그것대로 관련 행사로 바쁠 테지. 거절은 괜찮지만 그가 곤란해하고 내가 미안해하는 그 시간을 상상하니 망설여졌다.

시인 이야기를 하면서 무슨 행사 타령을 이렇게 하느냐고 할 수도 있겠지만, 문학판에는 강연회, 낭독회, 사인회, 작가와의 만남, 북 콘서트, 창작 교실 등등 행사가 아주 많다. 크고 화려한 행사에서부터 동네 사람들만 아는 소소한 자리까지…. 아, 그러고 보니 이렇게 자신을 찾는 자리에 가는 박준의 마음도 궁금했다. 결국 그에게 연락을 할 수밖에 없었다. 섭외는 지금 해두고 인터뷰는 아주 천천히, 언제든 그의 시간에 맞춘다면 괜찮을 것도 같았다.

그런데… 너무 쉬웠다. 그는 잠깐의 망설임도 없이 흔쾌했다. 나는 괜스레 더 미안해져서 준비했던 말을 덧붙였다.

"산문집 나오면 여기저기 다른 인터뷰며 행사로 바쁠 테니까, 나랑 인터뷰는 그거 다~ 끝나고 한가해지면 그때 천천히 하면 돼."

그러자 박준이 예의 잔잔한 웃음 가득한 목소리로 되물어왔다.

"아, 쓸쓸해졌을 때요?"

박준이니까

과연 그의 산문집은 반응이 좋았다. 그럴 줄 알았다. 외주로 그의 산문집 교정을 보면서 이미 짐작했던 바다. "와, 준이는 어쩜 이렇게 말이며 글이 예쁘죠?" 이 책을 출간한 난다출판사 김민정 대표에게 교정지를 전달하며 나는 감탄했었다.

자연스레 그는 바빠졌다. 인터뷰도, 행사도 많아 보였다. 나는 그에게 부담을 주지 않으려고 우리의 인터뷰를 잊은 척 무심한 태도를 취했는데, 그러다가 정말 깜박 잊고 말았다. 섭외 전화를 한 지 4개월 정도가 지났을 무렵, 그에게서 먼저 연락이 왔다.

"누나, 그때 말씀하신 거 이제 날짜 잡아도 될 것 같아요."

인터뷰를 하고 싶다 한 사람은 가만있는데, 아쉬울 것 없는 인터뷰이가 먼저 연락을 해오다니 놀라운 일이었다. 그런데 사실 나는 그다지 놀라지 않았다. 왜냐하면 박준이니까. 그는 늘 다른 사람들의 마음과 상황을 먼저 살피고 배려하는 사람이니까. '잘나가니까' 변했을 거라고 혼자 오해를 해서 거절 운운했지만, 그게 오해라는 걸 나는 이미 알고 있었다.

사진을 찍기엔 '원당종마목장(렛츠런팜 원당)'이 좋겠다고 알려준 것도 그였다. 이것도 그의 배려일 테지만, 그곳은 우리 집과 아주 가까운 위치였다. 물론 나는 그런 곳이 있다는 걸 그때 처음 알았다. 내가 인터뷰를 할 장소로 그 근처 카페를 인터넷에서 몇 군데 검색해서 문자메시지로 보냈더니, 그는 "네, 누나. 그곳도 좋을 것 같아요"라는 말로 인터넷 검색에 대한 내 수고를 인정해주고는, 이어서 "아니면 여기" 하며 선택의 여지없이 아주 괜찮은 식당을 소개했다.

인터뷰를 하는 날 만난 그는 그곳이 서촌에 있는 유명한 음식점의 2호점이며, 피자와 떡볶이가 맛있다고 친절한 설명을 덧붙였다. 그의 말처럼, 단호박 속에 다양한 해물과 함께 요리된 떡볶이가 아주 맛있었다.

그는 장소와 음식을 늘 신중하게 결정하는 사람이다. 그래서 그를 만나면 늘 환대를 받는 느낌이다. 심지어 내 부탁으로 나온 자리에서도.

약속을 하고 이렇게 만나기까지, 그사이에도 그는 종종 다른 인터뷰를 했다. 그가 받았을 수많은 질문을 나 역시 피해 갈 수 없으리란 생각이 들자, 차라리 정면 돌파가 답인 것 같았다. 인터뷰에서 가장 많이 받은 질문이 무엇이냐는 질문을 첫 번째로 건넨 이유다.

"텍스트 안으로 들어왔을 때는 '미인'이 누구냐, '당신'이 누구냐는 질문을 많이 받고요. 텍스트 외적으로는… 글 쓰는 사람으로서의 삶과 직장인의 삶에서 괴리가 없느냐, 왜 직장을 다니느냐하는 질문이 많아요. 출판이나 문학을 잘 모르는 분들의 경우에는 그게 가장 궁금하신가 봐요."

역시 정면 돌파하길 잘했다 싶었다. 내 질문의 일순위도 '왜 직장을 다니는가?' 비슷한 것이었으니까. 출판이나 문학을 모른다면 모르고 안다면 알지만, 정말 궁금했다. 박준이니까. 시집이 베스트셀러 상위권을 오래 유지하는데도 시인으로 먹고사는 일이 어렵다면 너무 씁쓸하지 않은가. 다른 예술 영역에서, 그러니까 음악이나 미술에서 잘나가는 작가도 이렇게 다른 직업을 가지며 살까? 잘은 모르지만, 그러지 않을 것 같다. 그런데 박준은 시인이지만 직업을 가지는 것은 당연하다고 말한다.

"돈을 벌기 위해 시를 쓰는 시인은 아마 없을 거예요. 적어도 제 주변에는 없어요. 시인이라는 존재가 돈이 필요하지 않다거나 재물에 대한 욕망이 없어서 그런 것은 아니지요. 시로는 돈을 벌 수도 없고, 만약 있다고 하더라도 그런 목적으로는 좋은 시를 쓸 수 없다는 것을 시작부터 알고 있으니까. 그런데 말씀하셨듯 저는 시집이 상대적으로 많이 판매되었잖아요. 당연히 그에 따른 인세도 들어오고요. (2019년 1월 현재 첫 시집의 판매 부수는 11만 부다.) 시집값이 8,000원(현재는 1만 원이다)이니까 권당 인세가 800원, 여기에 판매 부수를 곱하면 8,800만 원이에요. 물론 큰 돈이죠. 그렇다고 생계를 생각하지 않아도 되는 것은 아니에요. 이 시집이 나온 지 이제 7년이 되었잖아요. 그러니까 이걸 7로 나누어서 연봉이라 계산하면… 이거 어떡할 거야! (웃음)"

그런데 박준이 직업을 가지고 회사로 출근을 하는 진짜 이유는 따로 있었다.

"소설가들에게는 물리적 시간이 절대적으로 필요한 것 같아요. 그래서 작품을 쓸 때에는 한동안 연락이 안 되는 경우도 있고, 또 어떤 작가들은 스스로를 낯선 장소에 가두고서 한 석 달쯤 지나 집필을 마치고 나서야 돌아오기도 하고…. 그런데 시는 그렇지 않잖아요. 시인에게도 시간이 필요하지만 이때의 시간은 하루에 몇 시간이다, 하고 정해진 물리적인 것보다는 일상 안에서 틈을 내는 정서적인 것에 가까우니까. 물론 저도 가끔(회사에 사표를 내고 싶을 때마다) 적게 벌고 적게 소비하더라도 글만 쓰면서 살까? 하는 상상을 해요. (웃음) 그런데 사실 직장을 계속 다녀야 하는 더 중요한 이유가 있어요. 저는 직관이나 상상력이 그리 발달하지 못한 사람이거든요. 그러니까 무엇에 대해 사유하거나 쓰려면 삶이 주는 자극과 경험이 선행되어야 해요. 산 좋고 물 좋은 곳에서 혼자 쓰라고 하면 저는 못 써요. 아마 이것은 제가 쓰는 글의 보편성과도 관련이 있을 것 같아요. 제가 쓴 글을 읽어주시는 대부분의 독자들과 비슷한 양식의 삶을 살아야지요. 아침저녁으로는 출퇴근길에 시달리고 월요일을 싫어하는 대신 금요일을 사랑하며…. 앞으로도 저는 삶의 비루를 계속 느끼면서, 계속 시를 쓸 것 같아요."

처음엔 돈 이야기로 시작했는데, 돌고 돌아 결국 시다. 자신을 알고, 자신이 쓰는 시를 알고, 그 시를 읽을 독자를 아는 까닭에, 그는 출근하는 일의 가치를 놓칠 수 없는 것이 아닐까?

이렇게 잘 쓰는데 왜 떨어질까?

박준은 신춘문예와 문예지를 합쳐 거의 100번의 고배를 마셨다. 어떻게 100번이나 떨어질 수 있었냐면, 시를 굉장히 많이 썼기 때문이다. 5년 동안 그는 1000편 가까이 시를 썼다. 지금은 아무도 못 보는 곳에 출력 형태로만 놔두고 있는 그 시들은 첫 시집에 당연히 실리지 못했다. 그 이유는 그가 직접 읊어준 아래의 시를 보고 직접 판단하시길.

제목: 황태

나 감기 걸리면
어떻게 하라고
왜 여기다 매달아

날은 차고
밖은 어둑어둑해지는데

나 감기 걸리면
어떻게 하라고

그래도 참아
네 친구는 지금 냉동고 속에 있어

이렇게 끝나는 시. 처음 시를 쓰던 무렵에는 연작시를 많이 썼다고 한다. 「황태」, 「동태」, 「북어」, 「코다리」, 「생태」….「황태」 다음 시는 「동태」인데 말줄임표만 네 행 있단다. 입이 얼어서.

박준,

"「황태」는 스무 살 때 쓴 시예요. 누나 앞에서 읊으니까 부끄럽네요. 그런데 더 부끄러운 것은 당시 저는 이런 시들이 정말 좋은 시라고 착각했어요. 신춘문예 철이 되면 보통 한두 군데만 내잖아요. 근데 저는 중앙지부터 지방지까지 공모를 받는 모든 신문사에 다 냈어요. 시가 워낙 많으니까 중복 투고도 아니거든요. 여기에 문예지까지 합치면 1년에 스무 군데 이상 투고를 하죠. 그걸 5년 넘게 했으니까 100군데 이상 떨어진 게 맞아요. 떨어질 때마다 내가 이렇게 시를 잘 쓰는데 왜 떨어질까 의아해했어요. 신춘문예를 비롯한 제도에 대한 의심을 품기도 했고요. (웃음)"

「황태」 이후 어떤 변화를 겪었기에 등단을 하게 된 건지 궁금하지 않을 수가 없다.

"제 시에 대한 자신감이 한풀 꺾였을 때 등단을 했어요. 더 이상 제가 쓴 시가 좋아 보이지 않는 거예요. 그동안 원고 공모에 너무 많이 떨어져서 위축된 탓도 있었겠지만, 더 중요한 것은 그제야 스스로의 작품을 객관적으로 보는 눈이 조금이나마 생긴 듯싶어요. 그러다 제 시가 바뀌었어요. 취재하면서 쓰기 시작했거든요. 고시원에 대한 시를 쓰려고 고시원에 들어갔어요. 멀쩡히 집이 있는데도요. 그렇게 두 달 정도 고시원에서 생활하면서 고시원 시를 썼죠. 병원에 대한 시를 쓸 때는 퇴근하고 계속 병원에 가서 앉아 있고…. 그렇게 쓴 시로 등단했고요. 그때 취재하면서 썼던 시 네 편은 첫 시집에 실었죠."

시인의 마음

등단하기까지 남다른 우여곡절을 겪었던 박준. 당선 당일의 스토리 또한 예사롭지 않다. 당선 소식을 들은 날, 심사위원이었던 김정환 시인, 김선우 시인, 박수연 평론가와 실천문학사에 있던 손택수 시인이 그를 불렀다. 그들은 함께 술을 마신 뒤, 광화문 촛불 집회에 갔다. 그런데 군중 사이에서 박준이 그만 일행을 놓치고 말았다. 그날 처음 만난 심사 위원들의 연락처를 알 리 없었고, 유일하게 휴대전화 번호를 알고 있던 손택수 시인은 전화를 받지 않았다. 그는 촛불 집회 한가운데서 사람들을 찾아 헤매다가, 시인이 된 오늘, 이렇게 기쁜 날, 시위 현장에서 길을 잃은 것이 어떤 메타포 같다고 느꼈다.

"광장에 있던 피켓들마다 '시민의 힘' 같은 문구가 쓰여 있었어요. 그런데 '시민'과 '시인'의 글자가 크게 다르게 보이지 않는 거예요. 그때 문득 이제 시인이 되었으니까 앞으로 시민이 되어볼까, 라는 생각을 했어요. 다분히 인위적인 생각이었죠."

여기까지 들었을 때는 '그래, 조금 억지스럽구나. 그런데 등단을 해서 흥분도 하고, 술도 조금 마신 상태에서 집회 현장의 열기에 휩싸여 있으니 잠깐 그런 재밌는 생각을 할 수도 있지'라고 여겼다. 그런데 그날 이후, 그는 시민 단체에서 여는 세미나나 강좌들을 찾아 듣는다. 기본 공부가 안 돼 있는 상태라 어렵긴 했지만 그래도 열심히 다니며 들었다. 때마침

한국의 시민사회는 광장이나 현장으로 나가야 하는 이슈들이 많아지고 있었다. 어떤 사회적 의제에 대해 생각을 가지고 있어야 한다고 느끼고, 시 쓰는 일과 별개로 시민이 되기로 결심한 시인. 조금은 엉뚱한 이 전개가 박준에게 와서 자연스럽게 자리를 잡은 이유는 그가 직접 몸으로 부딪치며 살아내는 사람이기 때문일 것이다. 그의 시 쓰기가 그러했던 것처럼.

왜 이렇게 잘되는 거지?

청탁을 받아 쓴 자신의 시가 문예지에 실리면 너무나 신났다. 날마다 혼자서 쓰고 혼자서 읽던 시를, 소수지만 문학을 하는 이들과 함께 보는 것, 등단 후 겪은 가장 큰 변화였다. 그리고 이는 등단 전까지, 그러니까 100번 떨어지고 난 이후에 등단을 하기까지 열심히 안 쓰던 시를 다시 열심히 쓰게 된 이유였다. 그렇게 등단하고 4년이 지난 2012년 12월, 드디어 첫 시집 『당신의 이름을 지어다가 며칠은 먹었다』(문학동네)가 출간되었다. 등단 때와 마찬가지로 첫 시집이 나왔을 때 역시 너무 좋았다.

> "사실 시집 나오기 전까지, 제 시는 계간평이나 월평에 실린 적이 없어요. 평론가들에게 언급된 적이 없는 거죠. 문학적 평가가 거의 없었어요. 이해가 가는 게, 제 시가 어떤 비평이 붙을 만한

텍스트가 아니니까요. 의미망이 비교적 단순해서 그런 것도 있고…. 그래서 더욱 시집을 통해 세상에 뭔가 한번 보여주겠다, 이런 욕망이 있었어요. 기대도 많이 하고요."

그래도 이렇게 잘될 줄은 몰랐단다. 당시 그에겐 그저 시집 출간 자체가 기대의 전부였다. 시집이 출간되기까지도 쉽지 않은 여정이 있었기 때문이다. 마음처럼 빨리 진행되지 않자 조급해하는 그에게, 당시 그의 시집을 만들던 김민정 시인이 일침을 가했다. 네 시집은 나오자마자 잊힐 거라고. 그러니 너무 들뜨지 말라고. 지금 생각하면 고마운 충고였다고 그는 말한다.

"제 시집의 발문을 고(故) 허수경 시인이 써주셨잖아요. 써주신 글도 글이지만, 시집을 준비하는 과정에서 허수경 선배가 제게 일러주신 것들을 잊을 수가 없어요. 시집 발간 준비 과정이 거의 끝나갈 무렵, 문득 제게 1년 정도 시간을 더 보내고 나서 시집을 내는 것이 어떠냐는 제안을 하셨거든요. 하루라도 빨리 시집이 나오면 좋겠다는 생각만 하던 시기였는데… 한 달도 아니고 1년을 더 쓰라고 하시다니…. 당시 허수경 시인의 그 말은 당연히 서운하게 들렸어요. 그런데 그 서운함 한가운데에서도 왠지 그 말을 들어야 할 것 같다는 생각을 했어요. 허수경 시인의 말처럼 저의 첫 시집은 그로부터 1년쯤 뒤에 나왔어요. 지금 생각해보면 그 1년의 시간이 소중했던 것 같아요. 기존의 작품을 퇴고하는 일도, 또 시를 새로 쓰는 일도 할 수 있었지만 무엇보다 좋았던 것은 그간 시와 시집에 대해 품고 있던 저의 과도한 욕망 같은 것들이 사그라든 일이었지요."

그렇게 1년을 더 기다려 나온 시집이라 기쁨이 남달랐을 것이다. 작품이든 시인이든 조금 더 숙성이 되어서였을까? 그의 첫 시집은 그동안 평단의 무관심이 무색할 만큼 단숨에 독자들을 사로잡았다. 그의 시집을 종합 베스트셀러 순위까지 진입하게 한 TV 프로그램 〈비밀 독서단〉에 등장하기도 전에, 판매 부수는 이미 2만 8000부 정도였다. 독자들에게 잘 알려지지 않은 신인의 첫 시집에서 그 정도의 반응이 나오기란 쉬운 일이 아니다. 일반적으로 시집의 초판 발행 부수는 2000~3000부 정도이고, 500부가량씩 찍는 중쇄는 언제 이루어질지, 몇 번이나 거듭할 수 있을지 기약할 수가 없는 것이 현실이다.

"시집이 나오고 나서 여러 반응을 보고 놀랐어요. '왜 이렇게 잘되는 거지?' 두려움도 동시에 들었고요. 그때까지, 살면서 어떤 일이 제 예상보다 잘되었던 적이 처음이었거든요. 제가 생각한 세계보다 더 멀리 간 거라 여겼어요."

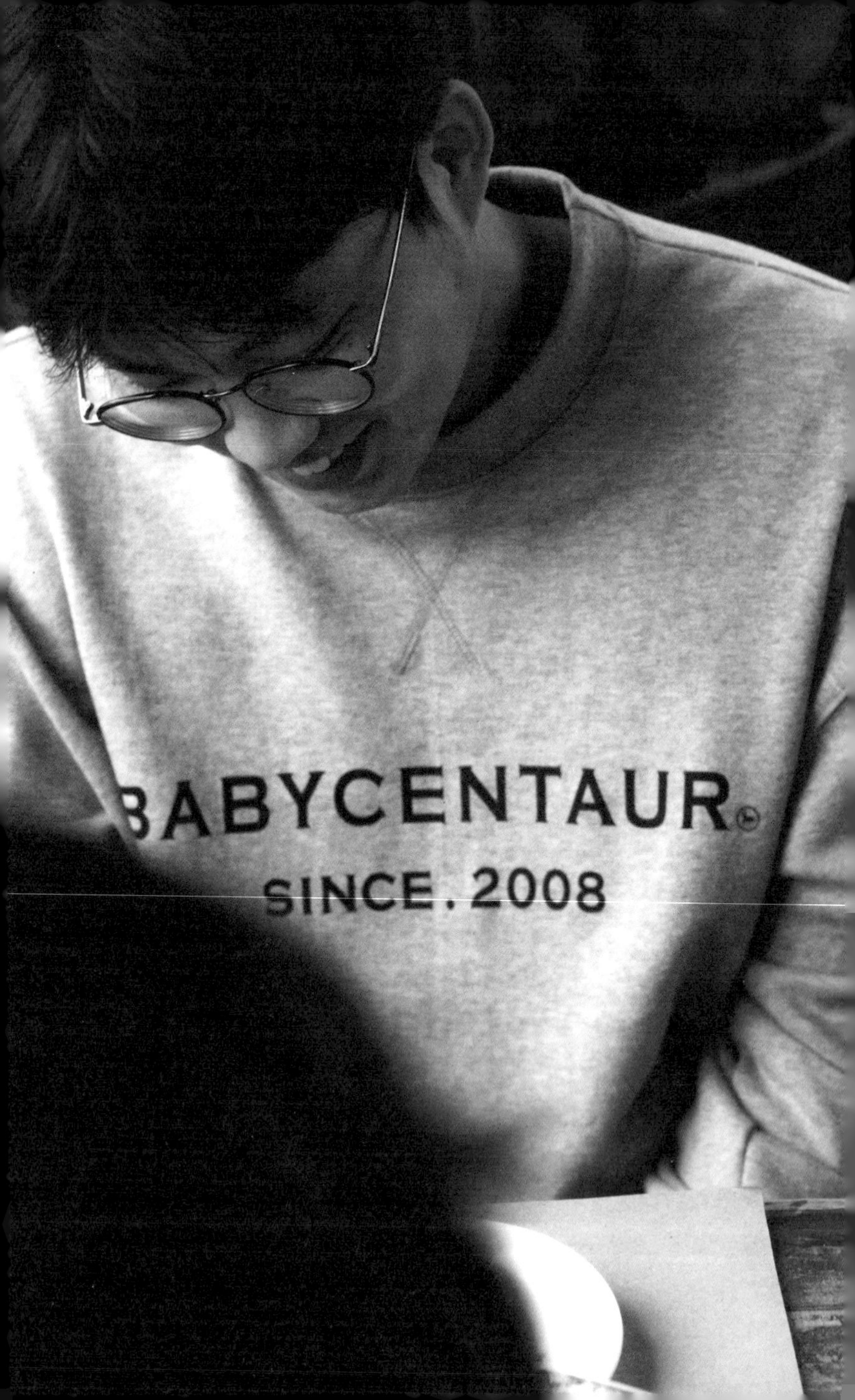
BABYCENTAUR
SINCE. 2008

조금 덜 꼬인 사람

〈비밀 독서단〉이야기를 하지 않을 수 없다. 물론 주목받는 첫 시집임에는 틀림없었지만, 방송 이후 대중의 관심은 이전과는 비교할 수 없을 정도로 높아졌다. 순수문학 시집이 종합 베스트셀러 순위권에 진입하는 놀라운 일이 벌어졌다고 언론에서도 앞다투어 기사를 낼 정도였다. 어느 날 눈을 뜨니 하루아침에 모든 게 변한 느낌이었을까? 박준은 다행히도(?) 그 정도는 아니었다고 한다. 시집의 판매 추이가 갑자기 치솟긴 했으나, 앞서 말했듯 하늘에서 떨어진 일확천금 같은 것은 아니었으니까. 그래도 달라진 것이 있다면 좋은 의미에서 자존감이 높아진 것이라고 그는 조심스레 말을 이었다.

> "저는 스스로 자존심이 센 사람이라는 생각을 해왔어요. 다만 타인에게 이것을 드러내 보이는 경우가 드물 뿐이었지요. 그러면서도 자존감은 낮았던 것 같아요. 그런데 책이 비교적 좋은 평가를 받고 난 뒤부터는 마음의 상처를 받는 빈도가 줄어들었어요. 사람과의 관계를 직시하는 여유도 조금 생겼고요. 덜 꼬인 사람이 되었다고 할까요? (웃음)"

그는 매일매일 과제로 일기를 써야 했던 고등학교를 다녔다. 소설처럼 지어낸 이야기로 채워졌던 제출용 일기장 외에 그는 자신만의 일기장을 따로 만들었다. 그 일기장엔 자기

비하의 말들이 빼곡했다. 나는 왜 공부를 못할까, 나는 왜 잘하는 게 없을까, 나는 왜 살까…? 낮에 친구가 짓궂은 말이라도 하는 날엔 더했다. 여느 아이들 같으면 "야, 너 뭐라고 했어?"라고 따져 묻거나 그 의미가 이상하다 싶을 땐, 그러니까 조롱이라고 생각이 될 땐 멱살을 잡을 법도 할 테지만, 그는 달랐다. 앞에서 가만히 듣고 집에 돌아와 일기를 썼다. "아까 ○○는 왜 나한테 그런 얘기를 했을까? 나를 비난하기 위해선가? 아니면 내가 오해를 하는 걸까?" 이렇게 자신의 마음을 솔직하게 적기 시작한 것이 자신의 첫 문학적 행위라고 생각하는 그다. 그렇기에 자존감 상승에 따른 이런 변화는 결코 작은 것이 아니다. 그리고 여기서 더 나아가, 그는 자신의 시를 통해 한국 시에 새로이 발을 들여놓은 독자층이 한국 시와 지속적으로 함께할 수 있도록 자신이 어느 정도 역할을 해야 한다는 책임감도 느끼고 있다.

"지난주에 전북 장수랑 경남 산청에 다녀왔어요. 셈을 해보니 산청엘 다녀오면서 열 시간을 운전했더라고요. 가는 데 다섯 시간, 오는 데 다섯 시간, 그리고 강의 세 시간. 제가 먼 곳에서 온다고 해서 강의료를 더 주는 것은 아니었지만 그래도 즐거워하며 다녀왔어요. 여행이다 생각하면서. 아무리 먼 곳에서 불러도 되도록 가려 해요. 꼭 불러야 하는 분명한 이유가 있을 때, 우리는 먼 곳의 사람을 부르는 거잖아요. 시인에게 가장 중요한 것은 시를 쓰는 일이겠지만, 사람들에게 시를 알리고 소개하는 일도 시인의 역할이라 생각해요."

그런 시 쓰는 새끼도 있어야지

첫 산문집 『운다고 달라지는 일은 아무것도 없겠지만』을 읽고, 가장 궁금했던 건 그의 아버지였다. 아들과 영화 이야기를 하다가 그 시절의 남루했던 자신을 떠올리고는 울먹이는 아버지, 그때 본 〈미워도 다시 한번〉을 이야기하다 다시 한번 오열하는 아버지(「울지 말고, 아버지」). 시인보다 더 시인 같은 아버지와 시인 박준이 함께 있는 모습은 어떨까? 아버지와의 기억을 물었다.

"재미있는 게, 처음 시인이 되겠다고 했을 때 부모님의 반응이었어요. '글 쓰면 배고프다' 하며 만류를 하시거나 반대를 하실 줄 알았거든요. 그런데 저희 부모님은 아무런 말씀도 안 하셨어요. 오히려 아버지는 내심 흐뭇해하시는 듯했고요. 저는 거의 모든 감각을 아버지한테 배웠어요. 전부터 아버지는 제 앞에서 울기도 잘 우셨고 농담도 잘하셨어요. 인상적인 기억도 많아요. 어려서 여름 장마가 들면 목에 수건 하나 걸고서 아버지와 자주 폭우를 맞이하러 동네 근처 산으로 갔어요. 아버지는 줄곧 건설 일을 하셨는데 비가 오면 공사가 안 되니까, 장마 때는 며칠씩 출근을 안 하셨거든요. 혼이 빠질 정도로 세찬 비를 맞으면서 고요하다는

　　　　　　　　　　　　　　　시인의 마음

생각을 했던 것 같아요. 또 함께 고궁에 가서 바닥에 주저앉아 말 없이 처마를 올려다보다가 돌아오기도 했고요. 결과적으로 보면 아버지에게 시를 배운 것은 아니지만 시적 미감을 배운 것은 맞는 것 같아요."

시인 박준 하면 떠오르는 슬픔과 눈물은 아버지에게서 온 듯하다. 그러나 그는 아버지처럼 주변 사람들에게 그런 모습을 잘 보여주는 편은 아니다. 기쁨이든 슬픔이든, 과도한 감정 상태를 그 누구에게도 표현하지 않는다. 그의 숨은 감정은 글을 쓰는 순간과만 맞닿을 뿐이다.

"그래서 시를 쓸 때 주로 어디를 가요. 혼자서. 보따리 싸놓고 있다가 거기 가서 푸는 거죠. 이중생활을 하고 있는 것 같아요. 정서적인 건기와 우기 속을 넘나드는."

그렇다면 상처를 잘 받는 편은 아닐까? 그를 곱지 않은 시선으로 보는 사람들은 어떤 이야기를 하는지 들어보고 싶었다. 그에게 기억에 남는 악플이 있는지 물어보았다. 그런데 예상과 달리 그의 표정이 밝았다. 그러곤 주저 없이 "가장 좋아하는 악플"이 있다는 것이다. 첫 시집이 나온 지 얼마 안 되었을 무렵, 한 문학 관련 커뮤니티 사이트에 누군가가 질문을 올렸다고 한다. "박준 시 어때?" 그러자 그 아래 댓글이 달렸다. "냅둬. 그런 시 쓰는 새끼도 있어야지." 그는 이 문장을 두 번이나 또박또박 발음하더니, 이게 가만 보면 악플이 아니라고 덧붙였다. 일단 자기 취향은 아니지만 그런 시를 쓰는 경향이 현장에 존재해야 한다는 것을 말하고 있는, 겉으로 보면 비판인데 굉장한 상찬이라고.

"한 친구가 있어요. 그 친구는 인터넷 공간이나 SNS에서 제 이름을 검색해서 종종 비판적인 글을 발견하면 그 즉시 제게 보내줘요. 참 좋은 친구입니다. (웃음) 최근에 그 친구가 전해준 글이 있어요. '언어와 사유가 모두 빈곤한 글, 읽으면서 화가 났다'라는 내용이었어요. 그것을 보고 다짐했어요. '앞으로 언어와 사유가 엄청 풍성한 글을 써서 이러한 독자마저도 나의 깊이 속에서 허우적거리게 만들겠어' 하고요. (웃음)"

이번에는 초점을 달리해, 시기하는 동료들은 없는지 물었다.

"문학판의 특수성인 것 같기도 한데요, 가끔 제가 놀림거리가 될 때가 있어요. 근데 이게 재밌어요. 예를 들어 스포츠 선수가 경기에서 MVP가 됐다거나 또는 거액의 연봉 계약을 했다고 하면 동료들이 그를 놀릴까요? 그런데 저는 그 정도도 아닌데 놀림을 받는 거예요. 그런 면에서 문학판이 귀엽기도 해요. 그래서 기분이 안 좋지 않아요, 어떻게 해도."

시인의 마음

박준,

높아진 자존감에서 온 너그러움일까? '놀림거리'라는 말에 살짝 긴장하며 귀를 기울였는데, 스포츠 선수 얘기를 듣고는 그 찰떡같은 비유에 물개 박수를 치며 격하게 고개를 끄덕일 수밖에 없었다. 문학판은 시장이 작다. 몇 쇄를 찍었네, 인세가 얼마네 하며 혀를 내두르는 일들도 다른 분야와 비교하면 명함도 못 내밀기 일쑤. 일단 글을 쓰는 시간과 판매가 어느 정도에 이르기까지의 시간을 생각하면, 앞서 말했듯이 연봉으로 계산했을 때 이러한 호들갑이 조금 민망해지기도 한다. 그렇기에 "돈 벌어서 집 샀다며?", "잘나가더니 변했다" 등의 오해가 더 억울하고 화가 날 법도 한데, 귀엽단다. 그래서였을까? '박준은 돈을 많이 벌었다'로 요약되는 대화에서 그가 한 번도 얼굴을 붉히거나 부정하는 모습을 본 적이 없다. 물론 긍정의 맞장구도 치지 않는다. 그는 그저 시종일관 웃으면서 조용히 그 자리의 찻값, 술값을 계산할 뿐이다.

쓴다고 달라지는 일은 아무것도 없겠지만

이처럼 씁쓸하게 귀여운 판에서, 글을 쓰고자 하는 이에게 그가 전하고 싶은 이야기는 무엇일까?

"제 산문집 제목을 가져오면… 쓴다고 달라지지 않잖아요. 쓴다고 해서 내 주변, 나를 둘러싸고 있는 상황이나 현실이 바뀌는 것은 전혀 아닌데, 그래도 쓰면 주변을 바라보는 시각이 조금 바뀌는 것 같아요. 왜 여전히 쓰고 있느냐 생각하면, 외부를 바꾸지는 못하지만 내부에서 외부를 보는 시각이 바뀌기 때문인 거죠. 그게 쓰는 행위의 첫 번째 목적일 테고요. 대중적으로 잘되지 않아도, 예술적으로 새로운 세계를 펼치지 않아도 이 첫 번째 목적만 이루는 게 어디인가, 그런 생각이 들어요. 제가 시인이 아닌 다른 일을 하는 사람이었어도 결국에는 문학 비슷한 걸 하지 않았을까요? 그런 삶이어도 첫 번째 목적은 이루어지는 거죠. 쓰는 사람의 정체성으로 세상을 볼 때 조금 다른 것들이 있을 테고. 그게 중요하다고 생각해요."

시가 뭔지도 모르면서 1000편씩 쓰던 시기를 지나, 몸으로 부딪쳐 겪으면서 쓴 시로 등단을 하고, 첫 시집을 기다리는 조급한 마음을 1년의 기다림으로 눌러야 했던 박준에게 시를, 글을 쓰는 행위는 자신의 정체성을 확인하는 일과 같았다. 그리고 많은 사람이 그의 글에 공감해 여기까지 왔다.

첫 산문집이 막 출간되었을 때 했던 이 인터뷰가 2년이 훌쩍 지나 그의 두 번째 시집 출간 이후까지 묵어 있었던 건 순전히 나의 게으름 탓이지만, 그럼에도 이 인터뷰 내용이 손볼 곳 없이 유효한 것은 박준의 여전함 덕분이다. 두 번째 시집을 내고 정신없이 바쁠 것이 분명한 그에게 나는 축하 인사 대신 하나 마나 한 안부를 물었다.

"많이 바쁘지?"

돌아온 대답은 "이제 그만 바쁘려고요"였다. 하지만 인터뷰와 책 관련 행사들이 한바탕 지나간 뒤에도 연이은 문학상 수상으로 그의 말처럼 되기란 쉽지 않아 보였다. 그럼에도 수상 축하 술자리에서 만난 그는 여전했다. 아니, 시간이 쌓이고 시가 쌓일수록 더욱 여유로워진다고, 그가 사주는 고기를 씹으며 나는 생각했다.

박준,

시인의 마음

최은영, 소설가의 마음

학교나 단체에서 추진하는 작가 특강 섭외 순위는 인기의 척도라고 할 수 있다. 연예계처럼 요란하거나 변화가 빠르진 않지만, 문학의 길을 꿈꾸는 이들 사이에서 '핫'한 작가에도 어떤 흐름이 있다. 나 역시 대학 시절부터 각 시기를 풍미한 작가들의 특강을 들으며, 일종의 동료 의식(?)을 가지고서 '저 작가처럼 쓰고 싶다'거나 '저 작가와 진짜 동료가 되고 싶다'라는 생각을 하곤 했다. 하지만 나는 작가가 되지 못했고, 작가들의 책을 만드는 동료(!)로 만족해야 했다. 그러나 그 이후로도 욕망의 부스러기는 남아서, 나와 비슷한 연배의 작가가 등장하면 질투와 부러움 섞인 마음으로 더 유심히 보게 되었다. 최은영이 등장했을 때 그랬다.

대학 문창과에서 출판 관련 강의를 가끔 하는데, 수업 시간에 학생들이 읽고 있는 책, 또는 좋아하는 작가에 대한 이야기를 하지 않을 수 없다. 그때마다 주로 등장하는 이름 중 하나가 최은영이다.

2016년 여름, 『쇼코의 미소』(문학동네)가 나오고 나서 나는 각각 다른 사람에게서 똑같은 질문을 받았다. "최은영 소설 읽어봤어?" 워낙 책을 일로 접한 지 오래여서 그 평범한 질문은 내게 꽤 신선하게 들렸다. 그 질문을 던진 이들의 눈빛이 마치 대학 시절 함께 문학을 꿈꾸던 이들의 그것과 같아서였을 것이다. "너무 좋더라"라는 순수한 고백을 얼마 만에 들었는지. 그리고 이어지는 그들의 반응 또한 "울었다" 또는 "울컥했다"로 비슷했다. 나도 마찬가지였다. 한데 우리가 울거나 울컥한 작품은 모두 달랐다. 돌아가신 할머니가 생각났다던 선배는 「쇼코의 미소」를 읽고 울었다 했고, 또 다른 친구는 책 출간 전에 발표 지면에서 「씬짜오, 씬짜오」를 읽고 울컥한 마음이 오래 남았다 했고, 나는 「먼 곳에서 온 노래」를 읽다가 몇 번 멈춰 먹먹해진 가슴을 쓸어내린 기억이 있다. 그러니까 최은영을 만나고 싶다는 생각이 인터뷰를 계획하기 훨씬 전부터 자리하고 있었다는 이야기다.

약속 장소는 고려대학교 근처의 한 카페. 나는 고려대 정문 앞을 지나며, 2000년 5월 1일을 떠올렸다.

대학에 들어가 맞은 첫 메이데이였다. 나와 내 친구는 같은 과 선배에게 이끌려 그곳에 갔다. 메이데이 집회에 간다는 말에 별생각 없이 그 선배를 따라나선 게 문제였다. 고려대에는 우리 학교 인문대 학생회 소속 학생들이 모여 있었고, 친구와 내가 속해 있던 학회의 선배들은 종묘에 있었다. 번지수를 잘못 찾은 것이다. 그러나 우리는 행진을 저지하는 전경에 막혀 종묘로 옮겨 갈 수가 없었다.

우리는 그곳에서 뛰고 또 뛰었다. 학교 안은 믿을 수 없이 넓었다. 뛰어도 뛰어도 목적지에 닿지 않았다. 목적지가 어딘지 알 수 없어서 그렇게 느껴졌을지도 모른다. 아니면 큰 학교가 낯설어서였을지도. 아닌 게 아니라, 옆에서 같이 뛰던 다른 과 선배의 한숨과도 같은 말을 나는 들었다. "하아, 우리 학교였으면 벌써 모래내까지 나오고도 남았겠다." 그곳에 도착하고서 처음으로 나는 소리 내어 웃었다.

늘 더 잘 쓰고 싶었어요

최은영과 약속한 카페는 후문과 가까웠으므로 정문을 지나치고도 한참을 더 가야 했다. 당연한 얘기지만, 학교는 여전히 컸다. 약속 장소를 정한 이는 그였다. 고려대는 그의 모교이고, 그 카페는 그가 자주 다녔던 곳이라고 했다. 그의 작업실에서 인터뷰를 하고 싶었는데, 거긴 아무것도 없는 좁은 공간이라며 그가 정중히 거절했다. "아무것도 없는" 작업실이라니. 인터넷에 접속할 수 없는 노트북 하나가 전부라는 대답이 돌아왔다.

그의 '인터넷 중독'에 대한 이야기로 인터뷰가 시작되었다. 2010년 초부터 2년 정도 쓰던 스마트폰도 절제를 못 해서 전화와 문자만 할 수 있는 휴대전화로 바꾸었다고.

"인터넷으로 주로 하는 건… 유튜브 보고, 포털 사이트에 올라온 메인 기사 다 읽고, 네이트 랭킹 뉴스를 시사 1부터 20까지, 연예 1부터 20까지 다 읽고, 스포츠는 모르니까 아는 것만 읽고, 네이트 판에 들어가서 사연 다 읽고, '오늘의 판' 다 읽고…. 특별한 걸하는 건 아닌데, 글자들이 많으니까 그 글자들을 다 읽어요. '다음' 사이트에 들어가서 또 거기 기사도 다 읽고…. 옛날엔 블로그도 많이 봤어요."

인터넷상의 글들을 읽다 보면, 자신과 관련한 글도 보게 되는 건 당연지사. 좋은 글만 있을 수는 없으니, 당연히 악플도 눈에 띌 테고, 그런 반응을 보면 마음이 좋을 리 없을 것이다. 하지만 그런 것들을 이겨내는 힘은 역시나 쓰는 일이라고 그는 말했다.

"어쩔 수 없이 계속 써야 하니까, 쓰면서 극복이 돼요. 그것밖에 없는 거 같아요. '나 이거 못 쓸 것 같은데, 어떻게 쓰지?' 하다가도 또 어느 날 그걸 쓰게 되면, '아, 내가 그래도 이 부분을 썼구나' 하면서…. 퇴고할 때도 '이거 못 고칠 것 같은데' 하다가도 어느 순간 고칠 수 있잖아요. 그러면 그때 기분이 가장 좋아요."

물론 힘이 되는 댓글들도 있다. 그에게 힘이 되는 말은 무엇일까? 마냥 '잘 썼다', '좋다'고 하는 반응은 아니었다.

"작품을 마음으로 읽어주시고, 제가 썼던 마음까지 보시는 독자들도 있어요. '이 사람 이거 썼을 때 이런 느낌이었겠다. 나도 이런 경험이 있는데….' 이렇게요. 평가하는 게 아니고 그런 느낌을 써주신 분들을 보면 뭔가 인생이 연결된 느낌이 드니까 기분이 좋고 힘이 돼요."

서둘러 수상 소식 이야기로 화제를 돌렸다. 인터뷰는 2018년 1월에 진행되었고, 그는 바로 전 해인 2017년 말에 구상문학상 젊은작가상과 제1회 이해조소설문학상 등을 받았다. 악플로 시작한 인터뷰가 미안하기도 해서, 어깨에 힘 좀 주어도 된다는 마음을 담아 "연말에 축제 분위기였겠다"라고 말을 건넸다.

"모두 「그 여름」이라는 작품으로 받았어요. 그 작품으로 문학동네에서 젊은작가상도 받았거든요. 한 작품으로 세 개의 상을 받은 거죠. 그게 2017년 여름에 쓴 작품인데…, 막 좋다기보다는 '그 이후에 썼던 작품들은 왜 그것보다 못한 거지?' 이렇게 비교가 돼요. 더 잘 써야 하는데 왜 나는 더 잘 쓰지 못할까, 이런 생각을 많이 했어요."

예상 밖의 대답이었다. 상을 받으면 다 보상받은 느낌이 들 줄 알았다. 내 글이 인정을 받았구나, 뿌듯하기도 하고 스스로 대견하기도 하고 뭐 그런…. 훌륭한 대다수의 작가는 '더 열심히, 잘 써야겠다'라고 마음먹는 정도겠지 했는데, 의외의 지점에서 나오는 이런 자기반성이라니. 모든 작가가 그렇겠지만, 그는 지금 쓰는 작품이 늘 그 전보다 더 낫기를 간절히 바라고 있었다.

"늘 더 잘 쓰고 싶어요. 제가 가지고 있는 문장이라든지, 어떤 평범한 것들을 더 윤을 내서 빛나게 해야 하는데, 더 잘해야 하는데…, 그런 생각을 계속해요. 그렇지만 잘하지는 못하고, 현상 유지하는 것도 힘에 부쳐서 늘 헉헉거려요. 더 잘 쓰고 싶고, 예전

최은영,

소설가의 마음

에 안 썼던 것도 써보고 싶고요. 한데 늘 시간에 쫓기고 마감에
쫓기느라….″

2017년은 그에게 특히나 바쁜 한 해였다. 그는 사람이
그렇게 살면 안 된다는 걸 깨달았다고 했다. 너무 일을 많이
해서다. 단편소설 5편, 중편소설 1편, 그 외에 엽편 소설과 에
세이, 서평, 칼럼 등으로 1년이 어떻게 갔는지 모르게 지나갔
단다. 작가 해외 레지던스 프로그램으로 3개월간 쿠바를 다
녀오기도 한 그는 쿠바에서 10개의 마감을 다 하고 왔다고 했
다. 쿠바 여행을 그저 부럽게만 생각했던 나는 깜짝 놀랐다.
10개의 마감을 하려면 도대체 관광은 언제 하나! 하지만 최은
영의 속상함은 다른 데 있었다. 시간과 마감에 쫓기면서 쓰다
보니 글의 완성도는 떨어지고, 끝까지 최선을 다하지 못했다
고 스스로 느끼게 되는 것이 가장 힘든 일이라고 했다.

이렇게 일이 많다는 건 그의 글을 읽고 싶어 하는 사람
이 많다는 뜻이기도 할 것이다. 그는 확실히 핫한 작가다. 그
러나 이렇게 청탁이 몰려든 것이 오래된 이야기는 아니다.
2016년만 해도 이렇지 않았다고. 앞서 말한 문학상 3관왕에
빛나는 「그 여름」은 청탁이 없을 때 쓴 작품이다. 물론 결과
적으로는 청탁 없이 쓴 유일한 작품이 되었지만 말이다.

**"그때는 청탁이 전혀 없었어요. 2016년에 봄, 여름, 가을 청탁이
전혀 없다가 겨울에야 받았거든요. 그런데 그 여름에 제 첫 책을**

만들어주신 문학동네의 편집자님이 작품 하나를 써서 《문학동네》에 투고해보라고 하셨어요. 청탁은 없었지만, 그래도 시간 안에 완성을 시키라고 저한테 마감도 정해주시고요. 그래서 '네!' 이러고 막 썼는데…, 갑자기 《문학동네》랑 《21세기문학》 두 군데에서 겨울호 청탁이 들어온 거예요. 《문학동네》 청탁은 50매짜리여서 새로 써서 보내고, 「그 여름」은 좀 길어서 《21세기문학》에 냈어요. 청탁 없이 써본 건 그게 마지막이었어요. 그다음부터는 계속 마감으로 쫓기면서…."

편집자의 역할이 이렇게나 중요하다. 청탁이 없어 다소 기운이 빠졌을 작가에게 마감을 정해주고 작품 쓰기를 독려하는 편집자라니. 사실 이런 시너지는 작가가 편집자에 대한 신뢰를 가지고 있어야 가능하다. 그는 퇴고를 많이 하는 편이라고 했다. '개작'이라는 표현을 쓸 정도로. 그렇게 고친 작품을 그때그때 편집자에게 보여주고 피드백을 받는단다. 담당 편집자가 첫 책에서 자신을 거의 업고 갔다며, 편집자가 없었으면 자신은 끝났을 것이라고까지 그는 서슴없이 말했다. 인터뷰를 진행할 때는 그의 두 번째 소설집 『내게 무해한 사람』(2018, 문학동네)의 작업이 한창이었는데, 첫 책 때 함께했던 편집자가 다시 담당을 하면서 여전히 긴밀하게 소통하고 있었다. 그는 편집자에게 적극적으로 의견을 구하고, 편집자의 거의 모든 피드백을 납득하고 받아들인다고 했다. 최은영이 펴낸 두 권의 책을 담당한 편집자는 문학동네의 김내리 씨. 나는 김내리 씨의 입사 면접 때 면접관 중 한 명이었다. 그의 입사에도, 이후 회사 생활에도 전혀 도움 된 바는 없지만(처음이자 마지막으로 들어갔던 그 입사 면접 자리에서 사장님께 "김필균 씨는 졸고 있어?"라는 말을 들었을 정도로 나는 '쭈구리' 팀장이었고, 김내리 씨는 입사 후 다른 팀에서 훌륭한 사수를 만나 승승장구하였다). 그들의 아름다운 관계와 그것이 빚어낸 훌륭한 결과물들을 떠올리며 나는 연신 감탄사를 내뱉었다.

다시 인터뷰로 돌아와서. 다수의 상을 수상한 작품에도 만족하지 못하는 그에게, 그렇다면 지금까지 가장 애틋한 마음이 드는 작품은 무엇인지 물었다.

"첫 번째 소설집에 실린 「언니, 나의 작은, 순애 언니」라는 작품이 그래도… 나중에 읽어봤을 때 마음에 들었어요. 발표했을 때 무플(!)이었거든요. 그런데 시간이 지나고 나서 다시 읽어보니까, 그걸 쓰면서 제가 잘 쓰고 싶어 했던 그때의 마음 같은 거 있잖아요, 열심히 하려고 했던 거. 그런 게 느껴지더라고요."

아. 이 작가에게 중요한 것은 결국 마음이었던 듯싶다. 그야말로 '문학하는 마음'. 작품을 쓸 때 자신이 어떤 마음이었는지가 세상의 평가보다 더 중요하고, 그 마음을 읽어준 독자에게 힘을 받는 작가가 최은영이다. 그가 문학을 시작하게 된 그때의 마음부터 찬찬히 들여다보고 싶어졌다.

등단이 가장 어려운 것 같아요

그는 2013년에 등단했다. 서른 살이었다. 2년 동안 공모전에 도전했으나 이렇다 할 결과를 내지 못했던 당시 그의 모습을 첫 번째 소설집 『쇼코의 미소』 '작가의 말'에서 읽었을 때, 아주 인상적이었다. 그때의 이야기를 좀 더 듣고 싶었다.

> "저는 지금도, 등단하라고 하면 할 자신이 없어요. 등단이 가장 어려운 것 같아요. 소설을 어떻게 쓰는지는 여전히 모르지만, 그땐 아예 진짜 모르는 상황이어서 혼란스러웠어요. 이게 맞는 건가 싶기도 하고, '내가 무슨 짓을 하고 있는 거지?' 하고 스스로가 우스꽝스러워지는 느낌이 드는 거예요. '나이 먹어 가지고 왜 이러고 있지?', '정신 못 차리고 있다' 이런 생각을 많이 했어요."

마치 그때로 돌아가기라도 한 듯 여전히 자신 없는 말들을 쏟아내는 그에게 '작가의 말'에 "이 생에서 진실로 하고 싶었던 일은 이 일뿐이었다"라고 쓰지 않았냐고 나는 거의 항변조로 다그쳤다. 그러자 "네, 근데 하고 싶은 거랑 잘하는 건 다르니까…"라는 대답이 돌아왔다. 소설은 쓰고 싶었지만 소설가가 될 줄은 몰랐다. 소설을 쓰려면 한예종(한국예술종합학교)이나 서울예대에 들어가야 하나, 고민도 했다. 그때 꼭 문창과를 나와야 소설을 쓰는 건 아니라는 한 교수님의 조언을 듣고, 그는 같은 학교 대학원에 진학했다. 기업에 취직을 하

면 그나마 소설을 쓰고 싶다는 꿈이 완전히 사라질 것 같아서 한 차선의 선택이었다. 그의 이야기를 듣고 있으니, 그가 엄청 큰 혼란 속을 지나왔구나, 절로 고개가 끄덕여졌다. 말로만 들어도 이렇게 혼란스러운데. '소설가가 되고 싶었는데 될 줄은 몰랐고, 그래도 포기하고 싶지 않았으며, 그렇게 작가가 되었지만 지금 등단하라고 하면 자신이 없고, 여전히 소설을 어떻게 쓰는지 모르겠다'라니…. 아, 인터뷰마저 더 혼란에 빠지기 전에 이 '몰랐다 늪'에서 빠져나갈 뭔가가 필요했다.

최은영의 첫 소설 이야기를 들어봐야겠다고 생각한 건 그래서였다. 작가가 되고서 쓴 첫 소설 말고, 생애 첫 소설. 그때는 뭔가 다른 마음이 있었을지도 모르니까.

"고등학교 1학년 때 처음 소설을 썼어요. 명절에 시골에 갔는데, 저는 그게 싫었어요. 저희 아빠가 저를 조퇴까지 시켜서 끌고 내려가셨거든요. 정말 명절에 일주일씩 시골에 있었어요. 게다가 아빠는 친구 만나러 나가 있고, 엄마랑 할머니는 3박 4일 동안 새벽 4시부터 일어나서 일만 하는 거예요. 저는 첫째라고 사촌 동생들 챙기라고 하고요. 재미도 없고, 가만히 있으면 너 왜 그러고 있냐고 뭐라고 하고, 애들 데리고 밖에 좀 나가라고 하고…. 그래서 그 집에 앉아 있다가 처음 소설을 쓰기 시작했어요. 심심해서. 인터넷도 없었잖아요."

그렇게 쓴 소설은 청소년 왕따 문제에 대한 이야기였다.

당연히, "자기 자신이라는 이유만으로 멸시와 혐오의 대상이 되는 사람들 쪽에서 세상과 사람을 바라보는 작가가 되고 싶다"(『쇼코의 미소』)라는 '작가의 말'을 쓰기 전이었다. 그냥 그걸 썼고, 쓰는 것이 너무 재미있었다. 그 이후로 학교에서, 수학 시간에, 그는 소설을 계속 썼다. 그렇게, 글을 쓰는 일이라면 소설가가 아니라 그 무엇이라도 되고 싶다는 생각을 하게 되었다.

삶은 때로, 소설보다 더 정교하게 짜 맞춰진 것같이 느껴진다. 최은영은 여전히 자신이 소설가가 될 줄 몰랐다고 하지만, 이미 고등학교 때 소설 쓰는 일이 너무 재미있다는 걸 알아버린 것처럼. 그가 '그냥' 쓴 첫 소설이 "자기 자신이라는 이유만으로 멸시와 혐오의 대상이 되는 사람"을 담았던 것처럼.

대학에 진학해서는 소설을 꾸준히 쓰진 않았다. 두 편 정도 쓰다가 멈췄다고 한다. 그러다 다시 쓰게 된 것이 스물여덟 살. 바로 그때부터 여기저기 투고를 하기 시작했단다.

"다시 소설을 쓴 계기는 석사 논문 때문이었어요. 논문은 저에게 맞지 않는 글쓰기였어요. 게다가 몸도 안 좋아지면서 '내가 왜 이러고 있지?', '내가 뭘 원해서 이렇게 사는 거지?' 이런 생각이 들더라고요. 그래서 석사 졸업을 하고 나서 1년 반 동안 놀았어요. 그리고 그때 '예전처럼 억지스럽게 살지 말자'라는 생각을 많이 했어요. 제가 스물세 살에 대학원을 갔거든요. 조바심 때문에요. 뭐라도 빨리 따내야 되겠다는 생각이 너무 커서 '뭐든 빨리 하자.

박사 학위도 이십대에 따버리자' 이렇게 생각했어요. 왜냐하면 알 수 없는 것들이 불안하니까. 그러다가 석사 논문을 쓰면서 왜 이렇게 사나 싶은 생각을 한 거죠."

스스로에게 던지는 질문, 왜 이럴까?

그는 "놀았다"라고 표현한 1년 반 중에서 9개월 동안 다른 나라에 있었다. 몰타. 기후가 좋고, 물가가 저렴하고, 월세가 싸다는 말에 선택한 나라였다. 6개월은 몰타에, 3개월은 이곳저곳으로 여행을 다니면서 한량처럼 살았다. 그러곤 한국에 돌아와 나머지 9개월 동안 과외를 하며 돈을 벌었다.

"9개월 동안 나가 있으면서, 한국에서 일평생 모범생으로 살아왔던 제 삶에 대해 처음으로 돌아보게 됐어요. 그때 제가 스물여섯 살이었는데, 잘못 살았구나, 싶었어요. 그렇게 날 안달복달 볶아대면서, 내 멱살을 잡고, 나를 질질 끌고 가면서 살 필요가 없는데. '내가 왜 그러고 살았지? 이젠 하고 싶은 걸 하고 살아야겠다'라는 생각을 한 거죠. 전에는 잠도 거의 안 잤어요. 지금은 아홉 시간씩 자거든요! 저한테 맞는 수면 시간은 아홉 시간인 거예요. 왜냐하면 아홉 시간을 자고 나면 낮잠도 안 자고, 능률도 좋고, 마음도 좋아요. 근데 고등학교 때는 다섯 시간, 대학교 때도 다섯 시간에서 여섯 시간, 그러다 대학원에 다니면서는 세 시간,

네 시간 이렇게 잤거든요. 해야 할 게 너무 많으니까. 대학원 다니면서도 아르바이트를 정말 많이 했어요. 몰타에 가기 직전까지 논술 첨삭하는 일을 받아서 그걸 새벽 4시까지 할 정도로요. 아침 비행긴데! 그렇게 계속 일을 많이 하고, 불안 속에서 잠도 별로 안 자고 그랬거든요. 근데 다른 나라에 가면 저와 다른 배경에서 살았던 사람들이랑 얘기를 하잖아요. 저는 항상 저랑 비슷한 사람들끼리만 있었으니까 그게 당연하고 별생각이 없었는데, 다른 사람들이랑 이야기를 하면서 제 모습이 보이기도 하고 그런 거죠."

'하고 싶은 걸 하고 살아야겠다'라는 결심은 이후 소설 쓰기로 이어졌고, 2년의 시간을 지나 그는 결국 소설가가 되었다. 소설가가 되고 나서 무엇이 달라졌는지 궁금했다. 좋은 점도 있고, 그렇지 않은 점도 있을 것이다.

"삶에 대한 만족감이 훨씬 높다는 것. 그건 다른 것 같아요. 좋아요. 작가가 돼서 정말로 좋아요. 책이 나왔을 때 가장 좋았어요. 기뻤고요. 책이 나오고, 사람들이 그 책을 읽는 게, 독자가 생긴 게 너무 좋아요. 힘든 건… 이제 당연히 프로로 활동해야 하니까 더 이상 저한테 '이래서 못 썼어'라고 핑계를 댈 수가 없잖아요. 결과로만 평가받을 수밖에 없기도 하고요. 저 스스로에게도 엄격해져야 하는데, 그 기준을 충족시키지 못하는 자신에 대해 '왜 이럴까?' 계속 이런 생각을 하게 되는 게 좀 힘들어요."

그는 '왜 이럴까?'라는 생각을 왜 이렇게 많이 할까? 왜 아직도 '왜 이럴까?'라는 생각을 하는 걸까? 안타까운 마음을 감출 수가 없었다. 그런데 어쩌면 그 질문은 최은영에게 아주 중요할 수도 있겠다는 생각이 들었다. 스스로에게 던지는 이 질문으로 그는 결국 소설가가 되었으니까. 그러니 여전히 자신에게 던지는 이 질문이 그의 작품을 또 다른 곳으로 데려다줄지도 모를 일이다. 물론 그가 원하는 쪽으로 더 가까이. 최은영은 '왜 이럴까?' 생각하는 게 힘들다고 했지만, 그가 여전히 스스로에게 그런 질문을 던지고 있다는 것이 왠지 기분 좋은 기대를 불러일으킨다.

장래 희망은 전업 작가

경제적인 변화도 궁금했다.

"책이 나오기 전에는 충북 음성에 있는 극동대학교에서 한국어 강사를 했어요. 아침 6시에 일어나서 7시에 학교 셔틀을 타고 음성으로 내려가 9시 30분부터 다섯 시간씩 수업을 하는 일정이 이틀, 또 이틀은 영어 과외를 했어요. 학교 신문사 기자도 했고, 고려대학교 이공대 글쓰기 센터라는 데가 있는데, 거기서 글쓰기 튜터 같은 것도 했죠. 다 동시에요. 책이 나올 무렵에는 안양에 있는 고등학교 두 군데에서 방과 후 교사까지 했고…. 그러면서 작품도 발표해야 하잖아요. 그렇게 많은 일을 했었어요. 그러다 책이 나왔는데, 책이 팔리면서 인세가 들어오니까 일을 하나씩 버렸죠. 전에는 도저히 버릴 수가 없었어요. 먹고살아야 하니까."

인세가 들어와서 "일을 하나씩 버렸다"라는 말이 인상적이다. 소설만으로 먹고사는 일이 가능해서일까?

"평생 먹고사는 게 가능하냐고 물으시면, 답은 '불가능하다'예요. 하지만 지금은 소설 쓴 걸로 먹고살 수 있어요. 원고료와 상금, 그리고 인세로 생활이 가능하거든요. 근데 이게 단기적이기 때문에, 앞으로 어떻게 살아야 할지 이런저런 생각은 많이 해요. 그래도 일단은 최선을 다해서 될 때까지 글을 써보는 걸로…."

최은영은 2014년 제5회 젊은작가상을 시작으로 2018년 한국일보문학상까지 일곱 개의 상을 수상했다. 소설집 두 권을 낸 등단 5년여 된 작가의 수상 경력이라는 게 믿기지 않을 정도로 많은 숫자다. 상의 명예는 물론이거니와 상금 역시 작가에게는 소중했을 것이다. 그의 말마따나 그것이 다른 일을 줄이고 글쓰기에 더욱 매진할 수 있도록 해주었을 테니 말이다. 그러나 상금이란 예측할 수 있는 수입이 아니기 때문에 기본적인 불안함을 해결해주진 못했을 듯싶다. 갑자기 큰돈이 생기면 돈 쓸 일도 함께 생기는 게 인지상정 아닌가 싶기도 하고. 상금을 어떻게 썼을까?

"처음 젊은작가상으로 받은 500만 원은 입금이 되자마자 전부 빚을 갚았어요. 그다음에도 큰돈이 들어올 때마다 빚을 갚았는데, 어느 순간 '내가 왜 이러고 살아야 하나? 상금도 받았는데…' 이런 생각이 들더라고요. 상금도 받고, 그때 한국어 강사로 일도 하고 있었는데 통장 잔고 4,000원! 이게 말이 되나 싶었죠. 그래서 이렇게는 안 살겠다! 하고서 언제부턴가 그냥 가지고 있어요. 빚은 여전히 있지만 한꺼번에 목돈으로 갚지 않고, 원리금 상환만 해요."

역시나 이번에도 '내가 왜 이러고 살아야 하나?'라는 생각이 상금의 용도를 그가 원하는 쪽으로 가져다놓았다. 그저 가지고 있는 것만으로 힘이 되는 것이 있기 마련이다. 그가 가지고 있는 그 상금이 그의 희망을 이뤄주는 마법을 부렸으면 좋겠다. 최은영이 말하는 '장래 희망'은 바로 전업 작가다. 평생 소설만 쓰면서 살 수 있는 작가. 아직은 불안정하지만 그는 그 꿈을 버리지 않을 것이라고 했다.

"다른 일을 하면 '아, 글 쓸 시간이여!' 이런 생각밖에 안 들어요. 물론 돈이 되긴 하지만, 내가 지금 글 쓸 시간을, 에너지를 낭비하고 있구나… 싶고, 바람피우는 것 같은 거예요. 그래서 '글 쓰는 일만 할 수 있다면!' 이런 마음이 늘 있어요."

그에게 언제나 일순위는 소설이다. 하지만 소설가가 소

설만 쓰는 것은 아니다. 앞에서도 언급했듯이, 최은영은 에세이나 칼럼, 서평 같은 글도 많이 썼다. 소설을 쓰는 것과 다른 글들을 쓰는 것은 어떻게 다를까?

"서평이나 칼럼 같은 글에는 제 자신이 그렇게 많이 들어가는 것 같지 않아요. 하고 싶은 말을 직접적으로 하는 거니까. 그런데 소설은 조금 더 '나'라는 인간이 들어가고, 그래서 조금 더 노력하는 느낌이에요. 소설은 진짜 제 자식 같아요. 다른 글들은 다 쓰고 나면 '마감 끝!' 이런 마음인데, 소설은 발표하고 난 다음에도 계속 생각이 나요."

하고 싶은 말을 직접적으로 하는 게 아닌, 최은영이라는 인간이 소설 속으로 들어가서 보여주고자 하는 것이 있을 것 같았다. 각각의 작품을 넘어, 소설 쓰기라는 작업을 통해 궁극적으로 그가 하고 싶은 이야기 같은 것.

"글쎄요, 그게 뭘까요…?"

그는 잠시 머뭇거리더니, 오랫동안 생각하고 있었던 것을 풀어놓듯 말문을 열었다.

"한국 사회에 살면서 느끼는 거부감, 불편함 같은 거 있잖아요. 불편하고 불쾌하고 그런 거요. 제가 가장 불편한 것은… 그게 어떤 공간에서 어떤 사람에 의해 벌어지는 것이든 권위적이고 강압적인, 서로를 괴롭히는 식의 한국적인 정서예요. 저는 그런 게 있다고 생각하거든요. 물론 어느 사회에든 다 있겠지만, 우리나라는 약점이 하나라도 있으면 살아가기가 힘든 사회라는 생각이 들어서, 그런 게 너무 싫고 막 화가 나기도 해요. 그래서 아마도 글을 쓸 때 그런 이야기들이 들어가지 않나 싶어요. 개인적인 이야기와 사회적인 이야기가 따로 있는 게 아니고, 개인의 이야기 안에 당연히 그 사람이 살았던 사회가 들어 있기 때문에 그걸 잘 섞어서 쓰고 싶어요."

그러면서 그는 몰타에서 겪었던 일을 예로 들었다.

"몰타 있을 때, 영어 학원의 나이 드신 선생님이 이런 얘기를 하셨어요. '정말 너희가 믿을지는 모르겠지만, 내가 어렸을 때는 학교에서 선생님이 손바닥을 때렸다'라고요. 그때 거기 있는 유럽 애들이 충격을 받았어요. 어떻게 학교에서 아이를 때릴 수가 있냐는 거죠. 그래서 제가 우리는 학교에서 뺨도 때리고, 선생님한테 맞아서 기절도 했다고 했어요. 그랬더니 걔네들이 거짓말하지 말래요. 어떻게 그게 가능하냐고요. 너무 다른 세계를 살고 있더라고요. 솔직히 저는 문학도 비슷하다고 생각해요. 유럽 사람들, 영미 사람들의 문학도 제가 사는 세상과는 너무 다른 이야기들이 많잖아요. 그런 다른 부분들이 제 소설에 더 많이 담기면 좋겠어요. 저는 그 사람들이 겪지 않아도 될 것들을 겪었으니까, 그런 것들이 섞여서 나오면 좋겠다, 생각해요."

그가 자신의 작품에 바라는 것이 그대로 이루어지고 있음을, 그리하여 독자들이 울컥하고 있음을 나는 잘 알고 있다. 이런 이야기를 하면서 목소리가 조금 높아진 그에게 슬쩍 부채질을 해보았다. 모범적으로 살아오는 동안 불편하고 불만스러운 것이 많이 있었던 모양이라고. 그가 조금의 망설임도 없이 되받았다.

"네, 저는 많이 있었어요."

그가 작품에서 담담하게 풀어내는 이야기들이 읽는 이를 울컥하게 만드는 데에는 분명 이유가 있었다.

마음들이 뒤섞여 위로가 된다

마지막으로, 그에게 소설가가 되기 위해 필요한 것과 되고 난 뒤에 필요한 것은 무엇이라고 생각하는지 물었다.

"소설가가 되기 위해서는 어느 정도 자기 세계가 있어야 하지 않을까 생각해요. 내가 뭘 좋아하는지, 뭘 싫어하는지, 그런 거 있잖아요. 그리고 기본적으로 자기에 대해 정직해야 하고요. 정직하지 않으면 자꾸 자신을 꾸며서 생각하게 되고, 그렇게 꾸며낸 자신의 모습을 믿게 되면 겉멋이 돼버리는 것 같아요. 자기 마음 안에 있는 좋지 않은 것, 얼마쯤 부끄럽고 싫은 것도 어느 정도 인정을 하고 보는 시간이 필요해요. 그래서 꼭 특별한 경험을

많이 해야 한다고는 생각하지 않아요. 물론 그게 도움이 될 수는 있겠지만, 정말 중요한 건 정직하게 스스로를 아는 것이죠. 그래야 자기 관점으로 세계를 볼 수 있으니까요. 소설가가 되고 난 뒤에는 체력이 가장 중요한 것 같아요. 몸 관리를 진짜 잘해야 해요. 저는 이십대에 디스크 판정을 받아서 이 근처 병원에서 두 달 동안 치료를 받기도 했는데, 오히려 그때 디스크가 온 게 다행이라는 생각도 들어요. 그 전에는 운동을 전혀 안 했거든요. 그런데 지금은 운동을 2주만 안 해도 바로 디스크가 재발해서, 운동을 계속하다 보니까 전반적으로 몸도 계속 좋아지는 것 같아요. 체력은 무조건 좋아야 해요. 그래야 글도 집중해서 쓸 수 있어요. 글 쓸 땐 기운이 쭉쭉 빨려 나가거든요."

독자와의 만남에서 소설을 쓰고자 하는 이들을 만나면 옛날 생각이 난다고도 했다. 얼마나 힘들고 고통스러울까 싶어 안타까운 마음이 드는 것은 그래서이다. 그도 예전에 소설은 어떻게 쓰는 것이냐는 질문을 독자의 자리에서 한 적이 있다. 해서 그 마음이 얼마나 절실하고 불안한지 잘 안다. 지금의 그는 그런 질문을 받으면 여전히 "모른다"라고 대답한다. 하지만 소설을 쓰고자 하는 그 마음이, 그 길에서 성공하지 못할지라도, 삶을 조금 더 나은 방향으로 살 수 있게 하지 않을까, 그는 생각한다. 그래서 잘 안 풀린다고 너무 크게 좌절하지 않았으면 좋겠다고 덧붙였다.

최은영,

"저도 앞으로 어떻게 될지 모르잖아요. 작가로서 안 풀릴 수도 있겠죠. 그럴 때 난 어떻게 하지 싶은데, 그래도 그런 채로 살아가야 한다고 생각해요. 사는 게 더 중요하니까요."

다시 2000년 5월 1일을 떠올린다. 고려대를 나와 골목에서 전경과 대치하던 나와 내 친구 앞에 종묘에 있다던 학회 선배 언니가 나타났다. 우리는 서러워져서 언니를 붙잡고 울먹이며 하소연을 했다. 전경도 무섭고, 집에 가고 싶다고. 언니는 크게 반응하지 않았다. 섣부른 위로도 하지 않았다. 우리는 괜히 김이 새고 뻘쭘해져서 하소연을 멈추었다. 그런데 행진을 포기하고 다시 학교 안으로 들어가면서 길게 늘어선 경찰 버스 옆을 지날 때였다. 언니가 조용히, 그쪽을 향해 가운뎃손가락을 날렸다. 헬멧 안에서 눈을 부릅뜨고 있는 전경들에게 전혀 기죽지 않고 가운뎃손가락을 치켜든 언니를 뒤따르며 나는 묘한 감정이 들었다. 그것은 불안이면서 안도였고, 외면하고자 하는 마음이면서 동경하는 마음이었다. 그리고 그런 마음들이 뒤섞여 위로가 되었다.

최은영의 작품을 읽으면, 이상하게도 그 선배 언니가 보고 싶다. 그런 그를, 하필이면 고대 앞에서 만난 이 절묘함이란! 삶은 때로, 소설보다 더 정교하게 짜 맞춰진 것같이 느껴진다.

고재귀, 극작가의 마음

스무 살, 산울림소극장, 〈고도를 기다리며〉. 나의 첫 소극장 연극 경험이다. 연극이 끝나고 함께 갔던 선배들과 막걸리를 마시면서, 나는 왠지 '문학하는' 어른이 된 것만 같았다. 그 연극은 어렵고 심오했지만 재미있었고, 끝나고 나서는 뭔가 메시지를 읽어낸 듯한 기분까지 들었다. 문학이란 이런 것이로구나, 책보다 강렬했다. 대학생이 되었다는 흥분과 문학을 전공한다는 겉멋이 어우러져 생긴 착각이었을 것이다. 지금처럼 말이 많지 않던 때여서 다행이었다. 나는 이 착각을 떠들어대지 않았고, 그저 속으로만 생각했다. 하마터면 부끄러운 기억으로 남을 뻔했다.

그날의 연극 관람이 특별하게 기억되는 건, 그전까지만 해도 연극은 내게 '놀이'였기 때문이다. 극장에 가서 진짜 배우들이 하는 연극은 스무 살이 되어서야 처음 보았지만, 초등학교 때부터 고등학교 때까지 나는 해마다 성당의 '성탄예술제' 연극에 참여했다. 〈금관의 예수〉에서 '거지 아이 1' 같은 배역이 주로 주어졌지만, 프린트된 대본이 너덜너덜해지도록 읽고 또 읽었다. 아니, 읽었다기보다 연기했다. 내 대사는 고작 "엄마, 추워요. 배고파요"였을 뿐인데도 혼자 모든 배역의 연기를 펼쳤다. 무대는 우리 집 안방. 연극과 연기에 대한 갈망이 있어서는 아니었다. 방학은 길었고, 집에 혼자 있는 시간에 달리 할 게 없었다는 것이 가장 큰 이유였다. 혼자만의 연극이 끝나면 『가톨릭 성가집』을 펼치고 첫 장부터 차례대로 아는 노래를 큰 소리로 불렀으니, 연극과 노래는 일종의 '놀이 세트'라고 할 수 있었다. 그래서 당시 YMCA에서 진행하는 청소년 연극 프로그램에 참여했던 오빠가

극작가의 마음

그곳에서 가져오는 「불타는 별들」, 「방황하는 별들」 같은 희곡 프린트들은 내게 가뭄의 단비처럼 반가웠다. '희곡'이라는 것을 대체 어디서 어떻게 구해야 하는지 알지 못했을 때니까. 결국 오빠는 극작가가 되었고, 나는 노래방을 좋아하고 말할 때 몸짓이 큰 사람이 되었다.

엄마와 나는 오빠가 극작가라는 사실에 별 관심이 없다. 그런데 엄마의 뒤늦은 걱정을 들었던 적은 한 번 있다. 텔레비전에서 꿈을 좇는 젊은이들의 모습을 담은 취재 프로그램 같은 걸 하고 있었다. 한참을 보던 엄마가 갑자기 다급하게 날 불렀다. "이거 좀 봐라. 어떡하니?" 연극을 하는 젊은이들이 나왔고, 연봉이 50만 원인가 된다고 인터뷰했다. "네 오빠 어떡하니?"

어머니, 너무 늦은 거 아닙니까. 자식 둘을, 조금도 반대하지 않고, 모두 문창과에 보내신 분이 이제 와서 할 걱정은 아니지요. 물론 실제로 그렇게 말하진 않았다. "몰라." 이게 내 대답이었다. 진심이었다. 대학을 졸업하기 전이었으니 나도 내가 앞으로 어떻게 될지 모르겠는데, 누가 누굴 걱정하겠는가. 나라고 오빠와 다르리라고 어찌 감히 장담할 수 있겠는가.

문학을 좋아하는 사람들에게 이 판은 맛집들 모여 있는 먹자골목 같아서 '재밌는 것 옆에 더 재밌는 것'이 있는 식이다. 그러니 시 좋아하는 사람이 소설을 쓰기도 하고, 소설 쓰려던 사람이 희곡을 쓰기도 하는 건 전혀 이상할 게 없다. 문제는 이것이 밥벌이가 되었을 때 '돈 못 버는 일 옆에 더 못 버는 일'이 있다는 것. 아, 그러니 진짜 어떡할 것인가.

희곡이 나를 처다봐준 거죠

극작가 고재귀의 인터뷰에 앞서 나의 걱정은 사실 이런 것이었다. 먹고사는 일의 고단함에 대한 이야기가 주를 이루면 너무 우울한 인터뷰가 될 테니까. 돈 못 벌어요. 아, 그렇군요. 그럼 어떡하죠? 모르겠어요. 앞으로 달라질까요? 아닐걸요. 그럼 어떡하죠? 모르겠어요. 〈고도를 기다리며〉 뺨치는 부조리극이 기다리고 있는 건 아닐까? 하지만 동시에, 그럼에도 여전히 희곡을 쓰고, 그것을 무대에 올리는 그의 이야기가 더욱 궁금해졌다.

2002년 '신작희곡페스티벌'에서 「역사」로 데뷔한 그는 올해로(2019년) 17째째 연극을 하고 있다. 방점을 거기에 찍으니 걱정보단 기대가 커졌다. 그제야 혜화동으로 향하는 발걸음이 기대하던 연극을 보러 갈 때만큼이나 가벼웠다.

그는 어린 시절부터 연극을 좋아하거나 문학을 꿈꾼 것은 아니라고 했다. 꿈이나 희망에 대해 생각해본 적도 없었고, 좋아하는 것이 있다면 압도적으로 '음악'이었다고. 그는 처음 인터뷰를 제의했을 때 손사래부터 쳤던 이유에 대해 조심스럽게 말을 꺼냈다.

"이 대학로에 정말 연극을 좋아하는 사람이 얼마나 많은지 제가 알기 때문에, 누군가 '연극이 그렇게 좋지도 않은데 왜 이 바닥에 머물러 있고, 왜 그걸 명함 내밀듯이 이야기하고 다니는 거

극작가의 마음

야?'라고 한다면 좀 죄송스럽고 그래요. 한국예술종합학교(이하 한예종) 연극원에 지원을 했을 때도 사실 연극이 좋아서라기보다는 그저 글쓰기에 관심이 조금 있었어요. 연극원 들어가기 전에 제가 본 연극은 다섯 편이 될까 말까였고요. 면접 볼 때 거짓말을 한 거죠. 마치 연극을 사랑하는 양."

면접에서의 '거짓말'이라면 나도 할 말이 많지만 하지 않았다. 뭐, 다 그런 것 아니겠냐는 공감의 눈빛만 보냈다. 면접관 또한 모르지 않았을 것이다. 그의 거짓말에 속아 합격을 시켰을 리 만무하다. 지금 그가 극작가 고재귀로 사는 것이 바로 그 증거가 아닌가, 라고 하면 비약이 심한 것 아닌가 싶긴 하지만…, 회사에서 몇 번 실무 담당 면접관으로 앉았던 경험에 비추어 보면 거짓말은 티가 나기 마련이다. 나도 당시에는 몰랐다. 문제는 거짓말이 아니라 그 거짓말 안에 담긴 또 다른 진실이라는 것도. 그렇다면 그에게 한예종 합격의 비법보다 더 묻고 싶은 것이 있었다. 연극에 특별히 관심이 있던 것도 아닌데, 왜 한예종 연극원 극작과를 선택했을까?

"책 읽는 걸 좋아하긴 했는데, 글을 쓰겠다고 생각한 게 언제인지는 기억이 안 나요. 당시에 김승옥 선생님이 한예종 시나리오과에서 강의를 하셨어요. 제가 그분 소설을 많이 좋아했거든요. 그래서 영상원 시나리오과 시험을 보려고 했는데, 선생님이 건강 문제로 강의를 그만두실지도 모른다는 이야기를 듣고 나서 생각을 바꿨죠. 사실 연극에 관심이 있었다기보다 글 쓰는 일, 더 정확히 말해 이야기를 만드는 일 근처에서 내가 할 일이 없을까, 라는 생각으로 극작과에 지원했어요. 그때는 연극원에 서사창작과가 따로 없었거든요."

글쓰기에 대한 관심 때문이라면 다른 대학들의 문창과도 있었을 텐데 한예종이었던 이유를 다시 묻자, 우연찮게 타이밍이 맞았다는 대답이 돌아왔다. 당시 한예종은 대입 수능과 상관없이 여름에 따로 전형이 있었던 것. 우연히 신문 전면에 나온 한예종 신입생 모집 광고를 봤던 그해 여름, 그는 글을 써보고 싶다는 생각을 하던 참이었다. 오버라고 할지 모르겠지만, 나는 이걸 '운명'이라고 말하고 싶다. 희곡이 아닌 다른 글쓰기를 생각해본 적 없느냐는 질문의 답을 듣고 나서는 이 생각에 더욱 확신이 들었다.

"1학년 때 시와 소설을 쓰는 수업이 있었어요. 과에 극작가가 되려는 사람뿐 아니라 그냥 문학을 좋아하는 사람도 많았고, 신춘문예 소설 부문에 지원하는 사람들도 있었죠. 저도 소설에 관심을 갖고 습작 몇 편을 써봤는데… 잘 안 됐어요. 가끔 공연이 뜻대로 풀리지 않을 때 '내가 왜 지금까지 희곡을 쓰고 있는 걸까?' 스스로 자문하곤 하는데, 대단한 답을 찾진 못했어요. 그냥 희곡이 저를 쳐다봐줬던 것 같아요. 그러니까 내가 희곡을 바라보고 있었던 게 아니라 희곡이 나를 쳐다봐준 거죠, 고맙게도. 2학년 때, 수업

극작가의 마음

시간에 쓴 작품을 방학 동안 확장해서 공모에 낸 것이 당선되면서
이 길에 들어섰어요. 그게 첫 작품이죠. 상금이 200인가 300인가
였는데, 용돈이 풍족했던 시절이 아니니까 그 돈으로 친구들한테
술자리에서 생색도 내고…. 처음으로 제 이름 앞에 다른 호칭이
붙여진 듯한 그런 기분이 좋았죠. 극작가가 되고 싶다는 마음으로
공모에 낸 것이라기보다는 공모에 당선되고 나서야 '희곡을 써도
되나?' 그런 생각을 한 것 같아요."

희곡은 문학인가?

그는 그렇게 극작가가 되었다. 소설가나 시인이 되려면 보
통 신춘문예나 신인 공모 등의 등단 절차를 거치듯, 극작가도
공모전 수상을 해야 하는지, 작품 활동은 어떤 과정으로 이루
어지는지, 데뷔와 그 이후 활동에 대해 궁금한 것들이 꼬리에
꼬리를 물었다.

  "신춘문예에 희곡 부문이 있기도 하고요, 꼭 수상 이력이 없어
도 학교나 극단 등에서 자연스럽게 작품을 발표하면서 데뷔하기
도 해요. 작품 활동을 하는 루트는 다양해요. 먼저, 극단 시스템
이 있어요. 극단이 운영되려면 작품을 올려야 하잖아요. 그러니
까 자연스럽게, 다음 작품을 기획할 때 그 극단과 결을 같이하는
작가들을 떠올리죠. 잘 맞는 연출가와 작가의 관계들이 있거든

요. 작가 누구 하면 그 작가와 가까운 연출가가 연관 검색어로 떠오를 만큼. 극단 시스템 안에서, 소속까지는 아니더라도 작업을 많이 했던 작가들은 자연스럽게 그런 식으로 공연의 기회를 갖게 돼요. 요즘은 극단이 아닌 제작사에서 작품을 찾는 경우도 늘고 있죠. 작품 의뢰를 받고 쓰는 경우도 있지만, 작가가 자신의 작품을 극단에 먼저 제안하는 것도 가능합니다. 아니면 국립극단 같은 국공립 단체에서 상시 투고를 받기도 하고, 멘토를 붙여주는 프로그램을 운영하기도 하고요. 더불어 '젊은작가전' 같은 기획 프로그램을 만들어 작가들에게 1년 단위의 의뢰를 하기도 하죠. 극단이나 제작사로부터 조금 자유롭게 창작 활동을 하고 싶어 하는 사람들은 프로젝트 그룹을 만들어서 '문화예술위원회'나 지자체의 문화재단 같은 곳의 지원금으로 독립적인 공연을 만들기도 해요. 문예지에서 마감 기한을 주고 원고 청탁을 하는 것이 희곡으로 따지면 극단이나 제작사, 국공립 단체 등에서 의뢰받는 거고요, 반대로 작가가 완성된 글을 출판사에 투고하듯이 희곡을 가지고 직접 극을 올릴 곳을 찾기도 하는 거죠. 그 비율은 반반 정도 아닐까 생각해요."

책을 내는 작가와 연극을 만드는 극작가의 비슷하면서도 다른 점을 비교하며 설명하다가, 그는 전혀 생각지 못한 고민으로 말을 돌렸다.

"그런데 현재 한국의 상황에서 '희곡은 문학인가?'라는 질문

극작가의 마음

을 하지 않을 수 없어요. 극작가를 'playwriter'라고 표기하기도 하지만 보통은 'playwright'로 부르죠. 작가(writer)와 장인(wright)의 차이. 이 호칭에서도 알 수 있듯, 분명 서구에서도 극작가를 연극이라는 집을 짓는 일종의 숙련공으로 인식하지만, 한국에선 이 차이가 좀 더 극명하지 않을까 해요. 신춘문예에 희곡 부문이 있지만, 희곡집을 내는 출판사는 흔치 않잖아요. 근래에 조금 생기긴 했지만, 고전의 반열에 오른 작품들이 아닌, 동시대에 쓰인 희곡 작품이 책으로 독자를 만나는 경우는 거의 없죠. 활자의 형태로 '독자'를 만나는 게 아니라 공연의 형태로 '관객'을 만나는 작품이니까요. 문학성이 있는 희곡은 분명 존재하지만 희곡이 문학 그 자체로 살아남는 게 가능할까, 라는 생각이 들어요. 아니어도 상관없지 않을까, 라는 생각도 하고요. 글쓰기와 문학을 좋아해서 극작가가 된 사람들이 있고, 그와 상관없이 공연이 좋아서 극작가가 된 사람들이 있거든요. 제가 보기엔, 이 비율이 예전에는 5 대 5 정도 됐는데 요즘에는 후자가 더 많은 것 같아요. 특히 뮤지컬 같은 경우에는 글쓰기가 좋아서라기보다 공연이 좋아서 이야기를 만들고 뮤지컬 작가를 꿈꾸는 친구들이 훨씬 많아요. 이제 희곡이 활자로 독자를 만날 가능성은 점점 줄어들겠죠. 예전에는 '왜 희곡은 문학잡지에 안 실어주지?'라는 생각을 했는데, 요즘에는 '그러면 어때!'라고 생각하기도 해요."

시, 소설, 희곡이 문학의 대표 장르라고 알고 있던 나에게 극작가의 이런 생각은 의외였지만, 동시에 그의 말에 공감이 가기도 해서 씁쓸했다. 생각해보니 정말 그랬다. 고전이 된 서양의 희곡들은 '전집'의 형태 등으로 책으로 만날 수 있지만, 동시대에 발표되는 우리 희곡을 책으로 만나기란 쉽지 않다. 세상에 꼭 팔리는 책만 나오는 건 아니지만(팔릴 줄 알았는데 안 팔리는 책은 또 얼마나 많은가!), 예측되는 수요를 고려하지 않을 수는 없을 테니, 희곡은 그 지점에서 많이 외면을 받았을 터. 높은 시청률을 자랑하는 드라마의 대본집이 그 드라마가 끝나기도 전에 나오는 것과는 사뭇 대조적이다. 영상과는 다른 연극의 매력은 아는 사람만 안다. 그래서 문제다. 일단 와서 보면, 모두가 다 알 텐데.

한 편의 희곡이 마침표를 찍게 되기까지

희곡이 책이 아닌, 공연을 위해 쓰이는 것은 분명하다. 굳이 문학잡지에 실리지 않아도 그가 '그러면 어때!'라고 생각하는 이유다. 이런 극작가에게 작품의 완성이란 마침표를 찍는 그 순간일지, 무대에서 상연되고 난 이후일지 궁금했다.

"탈고했을 때 순수한 기쁨은 있어요. 마감 데드라인까지 고민스러운 시간을 보냈기에 맞이할 수 있는 뿌듯함 같은 거. 제가 제 글의 첫 독자가 되는 순간이니까 분명히 기쁨은 있지만, 확장된 차원에서 또 다른 기쁨을 느끼기에는 불안한 것들이 존재해요.

이 작품이 제작될 수 있을지, 관객을 만나는 자리까지 갈 수 있을지 알 수 없거든요. 또 거기까지 가게 되더라도, 공연되는 과정에서 연출가나 제작사와의 문제로 작품을 수정해야 하는 경우도 생겨요. 특히 의뢰받아서 작업을 한 경우에는 수정을 해야 하는 상황이 반드시 있는데, 그 과정에서 선뜻 상대편의 의견에 동의하기 힘든 경우 순수한 기쁨들은 거의 씻겨 내려가고 일로만 남기도 하죠. 하지만 공연을 하면서 느끼는 즐거움은 분명 있어요. 시쳇말로 '공연뽕'이라고 하는데요, 여러 단계를 거쳐서 작가의 이야기가 관객들을 만나게 되잖아요. 그 과정이 좀 지난하고 힘들기도 한데, 한 가지 좋은 점이 있어요. 소설가들은 자기 작품을 읽는 독자의 표정을 직접적으로 보지는 못하잖아요. 근데 극작가는 그걸 볼 수 있거든요. 내 이야기가 무대 위에서 배우의 몸으로 육화될 때, 그걸 바라보는 관객의 표정을 볼 수 있는 거죠. 그게 굉장히 원초적이고 짓궂은 느낌인데, 어떤 식으로든 공연을 한번하고 나면 그 묘한 기분에 약간 중독되거든요. 물론 크게 낙담하는 일도 생기죠. '내 의도가 연출에 의해 다 사라져버렸어! 내가이놈의 짓거리를 다시 하나 보자'라고 하면서 상처 받고 떠나는 사람들도 없지 않고요. 그런데 작가의 이야기와 연출의 해석이좀 다를지언정 공연이 주는 희열은 분명 존재해요. 그것 때문에이 바닥에 머무는 사람이 많은 게 아닐까, 하는 생각이 들 만큼."

시나 소설은 작가가 탈고를 하고서 편집자의 손을 거쳐책으로 만들어진 다음 독자를 만난다. 그런데 극작가는 이보다 몇 단계를 더 거쳐야 한다는 게 그의 설명이다. 일단 연출을 만나야 하는데, 그러면서 현실적인 상황 앞에 탈고의 뿌듯함이 조금씩 사라지기 시작한단다. 공연이 될지 안 될지 담보할 수가 없는 상황이 기다리고 있기 때문이다.

"같이 작업해보자는 연출가의 의뢰를 받고 작품을 쓴 경우에도, 사실 해당 연출가도 제작 여건을 갖추지 못한 경우가 많기 때문에, 그럴 땐 지원 시스템을 알아봐야 해요. 지원금을 받지 못하면 자체적으로 극장을 잡고 프로덕션을 꾸려서 공연을 해야 하는데, 그게 쉽지가 않거든요. 대학로에 극장은 많지만, 공연할 만한 극장을 대관하는 비용이 점점 올라가는 추세고요. 흑자를 보는 공연은 거의 없거든요. 정말 손에 꼽힐 정도로, 아주 철저하게 기획된 공연이 아니고선⋯. 탈고 후에도 이 글이 관객을 만날 수 있을까 하는 부분에서 좀 더 기다림이 필요한 일이죠. 지원에서 떨어지면 진짜 해보고 싶어도 여건이 안 돼 원고를 묵혀둬야 하는 상황이 벌어지기도 해요."

그의 말마따나 "활자의 형태로 독자를 만나는 게 아니라 공연의 형태로 관객을 만나는 작품"이 희곡이기에, 관객을 만나기까지의 기다림도 작품을 만들어가는 과정의 일부일 터. 원고의 마침표는 공연 제작으로 가는 쉼표가 아닐까?

극작가가 연극 연습실을 찾기도 하는 이유는 그 때문일 것이다. 글을 쓰는 일 외의 이러한 일들이 부담이 되지는 않는지 물었다.

"정말 공연을 좋아하는 작가들은 그 과정을 즐기는 것 같아요. 반면에 자기만의 시간을 가지는 글쓰기가 좋아서 희곡을 택한 사람들은 그 과정을 조금 힘들어해요. 연습실에서 꿔다 놓은 보릿자루같이 앉아 있는 것도 신인 시절에는 민망하죠. 특히 연출가와 경력이나 나이 차이가 많이 나면 되게 불편하고 어렵거든요. 처음에는 신기한 맛에 가지만 '아, 내가 여기서 보릿자루가 되고 있구나'라는 생각이 들면 점점 안 가게 돼요. 지금은 돌아가신, 대학 시절 저를 지도해주셨던 극작가 선생님께서는 '작가가 대본 썼으면 됐지, 연습장엔 뭐 하러 가나! 작가는 연습실에 가지 마!'라고 하시기도 했어요. 하지만 옳다 그르다의 문제는 아니에요. 적극적으로 배우, 연출가와 이야기하는 걸 좋아하는 작가도 있고요, 반면에 그걸 힘들어하는 작가도 있는 거죠."

그 과정에서 연출가와 작가의 의견 차이도 넘어야 할 산이다.

"작가는 연출가가 작품을 해석하고 그것을 있는 그대로 무대에서 구현하는 자리에만 머물러주었으면 하는 마음을 조금씩 가지고 있어요. 자신이 만든 인물들과 세계가 희곡 그대로 표현되기를 바라는 거죠. 하지만 연출가도 창작자잖아요. 그러니 창작자 입장에서 희곡을 있는 그대로 단순하게 구현하는 사람으로만 머

물고 싶어 하지 않죠. 작품을 바라보는 관점의 차이가 분명히 있을 테니 어쩌면 당연한 일입니다. 그런데 이 간극이 너무 크면 작가와 연출이 서로 상처를 주고받으며 불화를 겪기도 해요. 재미있는 건 공연을 놓고 벌어지는 둘의 이러한 갈등이 전혀 새로운 것이 아니라는 겁니다. 기록에 따르면, 그 옛날 러시아의 대문호 안톤 체호프도 공연이 자신의 의도와 다른 방향으로 흘러가자 절망감에 사로잡힌 편지를 여동생에게 보냈다고 하거든요. '그들은 내가 쓴 희곡에 대해서 아무것도 몰라. 이번 공연은 망했어. 더 큰 문제는 그들이 내 의도를 알려고도 하지 않는다는 거야'라고 말이죠. 이 문제에 대한 제 개인적인 생각은 '초연으로 올리는 창작 작품은 희곡의 변형을 최소화해야 한다'입니다. 초연 후 재연부터는 연출가가 어떤 해석과 변용을 해도 상관없지만 말이죠. 물론 말처럼 쉬운 일은 아닙니다."

그는 연습실에 잘 안 가는 편이라고 했다. 하지만 자신의 작품이 원고가 아닌 공연으로 완성된다는 데 대한 믿음은 무엇보다 확실한 듯 보였다.

"사람 만나는 일이 힘들어서 극작가 못 하겠다 생각하는 사람들이 분명 있을 거예요. 배우, 스태프, 연출가, 제작자를 만나서 자기 작품을 끊임없이 설명해야 하거든요. 특히 상업적 고려를 민감하게 의식할 수밖에 없는 공연의 경우, 관계자들과 미팅을 하면서 '이건 이런 의도고, 이 의도가 뒤에서 어떻게 연계될 거야'

극작가의 마음

하는 식으로 자기 작품을 스스로 해석해 말하기도 해요. 그게 정말 민망하죠. 내가 대가라면 '거기 다 있어' 이렇게 눙치고 넘어갈 텐데, 그럴 입장은 아니고…. '이걸 모르나? 이게 잘 안 드러나나?' 이렇게 자기 검열을 할 수밖에 없고, 결국 수정을 요구받거나 자진해서 수정 작업을 하기도 해요. 그렇지만 그런 일련의 지난한 과정이 결과적으론 희곡의 완성도를 높이는 시간이라고 생각해요. 예전에는 '완성된 텍스트를 가지고 공연을 한다'라는 생각이 강했는데, 지금은 '공연을 하고 나서야 극작가의 원고는 마침표를 찍는 게 아닌가'라는 생각이 들어요. 공연은 생물 같은 거라고 학생 때부터 많이 들어왔지만, 요즘은 정말 많이 실감해요. 느낌이 매번 다르더라고요. 똑같은 배우가 똑같은 텍스트를 가지고 공연하는데, 열 번 공연하면 열 번이 다 다른 느낌으로 다가올 때도 있거든요."

좀 더 아픈 손가락

작품을 쓰고, 공연을 올릴 수 있을 때까지 기다리고, 여러 사람과 호흡을 맞춰 공연을 만들고 나서야 마침표를 찍는 희곡. 쉽지 않은 이 과정을 매번 반복할 수 있는 힘은 어디에서 나올까? 기억에 남는 관객의 반응이 있는지 궁금했다.

"2004년에 대학로에서 공연을 처음 했어요. 1, 2층으로 나뉜 극장이었는데, 저는 빈자리가 많은 2층에서 첫 공연을 봤어요. 그때 저는 '배우들이 이야기를 잘 만들어내고 있는지'보다 '관객들이 이 부분을 어떻게 볼까'가 더 궁금했죠. 공연을 본 게 아니라 그 공연을 바라보는 관객들을 주로 쳐다봤던 기억이 나요. 한 20분 정도 흘렀을까. 2층에서 내려다보니, 누군가 시계를 쳐다보는 게 딱, 보이더라고요. '뭔가 이야기가 산으로 가고 있는 건가?', '시간을 의식하는 건 지루하다는 뜻인가?' 별의별 생각을 다 했어요. 저도 언젠가 공연 도중 시계를 본 적이 있을 텐데 그때 그 공연을 만든 관계자들에게 사과하고 싶은 마음이었습니다. 그래서 지금은 공연 중 어떤 경우에도 시계를 쳐다보지 않으려 노력해요."

공연장 맨 뒤에 앉아 관객이 몇 번을 웃는지 세어보는 작가도 있다는 얘기를 들었던 기억이 있다. 왠지 이제부터 연극을 보러 가면 객석 뒤편이나 2층 구석을 자꾸 힐끔거리게 될 것만 같다. 관객의 반응과는 별개로 가장 애착이 가는 작품이 있는지 질문을 이어갔다.

"열 손가락 깨물어 안 아픈 손가락 없다는 말이 있는데 그건 거짓말이죠. 분명 좀 더 아픈 손가락이 있기 마련이고, 저 역시 애착이 가는 작품이 있습니다. 그렇지만 다른 이유 때문에 한 작품을 선뜻 꼽기가 어렵네요. 제가 지금까지 아홉 명의 연출가와 작업을 했는데 여기서 한 작품을 꼽아버리면…. 그래도 한 작품을 굳이 들자면 박상현 연출가와 올린 〈공포〉라는 작품이 가장 애착이

가요. 올해도(2018년) 재공연을 했으니 이 작품으로 택하겠습니다. 공연 시간이 인터미션 없이 두 시간 반이어서, 관객들이 물리적으로 견딜 수 있는 시간을 초과하는 작품인데…. 그런데도 장면을 빼지 않고, 덜어내자는 얘기도 안 하시고, 모든 대사에 옷을 입혀주셨어요. 개인적으로 마침표를 찍는 데 6년 정도 걸린 작품이라 더 애착이 가는 희곡입니다. 어떤 공연은 열 번 공연하면 두세 번 정도 보게 되는데 이 공연은 2013년 초연, 2014년 재연, 그리고 올해 공연까지 스무 번 이상 보았던 것 같네요. 극 초반 20분 분량의 독백이 있을 만큼 호흡이 길고, 의도적으로 대사를 의고체(擬古體)로 풀어내서 저 자신조차 다시 공연이 될까 반신반의하는 희곡이라 매번 '이번이 정말 마지막일지 몰라' 하는 심정으로 보게 되는 작품입니다."

이번이 무대에서 보는 마지막 공연일지 모른다는 생각으로 바라보는 마음은 어떤 것일까. 〈공포〉는 안톤 체호프를 위한 오마주로, 1890년 3개월에 걸친 사할린 여행 이후 체호프가 발표한 단편소설 「공포」가 어떤 작가적 체험 속에서 만들어진 소설일지 상상력으로 추적하는 작품이다.

관객을 힘들게 하고 제작 시스템이 반기지 않는 작품이라고 그는 겸손하게 말했지만, 2018년 5월 공연은 제39회 서울연극제에서 공식 선정되어 이루어진 것이었다. 나도 못 보았으니, 부디 지난해 공연이 끝이 아니길 바란다.

돈 안 되는 거 아는데 외롭지나 말자

그는 '창작집단 독'의 멤버다. 아홉 명의 극작가로 구성된 이 연극 집단은 '독 플레이'라는 독특한 방식의 공동 창작으로 새로운 연극을 시도한다. 그에게서 '창작집단 독'에 대한 이 야기를 듣지 않을 수 없다.

"연극 공부를 하면서 성격이 맞거나 비슷한 지향과 색깔을 지닌 친구들끼리 '우리 극단을 만들까?' 하는 식으로 신생 극단을 만 들곤 해요. 대부분 연출과 배우들이 주도하는 형태로요. 작가까 지 포섭이 되는 경우도 있지만. 작가들이 극단에 소속되어 있는 경우는 그렇게 많지 않습니다. 독립적인 연출, 또는 작가를 겸하 는 연출이 만든 극단에 비해 작가가 주도해서 만든 극단은 거의 없다고 할 수 있죠. 졸업할 때쯤 '이제 뭘 할까?'라는 생각이 들 었어요. 취직은 점점 요원한 나이가 되고…. 그때 학교에서 주는 어떤 장학금으로 공연을 한 편 만들었는데, 반응이 좋아 대학로 에서 공연할 기회를 얻게 됐어요. 그때 함께했던 연출가와 공연 이 끝난 다음에 아까 말한 '공연뽕'을 받았죠. 공연이 끝난 뒤에 도 계속, 바둑에서 복기하듯이, '이 장면은 이렇게 했으면 더 좋 았을 것 같아', '이 역은 어떤 배우가 했으면 더 좋았을 것 같아' 하면서 둘이 자꾸 다음을 기약하는 말을 하고 있더라고요. 그래 서 그 연출가와 극단을 만들어보자는 이야기를 하게 됐어요. 근 데 둘이 시작하는 건 너무 무서운 일이어서, 우리와 뜻을 같이하

는 사람들을 한번 알아보자고 했죠. 주변에 마음 맞는 친구들을 모았어요. 그냥 술자린 줄 알고 불려 나왔던 친구도 분명 있었을 거예요. 이 얘기를 할 때마다 좀 포장을 해야 하지 않을까 싶은 마음이 들기도 하는데요. 극단을 만들고 연극을 하겠다! 하는 친구들은 대개 어떤 지향이나 이상적인 연극의 형태가 존재한다고 생각하는데 저희는 그런 대단한 포부나 목적이 있었던 게 아니라 그냥 딱 하나였어요. '돈 안 되는 거 아는데 외롭지나 말자.' 작가들끼리만 모여서 극단이란 이름을 붙이는 것이 민망한 일이라는 걸 모르지 않았지만 '뭐, 어때!' 하는 심정으로 극단이라는 이름을 겁 없이 붙였습니다. 그렇지만 사실은 동인 개념에 훨씬 더 가까웠죠. 전문 연출가나 배우도 없이 작가 아홉 명이 모여서 어떻게 살아남을 것인가 궁리했던 것인데…. 어쨌든 혼자만의 시간 안에서 쓴 결과물을 연출가나 배우에게 보여주기 전에, 그 시간의 힘듦을 아는 작가들이 서로 돌려 보면서 2주에 한 번씩 격려와 비난을 하는 합평 방식으로 초반 5년이 유지됐어요. 여러 공간을 돌아다니다 2년 정도 문지문화원 '사이'의 공간을 빌려서 사용했었는데, 그곳에서 연말에 작품을 발표해달라는 제안을 받았습니다. 어떤 공연을 할까 고민 끝에 짧은 희곡을 묶어 발표했는데, 지인들이 참석한 그 조촐한 자리의 분위기가 나쁘지 않았다고 저희가 착각을 했죠. 그래서 이걸 적극적으로 살려보자는 마음으로 수차례 공연을 하고 책으로 엮기까지 한 거예요. 그게 '독 플레이'이고, 그 과정에서 '극단'이라는 이름을 떼고 '창작집단'이라는 이름을 붙이게 되었어요. 6~7년 차 무렵이었죠. 오랫

극작가의 마음

동안 이 일을 하려면 어떤 방식으로 시스템을 가져가는 게 좋을까, 하는 첫 번째 난관이자 고민을 맞닥뜨린 때였어요. 그렇게 대표도 로테이션 형태로 바꾸고, '극단'이라는 이름을 내려놓고 '창작집단'이란 이름을 새롭게 달아주었습니다. 조금 더 넓게 이름을 가져가는 게 우리 스스로에게 지우는 부담을 덜어낼 수 있고, 다른 연출가나 극단과도 연계하기 편하리라는 생각에서였죠. 그리고 다행히 그 예상이 틀리지 않아 여러 좋은 연극인을 만나 같이 작업할 수 있었죠."

창작집단 독은 2015년에 『당신이 잃어버린 것』(제철소)이라는 희곡집을 냈다. "희곡을 문학의 변방에서 중심으로 되돌려놓기 위한 작은 도전"으로 만들어진 이 책에는 "하나의 테마를 두고 여러 시선으로 바라보되 공통의 약속을 지키며 유기적으로 연결하"는 독특한 창작 방법으로(출판사의 책 소개) 쓴 극작가 아홉 명의 단막극들이 담겨 있다. 여전히 모임을 이어 가고 있으니, 이러한 독창적인 시도를 또 다른 결과물로 만나볼 수 있기를 기대한다.

현재 '창작집단 독' 대표인 극작가이자 시인 조정일은 "이렇게 짧은 희곡 100편을 쓰고 난 뒤, 우리가 그만 갈지 조금 더 갈지를 다시 한번 이야기하자"라고 했다 한다. 아직 가야 할 길이 많이 남아 있다고 말하는 고재귀의 얼굴이 밝았다.

늘 가난했으니, 지금 가난한 것이 이상한 일도 아니죠

스스로 아주 생산적이거나 부지런한 작가는 아니라고 말하는 그는 지금까지 9편의 희곡과 2편의 오페라 대본, 독플레이라고 호명한 단막극 6편을 발표했다. 그의 일상생활에서 작품 집필이 주된 시간을 차지하는 것은 아니다. 그러나 마음의 방향은 그렇지 않았다.

"예상하고 계실 테지만 연극만으로 먹고살기는 쉽지 않아요. 요즘 많이 떠올리는 생각은 '노릇'과 '시늉'이라는 말입니다. 알고 보면 창작이란 참 이기적인 행위인데, 그러다 보면 더 이상 외면할 수 없는 시간 앞에서 노릇이라는 말과 만나야 해요. 자식 노릇, 형제 노릇, 배우자 노릇, 부모 노릇…. 나의 시간을 조금만 더 견뎌달라는, 버텨달라는 말을 할 수 없는 상황에 직면하는 거죠. 그래서 오래 이 일을 하려면 누구보다 생활인으로서의 태도를 지녀야 해요. 창작자라는 이름표를 좀 더 달고 싶거든 역설적이게도 창작자가 아닌 이름표도 받아들이고 시늉해야 하는 것이죠. 그런데 인생이라는 게 참 이상한 것이 시늉을 하다 보면 내가 무엇을 원하고 있는 사람인지 잊지 않게 돼요. 손바닥에서 무엇인가가 흘러나갈 때 주먹을 더욱 단단히 쥐게 되는 것과 비슷하죠. 저 역시 다른 일을 하는 순간 책상 앞에서 이야기를 만들고 싶다는 욕망을 더 빨리 만나곤 합니다. 1년에 그런 날들이 몇 번 없는 게 문제이긴 하지만."

그는 주로 집에서 글을 쓰는데, 이유는 딱 하나다. 자신이 쓴 대사들을 소리 내어 읽어야 하기 때문. 그는 어떤 한 장을 끝내거나 중요한 한 단락, 또는 긴 독백의 대사가 있으면 그걸 계속 소리 내어서 중얼중얼 읽어보는 스타일이라고 한다. 희곡을 소리 내어 읽는 걸 좋아하는 사람으로서, 자신의 작품을 소리 내어 읽는 그의 모습을 그려보는 일은 어렵지 않았다. 그런데 "연극만으로 먹고살기는 쉽지 않다"는 그의 말이, 다 아는 얘기였음에도 마음에 남았다. 극작가의 수입을 묻지 않을 수 없는 타이밍이 된 것이다.

"월급명세서를 받는 일이 아니니까 정확히 가늠하기는 힘들어요. 제가 기준이 될 수도 없을 것 같고요. 순수한 작가료의 형태로는 국공립 단체에서 주는 게 안정적이고, 그래도 납득할 만한 수준이에요. 신인급에서 원로급까지 경력상의 차등은 있는 듯한데, 보통의 경우 작가와 비슷한 나이 때 직장인 두 달치 월급 정도이지 않을까 해요. 그 밖에 다른 공연들은 정말 천차만별입니다. 상업적 성격의 프로덕션에서 의뢰를 받은 경우는 계약금과 전체 작가료를 분할해서 지급받기도 하고요, 문화예술위원회나 서울문화재단의 지원금을 받은 극단에서 공연을 제작하는 경우에는 지원금 규모에 따라서 작가료가 산정되는데, 그 금액이 그렇게 크지는 않습니다. 제작 환경이 열악하고, 제작비가 빠듯하다는 걸 작가도 알기 때문에 큰 이견 없이 동의를 하는 거죠. 뿐만 아니라 작가가 어떤 극단과 친분이 있거나 공연 취지에 공감

고재귀,

해 작품을 쓰게 되는 경우에는 정말 기준이 없어요. 아예 안 받을 수도 있고, 소액의 상징적인 금액을 받은 뒤 그 돈으로 배우들과 스태프들에게 밥이나 술을 사기도 합니다."

예전에 엄마가 텔레비전 프로그램에서 본 상황과 별로 달라진 것이 없는 듯했다. 그러면 어떻게 생활을 꾸려나가는지, 걱정스러운 마음을 숨기지 못하고 물었다.

"'유사 이래 연극판이 안 어려웠던 적이 없다'라는 농담을 자조적으로 해요. 가장 오래된 예술 장르 중 하나가 연극이고, 그런 만큼 앞으로도 어떻게든 살아남을 것 같지만, 역설적이게도 연극이 오래 살아남을 수 있었던 건 문화 산업 측면에서 큰돈이 안 되는 장르이기 때문이지 않을까 혼자 생각해요. 손익계산이 잘 안 되는 문화 산업이기 때문에 큰 자본이 들어온 적 없고, 그래서 경제적으로 어려울망정 이런저런 돈의 시달림에서도 비교적 자유로울 수 있었을 테니까요. 늘 가난했으니, 지금 가난한 것이 이상한 일도 아니죠. 나쁘게 얘기하면 경제적으로 가장 무책임하고 무능한 장르 중 하나지만 아이러니하게도 그래서 살아남은 것이고, 앞으로도 살아남을 것 같다는 생각을 하면 신기하기도 하고 재미있기도 합니다. 물론 이 계열에서도 주목받는, 정말 말 그대로 맨 앞자리에 서 있는 작가들이 있죠. 그런 작가들은 작품 활동만으로도 생활이 가능하지 않을까 싶어요. 그런데 그런 작가들은 손에 꼽을 정도죠. 그래서 대개의 작가들은 다른 일들을 많이 해요.

자기 경력으로 내세우지는 않지만 알음알음 아르바이트를 하는 거죠. 이를테면 전국체전 등의 개막식, 폐회식 구성 작가 같은 거예요. 거기에도 상징적인 스토리텔링이 필요하거든요. 총연출을 연극계의 베테랑 선생님들이 많이 하시는데, 작가들과 함께 작업을 하는 거죠. 평창 올림픽 때처럼요. 문창과에 진학하고자 하는 학생들을 대상으로 입시 학원 강사 아르바이트를 하는 이들도 있는 것 같고, 극작과는 전혀 동떨어진 분야에서 일하는 사람들도 많이 있어요."

깃발은 혼자 꽂을 수밖에 없다

그는 2009년부터 대학에서 강의를 시작해, 지금은 한예종의 강의 전담 교수로 출강하고 있다. 고정 수입이 없을 때에도 생계를 책임져야 하는 상황은 아니어서 밥 먹는 일로 큰 고생을 하지는 않았다고 하지만, 경제적으로 안정이 된 것은 역시나 강의를 나가고부터였다.

"수입에 대한 이야기는 역시 민망하네요. 극작가를 꿈꾸는 사람들에게 꼭 해주고 싶은 말은 돈을 보고 이 일을 하는 건 정말 힘들다는 거예요. 그건 너무 엄연한 현실이어서 꼭 알고 있어야 할 것 같아요. 좋아서 하는 일이라는 만족감을 갖지 않으면, 분명 어려운 시기가 있을 텐데 견디기 힘들죠. 견디라는 말은 스스로에게 하는 말이지 남에게 할 소리는 아닙니다. 언젠가부터 전업 시인이라는 말을 들으면 가슴 한쪽이 찌릿거리면서 서늘해지곤 했어요. 전업 극작가, 전업 연극배우라는 말이 가지는 서늘함을 제가 알고 있기 때문이죠. 학생들에게 이런 농담을 해요. 빌딩이 있는 사람이 희곡을 쓸 수는 있지만 희곡을 써서 빌딩을 살 수는 없다고."

그러나 그가 수업 시간에 학생들에게 전하는 말은, 돈에 관한 것이 아니다.

"가끔 어떤 친구들을 보면, 선생이 필요한 게 아니라 자기 시간만 주어지면 되겠다 싶기도 하거든요. 그래서 학기 첫날 오리엔테이션에서 이런 이야기를 해요. '여러분이 에베레스트를 등반하는 사람이라면 나는 셰르파이다. 크레바스가 있는 곳을 알려주고 조심하라고 말해줄 수는 있지만 그 크레바스를 없애줄 수는 없다. 그건 여러분 몫이다. 뒤에서 그냥 이러저런 잔소리는 하겠으나 여러분보다 내가 먼저 갈 수도 없다. 그리고 어느 지점에선 여러분 각자 혼자 가야 한다. 깃발은 혼자 꽂을 수밖에 없다. 학교 수업에서 할 소리인지는 모르겠지만 무엇인가를 쓴다는 것은 그런 것이 아닌가 싶다'라고요. 이런 얘기로 도망갈 자리를 깔아놓고 시작하는 거죠."

글쓰기를 에베레스트 등반에 비유하다니. 그는 글쓰기

가 험난한 길이라고 생각하는 것일까?

"희곡은 원고지에 써야 하는 것이 아니라 엑셀 파일 위에 적어야 하는 것이 아닐까 가끔씩 생각하곤 해요. 공연을 위해 많은 사람을 만나야 하는 글이고, 무엇보다 배우를 무대 위에 세워야 하는 일이죠. 작가는 무대 뒤에 숨기라도 하지, 배우는 관객 앞에서 존재를 걸어야 합니다. 습작 단계에서 자기 기분에 취해 써놓은 글이 배우들에게는 풀어낼 수 없는 고역이 되는 경우를 많이 보았어요. 철저하게 이야기를 계산해야 하고, 배우들이 어떻게 들어왔다가 어떻게 나가야 할지 무대를 수없이 그려야만 합니다. 희곡뿐만이 아니라 모든 창작의 영역이 다 험난할 거라고 생각해요. 험난해야 하고요. 근데 그 정도의 험난함은 어느 영역에서도 다 존재하잖아요. 글 쓰는 일만 특별해서 그런 건 아니라고 생각해요."

이런 험난한 등반을 하고 있지만, 그럼에도 어쩔 수 없이, 쓰고 싶은 이야기를 만날 때 가장 행복하다고 그는 말했다. 연극을 좋아해서 시작한 일은 아니었을지언정 지금 연극은 그의 삶과 마음, 그 중심에 놓여 있음이 확실해 보인다.

공연장으로 가자!

국내 오페라 창작 모임인 서울시오페라단의 '세종 카메라타'에서 두 편의 작품을 발표하기도 한 그는, 2013년부터 지금까지 한 달에 한 번씩 작곡가와 다른 극작가들을 만나며 활동범위를 넓혀가고 있다.

> "음악적 재능은 없지만 음악을 너무 좋아해서, 풍부한 경험과 실력을 갖춘 작곡가들과 만나 오페라에 대해 많이 배우고 있어요. 극작가는 혼자만의 시간을 충분히 가져야 하고, 그 시간에 일차적인 텍스트를 생산해내죠. 하지만 공연의 형태에서 협업이 얼마나 중요한 일인지, 작곡가들과 작품 토론을 하면서 매번 깨닫곤합니다. 지금까지 공연을 하면서 내가 좋은 협업자였나 반문하면, 좋은 점수는 못 줄 것 같아요. 그래서 앞으로는 조금 더 협업을 잘하는 작가가 되고 싶어요."

그에겐 아직 연극 안에서 하고자 하는 다양한 일들이 있다. 그리고 그 과정에서 그는 좋은 작가의 위치가 무엇인지 끊임없이 고민하는 중이다.

이곳은 '재밌는 것 옆에 더 재밌는 것'이 있는 글쓰기 맛집이 틀림없다. 그렇다면 돈은 더 멀어지는 것일까? 그런 걱정을 하기에 앞서 대학로로, 공연장으로 갈 일이다. 나는 알수 없는 의무감 같은 것으로, 오빠가 쓴 연극을 보러 동행인을 바꿔가며 3일 동안 극장을 찾은 적이 있다. 소극장 공연이라 배우가 코앞에 있어서, 나중엔 왠지 무대 위의 배우가 나를 알아보는 게 아닌가 싶을 정도였다. 세 번째엔 결국 창피함에 두 손으로 얼굴을 가린 채 관람을 했다. 그런데 놀랍게도 세 번의 연극은 매번 재미있었다. 작품 자체의 재미를 떠나서(가족에게 더 삐딱한 시선을 갖게 되는 건 나만이 아닐 것이다), 앞서 고재귀의 말처럼 같은 내용의 작품도 매번 다르게 다가왔다.

지난 6월, '혜화동1번지'에서 〈2019 세월호—제자리〉라는 기획 초청 공연으로 그의 작품 「어딘가에, 어떤 사람」이 관객을 만났다. 앞으로는 오페라나 뮤지컬 같은 그의 새로운 음악극을 만나게 될 수도 있다. 그의 이야기가 궁금하다면 공연장으로 가자. 이 글을 읽고 있는 당신에게, 책보다 강렬한 경험이 되리라 믿어 의심치 않는다.

정여울, 에세이스트의 마음

'문학'을 '한다'는 건 어떤 것일까? 이 책의 제목이 말해주고 있는 것처럼, 나의 인터뷰는 이 질문에서 출발한다. 그러나 이 책의 제목과는 다르게, 인터뷰는 정작 '마음'이 아닌 '돈'으로 시작한다. 그러니까 '당신에게 문학을 한다는 건 무엇인가요?'라는 그럴듯한 큰 질문 안에 '그건 돈이 안 되잖아요'를 밑바닥에 깔고, '그래도 당신 정도면 혹시 돈이 되나요?'를 살짝 얹은 뒤, '문학으로 먹고살 수 있나요?'를 그 위에 덮고서, '그렇다면 당신은 문학을 왜 하나요?'로 감싸는 식이다. 그러면 놀랍게도 인터뷰이의 '마음'에 닿게 되는데, 애초에 이런 단계를 예측한 건 아니었지만, 생각해보면 그런 귀결은 당연하다. '돈' 이야기를 먼저 꺼내긴 하지만 문학이 돈이 안 된다는 걸 알고 하는 말이기 때문이다. 돈이 되지 않는 일을 왜 하는가를 따라가다 보면 어느새 '마음'에 가닿기 마련이니까.

해서 빠지지 않는 질문이 있다. 꿈 이야기다. 당신은 꿈을 이루었는가? 꿈을 이루고 나니 어떠한가? 한때 문학을 꿈꾸었으나 재능의 부족과 환경의 불리함을 탓하기 바빴던 나에게 문학이 돈이 안 된다는 건 가장 쉬운 핑곗거리였다. 대학을 졸업하기 전에 일찌감치 돈을 벌어야 했고, 그 이후로 일을 쉰 적 없이 먹고살기 바빴던 나에게 문학이라니, 라는 생각을 나는 늘 가지고 있었다. 그것이 천추의 한으로까지 남은 것은 아니나, 내가 못 이룬 꿈을 이룬 사람들을 만나, '그래, 거긴 어떤가요?' 하고 묻고 싶었다. 그런데 정여울을 만나고 나서는, "한때 문학을 꿈꾸었다"라고 말했던 내가 부끄러워졌다. 꿈꾼다는 것은 사랑한다는 것이고, 사랑한다는 것은 조건과 상관없이 뛰어들어 결코 놓지 않는다는 것이구나, 그를 통해 알았다. 감히 문학을 꿈꾸었다고 말하지 말자, 생각하기도 했다. 글을 쓴다는 것, 자신의 글을 원하는 누군가가 있다는 것에 이토록 행복해하고 감사해하는 사람을 나는 이전까지 만난 적이 없다. 정확히 말하자면 그런 이야기를 들은 적 없다고 해야 할 테지만. 어찌 되었든, 그가 '문학'을 하는 사람이라서가 아니라 깊이 '사랑'을 하는 사람이라서 부러웠다.

좋아하는 것에 올인, 그래서 글쓰기

그래, 꿈 이야기부터 하자. 어린 시절, 누구에게나 BCG 주사 자국처럼 따라다녔던 '장래 희망이라는 질문'부터 했다.

"장래 희망은 맨날 바뀌었어요. 그때그때 바뀐 것까지 하면 수도 없이 많아서 일일이 말할 수도 없죠. 가장 되고 싶었던 건 피아니스트와 소아과 의사였어요. 피아노 연주를 좋아했고, 아이들을 좋아했거든요. 그런데 피아니스트가 되더라도 글은 쓰고 싶어, 의사가 되더라도 글은 쓰고 싶어, 라는 생각은 늘 있었어요. 글을 쓰는 건 취미로 하고 싶었지, 이렇게 노동으로 하고 싶진 않았는데…. 내가 좋아하는 것 따로, 돈 버는 것 따로 하는 삶을 살고 싶었거든요. 근데 그게 참 어렵더라고요. 내가 좋아하는 것 하나만

해도 시간이, 인생이 부족했어요. 그래서 내가 좋아하는 것에 그냥 올인하자, 그렇게 된 거죠."

첫 책 『아가씨, 대중문화의 숲에서 희망을 보다』(2006, 강)에서 그는 "어린 시절 마음 깊은 곳의 아우성을 전달하는 미디어는 피아노였는데, 피아노를 잃고 나서" 글쓰기가 유일한 미디어가 되었다고 밝힌 바 있다. 그가 특히 좋아하는 피아노 치기는 '반주'였다. 다른 사람들이 노래를 하고 그 노래에 맞춰서 반주를 하고 화음을 넣는 게, 혼자서 연주하는 것보다 좋았다. 그러다 보니 혼자서 하는 피아노 연습이 즐거울 리 없었다. 피아노 연습이 싫었던 그는, 그것을 곧 재능의 한계로 느꼈단다. 그러니까 어렸을 때 이미 '나는 피아노를 전문 연주가만큼은 못 하겠구나'라고 알게 되었다고. 그때는 그것을 상실감으로 느꼈지만, 지금은 그것 역시 글쓰기가 자신의 운명이 되게 이끌었던 과정이었다고 생각하는 그다. 두 가지 다 할 수 있었다면 좋았겠지만 그럴 수는 없었고, 글쓰기가 좀 더 좋았단다.

그는 초등학교 때부터 글쓰기를 좋아했다. 의무적인 일기 쓰기는 내키지 않았는데, 그럼에도 일기장에 쓰고 싶은 이야기는 늘 있었다. 글쓰기는 그에게 억지로 하는 무엇이 아니었다. 그래서 글을 쓰는 시간은 언제나 좋았다.

외국어고등학교에서 독일어를 전공했던 그는 문학을 공부하고 싶은 마음으로 서울대학교 독문학과에 진학했다. 점수에 맞춰 간 측면도 있다고, 그는 웃으며 인정했다. 그렇게 맞이한 스무 살. 그런데 그럴 리 없을 줄 알았던 그의 삶이 조금 삐걱거렸다.

"그때는 어떻게 살아야 하는지 잘 몰랐어요. 나는 계속 모범생으로 살았고, 부모님의 말씀을 잘 듣는 편이었고, 내게 주어진 길이 단순하고 평탄한 줄 알았거든요. 그런데 아닐 거라는 느낌이 확 왔어요. 내가 굉장히 예민하다는 걸 알게 된 거죠. 사실 고등학교 때도 좀 느끼긴 했는데, 대학생이 되고 나니 생각했던 것보다 훨씬 더 힘들더라고요. 대학 생활의 모든 면이요. 내가 내 자신이 되기가 힘들었어요. 지금은 내 생각을 언어화해서 말할 수 있지만, 그때는 내 의견을 있는 그대로 말하는 게 참 어렵다는 생각이 들었어요. 그래서 왜 그럴까, 나는 왜 말하려던 것과 항상 다르게 말할까, 그런 생각을 하다가 혼자서 글을 쓰기 시작했죠. 뭔지도 모르는 글을 그냥 쓴 거예요. 말로 다 하지 못한 걸 글로 표현하려고 한 거죠. 그 시기에 학교 공부는 소홀히 했지만 책은 정말 열심히 읽었어요. 책 읽는 시간, 글 쓰는 시간만이 '진짜 나와 만나는 시간'이었거든요. 선배들이 권해주는 사회과학 책들도 많이 봤고요. 그전에는 문학만 좋았는데 그때부터는 철학이나 인문학 책이 좋아졌어요. 그때 맹렬하게 읽었던 책들이 지금까지 영향을 준다고 생각해요. 그 방황하는 시간 동안 제가 생각하는 '아름다운 책'의 영역을 더 넓게 된 거죠. 불안하고 예민한 성격의 저에게는 너무도 중요하고 꼭 필요한 시간이었는데, 그때는 그걸 몰랐죠. '계속 그냥 이렇게 살다가 정말 엇나갈 수도 있겠다'라는 생각도 했어요. 방황을 너무 심하게 해서, 다시 '나'로 돌아오지 못할까 봐 두려웠죠. 그런데 지금은 그것조차도 작가가 되기 위한 방황이었던 것 같아요."

살아오면서 느꼈던 좌절과 방황도 결국은 지금 글을 쓰는 자신으로 이끈 길이었다고 말하면서도, 그는 거듭 조심스럽게 지금의 입장에서 할 수 있는 해석일 뿐이라고 덧붙였다. 그 시간에서 얻은 것이 작지 않음을 인정하지만, 그것이 섣부르게 포장되는 것에 대한 경계, 또는 거리 두기였을까? 이런 면은 새삼 평론가로 데뷔한 그의 이력을 떠올리게 했다.

온전한 내 이야기를 쓰고 싶었어요

대학 생활은 순탄하지 않았지만, 그와는 별개로 문학을 공부하고자 하는 그의 마음은 더욱 깊어졌다. 그는 번역이 필요 없는 우리 문학을 공부하고자 같은 학교 대학원 국문과에 진학했다. 어른들은 말렸지만, 좋아하는 것을 해야 후회가 덜할 것 같았다.

"지금 생각해보면 꼭 대학원이 아니어도 괜찮았을 것 같아요. 문학을 공부하는 길이 꼭 대학원에만 있는 건 아니니까요. 대학원 생활도 일종의 조직 생활 같은 측면이 있어서 많이 힘들었거든요. 그런데 그때 인간관계의 어려움을 제대로 배운 것이 작가가 된 계기에 어느 정도 영향을 준 것 같아요. 나는 혼자 있을 때 가장 나다워질 수 있는 사람이구나, 라는 걸 알게 되었거든요. 저는 혼자 있을 때 더욱 강해지는 사람이었어요. 노동 강도가 아무리 세더라도 혼자서 일하는 건 훨씬 더 잘하는데, 다른 사람들과 함께 뭔가를 하게 되면 위계가 생기잖아요. 그러니까 위계와 권력에 대한 불편함이 있었어요. 남이 나에게 뭔가를 강요하는 것도 싫지만, 내가 남에게 부탁하는 것, 요구하는 것도 참 싫었거든요. 감정 노동을 전혀 못 견디는 성격인 거죠. 내가 진정으로 하고 싶은 일만 혼자서 하기에도 시간이 절대적으로 모자라다는 생각이 들었어요. 작가가 되어야겠다는 생각을 구체적으로 한 건 대학원 때였어요. 평론가가 되어야겠다는 생각을 한 건 아니고요. 평론은 주변의 권유로 하게 된 거고, 평론을 하면서 오히려 작가가 되고 싶었죠. 평론을 하면 계속 뭔가에 '대해' 써야 하니까, 그 '대해'를 좀 빼고 싶었던 거예요. 온전한 내 이야기를 쓰고 싶었어요, 어느 순간. 소설을 써보고 싶은 생각도 있었어요. 지금도 혼자 써보려 하는데 잘 안 되고 있지만요. (웃음) 그러니 대학원 생활과 평론가 생활은 저에게 작가 생활을 하도록 매개체, 촉매가 되어준 거예요."

그는 2004년 《문학동네》를 통해 문단에 나왔다. 그리고 2006년, 내가 편집자로 첫발을 내디뎠을 때에는 문학 평론가로 활발히 활동하고 있었다. 나는 그와 특별히 친분을 쌓을 계기는 없었지만, 계간지 원고 청탁 등을 위해 몇 차례 통화를 했던 기억이 있다. 하지만 문학 평론가가 되었다고 생계가 해결되진 않았을 것이다. 나도 너무 잘 알겠는데, 옆에서 지켜본 가족의 반응은 어땠을까?

"지금은 많이 괜찮아졌는데, 사실 거의 20년을 싸웠어요, 엄마랑. 왜냐하면 엄마는 제가 공부를 잘하니까, 공부 잘하는 쪽으로 더 쉽게 사는 방법이 있다고 생각하셨던 것 같아요. 그런데 지금 생각해보면, 엄마도 세상을 잘 모르셨거든요. 엄마에겐 저처럼 배움의 기회가 많지 않았으니까요. 그래서 공부를 계속하면 어떤 사람이 되는지 엄마도 잘 모르셨던 거예요. 그냥 막연하게 변호사가 되면 좋겠지, 이렇게 생각하셨던 거죠. 그런데 저는 부모님이 원하는 그 길을 갈 수가 없었고, 제가 원하는 길로 가야 나중에 부모님을 원망하지 않을 것 같더라고요. 지금도 원망하는데, 만약에 내가 원하지 않는 길로 갔더라면 더 원망했겠죠. 지금도 원망한다는 건 농담이고요. (웃음) 이젠 부모님과는 갈등을 넘어섰어요. 많은 분이 그런 말씀을 하시죠. '내가 원하는 길과 부모님이 원하는 길이 다르다'고요. 저는 당연히 자기가 원하는 길을 가야 한다고 생각해요. 그 길을 가려면 부모님과의 갈등은 감수해야 해요. 그런데 결국에는 내가 행복하면 부모님도 행복해하세요. 제가 작가가 되고 나서 진심으로 행복해한다는 걸 어느 순간 엄마가 아셨어요. 그때부터 저희 모녀 사이에 갈등이 점점 사

에세이스트의 마음

라졌거든요. 만약 제가 작가가 됐는데 계속 불행하고 힘들었다면 엄마가 당장 그만두고 평범하게 살라고 했을 것 같아요. 변호사가 안 돼도 좋으니까 그냥 평범하게 취직해서 살라고 하셨을 것 같은데, 제가 글을 쓰면서 맨날 밤새우고 눈에 다크서클이 항상 걸려 있고, (웃음) 그래도 단지 글을 쓴다는 이유 하나로 제가 진심으로 행복하다는 걸 엄마가 이해하셨어요."

정여울은 "문학, 그런 '쓸모없는 건' 해서 뭐하냐" 하는 어머니의 야단을 들으며 여기까지 왔다. 그리고 자신의 '행복'으로 그 '쓸모없음'의 의미를 보여주었다. 시간은 좀 걸렸지만 가장 확실한 증명이다.

이 길에 이르기까지, 부모님과의 갈등만이 문제는 아니었을 것이다. '문학 평론가'라는 타이틀에도 불안은 늘 따르기 마련이었을 터. 그는 한국 사회에서 비정규직 노동자이자 여성이다. 여러모로 불리했으리라 생각됐다. 우선 경제적인 부분은 어떻게 해결했을지 궁금했다.

"대학원 다니면서 아르바이트를 많이 했어요. 쉽진 않았죠. 잠이 너무 부족해서 과외 아르바이트하는 집 화장실에서 잠이 든 적도 있어요. 그 집 화장실은 당시 제 원룸과는 달리 참 따뜻하고 널찍하더라고요, 달밤에 체조를 해도 좋을 정도로. (웃음) 아이가 한참 저를 찾았대요. '선생님, 어디 가셨어요?' 하고. (웃음) 열정 페이 시절, 제가 좋아하지 않는 일들도 많이 했어요. 학원 강사도 했는데, 그 일이 가장 힘들었어요. 제 교육 스타일을 학원 원장님이 원하는 대로 맞춰줄 수가 없는 거예요. 그들이 원하는 좋은 교사와 내가 원하는 좋은 교사의 상이 완전히 다른 거죠. 문제 출제 위원 같은 것도 했었는데, 그것도 적성에 안 맞더라고요. 수입은 적었지만 그나마 가장 좋았던 건 출판사 일이었어요. 교정 교열도 많이 봤고, 번역도 했고요. 그리고 서른 살 때까지 과외를 계속했어요. 과외가 주 수입원이었는데, 제가 참 잘했다 싶은 건, 서른 살에 그 일을 그만둔 거예요. 그땐 정말 돈이 없었는데도 '이제 더 이상 남의 집 초인종을 누르는 일은 그만하자. 그것만은 하지 말자' 이렇게 되더라고요. 남의 집 초인종을 누르고 기다리는 시간, 가족이 아닌 누군가의 집에 들어가는 그 어색한 순간이 참 아팠어요. 돈이 없더라도 글 쓰는 일에 좀 더 집중하자, 그 시간에 공부를 더 하자, 하고 그 아르바이트를 그만두기로 했죠. 가장 안정적인 수입원이었는데 포기해버린 거예요. 그래서 몇 년 동안 진짜 가난했죠. (웃음) 그렇게 글쓰기 쪽에 더 집중했어요. 사소한 청탁이라도 들어오면 다 했고요. 제 첫 책 『아가씨, 대중문화의 숲에서 희망을 보다』가 생각보다 칭찬을 많이 받아서, 그때부터 다양한 청탁이 들어오기 시작했거든요. 아르바이트를 그만둔 건 역시 잘한 일 같아요. 그래도 그만두고서 5~6년 동안은 정말 가난했어요. 가난했던 그 시절, 제 인생 열정 페이의 전성기 시절, (웃음) 그동안 공부는 정말 미친 듯이 열심히 했고요."

남의 집 초인종 앞에서 입술을 깨물었을 그의 모습을 떠

정여울,

　　　　　　　　　　　　　에세이스트의 마음

올려본다. 티셔츠 속으로 땀이 줄줄 흘렀을 한여름, 두꺼운 코트 속에서 오들오들 떨었을 한겨울에도 얼른 안으로 들어가 땀을 식히거나 몸을 녹이고 싶은 마음보다 앞섰을지 모를 그 머뭇거림을. 그리고 더위에 땀 흘리고 추위에 떠는 길을 택한 그의 결심에 마음 깊이 박수를 보낸다.

세상에는 훌륭한 문학 연구자와 문학 평론가도 꼭 필요하지만, 나는 그런 재목이 아니었다. 나는 두 일 속에서 진정으로 행복을 찾지 못했다. '닥치고, 나의 글'을 쓰고 싶은 열망을 늘 품어왔으면서도 스스로를 속였다. 그토록 원하던 작가의 길로 곧바로 도전하지 못하고 문학 연구자나 문학 평론가의 길에 만족하려 했던 내 마음 깊은 곳에는 '나의 이야기를 과연 누가 읽어줄까'라는 자격지심이 가로놓여 있었다.

2018년에 그가 펴낸 『마흔에 관하여』(한겨레출판)의 일부분을 옮겨 적는다. 이는 인터뷰 이후 정여울의 요청에 따른 것이다(이후 인용은 모두 같은 책). 자신의 글만큼 자신을 가장 잘 나타내주는 것은 없다는 마음이었을 게다. 15년 동안 문학 연구자에서 문학 평론가로, 문학 평론가에서 작가로 변신해온 과정 안에는 '나의 글'을 향한 뜨거운 열망이 자리하고 있고, 그것은 다시 그의 글로 증명된다. 이보다 더 명확한 대답이 있을까 싶어, 그의 의견을 따르지 않을 수 없었다.

정여울,

이젠 불안감조차도 즐기게 됐죠

나는 그의 책 『공부할 권리』(2016, 민음사)에서 "제 프로필에는 한국 사회에서 여자로 살아가면서 느낀 절망감, 오랫동안 비정규직 노동자로 살아오면서 느낀 모든 좌절감이 은폐되어 있습니다"라는 문장에 밑줄을 그었다. 아르바이트로 경험한 사회생활에서, 또 공부를 하는 과정에서, 글을 쓰는 일을 하면서 여성으로서 느낀 어려움에 대해 묻고 싶었다.

"여성으로서, 학자로서, 글 쓰면서 살아가는 사람들은 다 느꼈을 거예요. 한 명도 빠짐없이. 더 슬픈 현실은 작가로 사는 게 그래도 다른 분야보다 그나마 덜 차별받는다는 거죠. 그런데도 이 정도라는 것이 더욱 충격적이죠. 다른 분야는 성차별이 더 심하다는 걸 알게 되면서 너무나 가슴이 아팠죠. 인류의 가장 오랜 착취는 여성 착취잖아요. 인류의 역사가 시작되는 순간 여성 착취는 시작되었을 거예요. 제가 충분히 할 수 있는 일도 여자이기 때문에 길이 막혀 있을 때, '아, 내가 남자였다면 벌써 이루어졌을 텐데' 하는 순간들이 많았어요. 그럴 때 정말 좌절감이 컸지요. 그런데 제가 남자들보다 잘하는 게 있다는 걸 알게 됐어요. 나만의 글쓰기, 나만의 감수성, 이것은 제가 평생 가꾸어온 것이기에 누구에게도 빼앗길 염려가 없는 자산이었어요. 그걸 깨달은 뒤, 자신감이 생기기 시작했어요. 삼십대 중반부터였죠. '내가 글을 열심히 쓰고, 확실히 내 영역을 만들어나간다면 아무도 나를 우습

게 보진 못하겠구나' 그런 자신감이 생겼어요. 물론 그 자신감조차 번번이 도전을 받아요. '내 자신감이 틀렸구나' 생각할 때도 있고요. 저도 좌절을 하니까요. 하지만 저는 이런 생각을 해요. '이 세상이 품은 최소한의 공정함에 호소하자. 내가 능력이 있고, 나만의 영역이 있다면 그걸 알아주는 사람이 반드시 있을 거다.' 그런데 정말 있더라고요. 반드시 있었어요. 한 사람이라도 말이죠. 여러 사람일 때도 있었고요. 다행히도 제가 정말 인생을 걸고 글을 쓴다는 걸 많은 분이 알아봐주었어요. 그래서 제가 여기까지 올 수 있었던 것 같아요. 공정함에 대한 믿음을 버리지 않으면 우리도 할 수 있다고 생각해요. 아무도 못 따라 하는 나만의 영역을 구축하면 어떤 남자들도 무시하지 못해요."

그는 '2015년 청년 여성 멘토링'에 참여하기도 했다. 젊은 여성들을 많이 만날 수 있으리라는 생각으로 하게 되었는데, 실상은 아쉬운 점이 많았다고 한다. 그래서 그때 하지 못했던 일을 강의를 통해서 하고 있다. "강의를 하면서 제가 제 이야기를, 제 상처를 이야기하면 독자들이 자기 상처를 막 얘기해주세요. 그때는 마치 상담사가 된 기분이 들어요. 그래서 이야기를 함께 나누는 것만으로도 우리가 함께 치유되는 느낌이에요"라고 말할 때, 그의 큰 눈이 반짝, 빛났다.

이야기를 나누다 보니, 밀려드는 궁금증 하나. 갈등을 빚었던 어머니가 그를 이해하기 시작한 게 삼십대 중반, 남자들보다 잘하는 게 있다는 걸 알게 된 것도 삼십대 중반이다. 도

대체 삼십대 중반에 그에게 무슨 일이 일어난 것일까?

"처음으로 자신감이 생긴 시기예요. 저를 불러주는 사람들이 많아지기 시작했거든요. 강연 요청이 많이 들어왔고요, 책 출간 건으로 출판사에서도 정말 연락이 많이 왔죠. 글을 쓰는 사람은 항상 청탁이 안 들어오면 어떡하지, 하는 불안감이 있잖아요. 그런데 삼십대 중반부터 청탁이 끊이지 않았어요. 그래도 항시적인 불안감은 있지요. 작가이기 때문에 느끼는 불안감은 없어지지 않죠. 그런데 이 불안감이 없어지면 글도 못 써요. 불안감은 제가 글을 쓰는 데 꼭 필요한 감정이에요. 예전에는 불안감이 내가 싸워야 할 적이었는데, 이젠 불안감조차도 즐기게 됐죠. 불안감을 친구로 삼아 마침내 나의 일부로 만든 시기, 그 시기가 바로 삼십대였던 것 같아요."

그가 '서른'에 주 수입원인 과외를 그만두길 잘했다 여긴 이유가 여기에 있을 것이다. 이쯤 되면, 본인에게는 짧지 않은 시간일 테지만 그리 오래지 않아 자신이 원하던 길로 안정적인 진입을 한 듯한데, 심정적으로는 그랬을지언정 경제적으로는 그렇지 못했던 게 현실이다. 하지만 곧 그에게 경제적인 안정감이 찾아왔다. 아니, '찾아왔다'는 건 틀린 표현이다. 그가 만들어냈다. 자신의 글로. 2014년 출간한 『내가 사랑한 유럽 Top 10』(홍익출판사)이 이른바 '대박'이 난 것이다. 이 책에 대한 이야기를 하지 않을 수 없었다.

"그전에는 항상 경제적으로 불안했지요. 저 혼자만이라면 어떻게든 살겠는데, 부모님 빚도 갚아드려야 했고, 가족을 지켜내야 한다는 가난한 집 장녀로서의 부담감이 많았어요. 큰딸이다 보니 부모님을 부양해야 하니까…. 그래서 하루 16시간씩 노동을 했는데, 아무리 해도 늘 마이너스였죠. 그런 저에게 최초로 경제적인 자유를 안겨준 게 『내가 사랑한 유럽 Top 10』이에요. 전에는 '인세 안 들어오면 나 큰일 나는데', '이 원고료가 늦게 입금되면 이번 달 카드 결제 못 하는데', 늘 이런 걱정을 달고 살았거든요. 『내가 사랑한 유럽 Top 10』은 처음에 홍익출판사가 기획했어요. 그 책에 실릴 곳들을 여행하는 데 대한항공의 지원을 따로 받거나 하지는 않았어요. 책과 상관없이 이전에 제가 순전히 자비를 털어 다닌 여행으로 글을 썼어요. 돈은 없었지만 여행을 너무 좋아했거든요. 원고를 쓰고 강의를 해서 번 돈으로 여행을 하면서 언젠가는 여행기를 쓰고 싶었는데, 그 소원이 이루어졌던 거죠. 출판사가 좋은 제안을 해주어서 가능했던 일이에요. 10년 넘게 방학만 하면 그동안 모은 돈을 탈탈 털어 배낭여행을 다녀왔고, 그 기억들이 그 책을 쓸 수 있는 에너지가 된 거죠."

『내가 사랑한 유럽 Top 10』 이후 어떤 것들이 달라졌을까? 그는 첫 번째로 독자 저변이 넓어진 점을 꼽았다. 문학이 아닌 새로운 분야의 독자들을 만난 건 2010년에 출간한 『시네필 다이어리』(자음과모음) 때부터였다. 그 책으로 영화에 관심 있는 독자들이 그의 글을 읽기 시작했다. 그런데 그 역시 문학 독자와 마찬가지로 마니아적 측면이 있었다. 한정적이어서 더욱 소중한 독자들이었다. 자신의 글을 읽어주는 것만으로도 항상 감사하다는 생각은 그때나 지금이나 마찬가지다. 그러다 『내가 사랑한 유럽 Top 10』이 나오고, 베스트셀러가 되었다. 이전과는 비교할 수 없을 만큼 독자층이 다양해졌다. 그것을 실감하게 된 계기는, 그 무렵 처음 들어오기 시작한 백화점 문화센터 강의였다. 힘들었지만, 다양한 독자들을 만나서 재미있었던 경험이기도 했다.

"『내가 사랑한 유럽 Top 10』이 정말 저에게 많은 것을 줬는데, 경제적 자유를 처음으로 느끼게 해줬고, 인간관계가 정말 넓어졌어요. 많은 분이 저에게 관심을 가져주셔서 감사하기도 하고, 당황스럽기도 했죠. 제가 들어줄 수 없는 요구를 많이 하셔서 거절하느라 바빴어요. 제 인생을 바꾼 책인 것은 확실해요."

표면적인 변화뿐만 아니라 내면의 변화도 있었다. 경계하게 됐다는 것. 갑자기 쏟아진 관심이 그는 마냥 좋지만은 않았다. 오히려 위기감을 느꼈고, 이렇게 막 좋아하면 안 될 것 같은 생각이 들었다고 한다.

"제가 행복을 느끼는 데 어색한 사람이거든요. 사람들은 칭찬해주고 좋아해주는데, 그게 너무 무서운 거예요. 행복을 행복 그 자체로 느끼는 재능이 부족했죠. 그래서 많이 당황스러웠어요, 솔

　　　　　　　　　　　　　에세이스트의 마음

직히. 그런데 '이런다고 나라는 사람 자체가 달라지진 않아' 이런 생각이 들더라고요. '결코 달라지면 안 돼'라는 생각이 들었어요. 나는 내가 살아온 그 삶을 계속 살아야 하니까요. '이 소중한 삶에서 천천히 넓어져가는, 번져나가는 삶을 살아야지' 생각했어요. 누군가가 나한테 요구하는 삶, '대중성'이라는 가치에 휘둘리는 삶은 결코 살고 싶지 않았어요."

이 책이 출간되고 나서 '여행 작가'로 강연을 부탁하는 곳이 많았다. 그는 그것이 곤혹스러웠다. 물론 그 직업이 싫어서는 아니었다. '여행 작가'도 절대 쉽지 않은 길이고 매력적인 직업이지만, 그때까지만 해도 그는 여행 작가로서 글을 쓴 게 아니라 문학 평론가로서 글을 썼기 때문이다. 그런데 이와 맞물려 문학 평론 원고 청탁도 안 들어오기 시작했다.

"어쩌면 문학 평론 쪽에서 그 책을 보고, 저 사람은 이제 문학 평론가가 아니다, 생각했을지도 몰라요. 그쪽으로 청탁이 안 들어와서 섭섭한 마음도 있었는데, 동시에 자유로워진 느낌도 들었어요. 사실 평론을 하고 싶을 때도 있어요. 그런데 청탁을 받아서 쓰고 싶은 게 아니라, 제가 정말 뭔가에 대해 쓰고 싶을 때, 그때 쓸 거예요. 평론이 아니라 에세이로 쓸 수도 있고요. 문학은 변함없이 여전히 저의 멈출 수 없는 심장인데, 평론가라는 직함은 굳이 없어도 되는 거죠. 그 직함이 없어도 나는 괜찮구나, 단순하게 작가라는 것이 심플하고 좋구나, 싶어요."

그는 이 책이 『그때 알았더라면 좋았을 것들』(2013, arte)
과 함께, 문학 평론가를 그만두게 한 책이자 자신을 에세이
작가로 만들어준 책이라고 했다. 그러나 이후에 쏟아진 그의
다양한 글과 책 들을 보면, 그가 '에세이 작가'가 된 것은 비
단 이 한두 권이 만들어낸 일이 아니다. 많은 이야기가 그의
안에서 가만히 있었을 리 없다.

계속 쓰는 사람, 언제라도 반드시 쓸 사람

인터뷰 초반, 소설을 써보고 싶었다던 그의 이야기를 조금 자
세하게 들어보고 싶었다.

"작가로서의 제 소원은 소설 같은 글을 한번 써보는 거예요. 지금
까지 계속 쓰다가 말았거든요. 쓰다가 버리고, 쓰다가 버리고….
소설을 써보고 싶은데, 이렇게 실패하다가 영 못 쓰고 죽을 수도
있어요. (웃음) 예전에는 '소설을 꼭 쓰고 죽을 거야' 다짐했었는
데, 지금은 '못 쓰고 죽을 수도 있겠다' 솔직하게 인정하게 됐어
요. (웃음) 왜냐하면 저에게는 더 큰 용기가 필요한 일이거든요.
저는 꾸준히 좋은 작품을 쓰는 소설가들을 진짜 존경해요. 그리
고 제 삶에서 '여행과 글쓰기'의 관계도 참 중요한 것 같습니다.
제가 꿈꾸는 창조적 글쓰기를 향해 점점 다가가게 만들어준 계기
가 저에게는 여행이었어요. 마치 역마살에 제대로 걸린 사람처럼

해마다 긴 여행을 떠나면서 '내가 어떤 사람인지, 어떤 글을 써야 자유로울 수 있는지'를 깨달았거든요. 여행을 떠나면 '타인의 눈치'를 안 보게 되고, 그냥 내 마음을 투명하게 바라보는 눈이 생겨요. '좋은 평가를 못 받아도 괜찮다. 나는 메타적인 글이 아니라 창조적인 글을 쓰고 싶다. 온전한 내 글을 쓰고 싶다'라고 생각하게 해주었으니까요. 예전에는 제가 소설을 절대 못 쓸 거라고 생각했어요. 소설은 아무나 쓰는 게 아니라 특별한 사람만이 쓸 수 있는 줄 알았지요. 저는 그런 특별한 사람이 아닌 것 같았죠. 그런데 지금은 그렇게 생각하진 않아요. 저도 노력하면 언젠간 쓸 수 있을 것도 같아요. 그런 열망에 대해 저 스스로 더 솔직해지게 만든 게 여행인 것 같아요. 완전한 이방인이 되어 아무도 모르는 곳에서 오히려 '나의 진짜 모습'을 만나게 되었어요. 그건 두려움 없는 나, 두려움조차 인생의 소중한 친구로 받아들일 줄 아는 더 강인한 나 자신이었어요."

글쓰기를 좋아하던 마음이 문학을 향한 사랑이 되고, 그것이 여행을 만나 그에게 소설 쓰기의 꿈을 꾸게 만들었다. '여행'과 '소설'은 그의 안에서 어떻게 맞닿아 있을까?

"여행을 하면서 뭔가 안정된 직장에 대한 결핍 같은 게 없어졌어요. 안정된 직장이 있으면 이런 거 못 하잖아요. 안정된 직장이 있으면 내가 글도 좀 더 잘 쓸 수 있지 않을까, 막연하게 그런 생각을 했거든요. 그런데 그건 내게 없는 것에 대한 괜한 결핍이자 동경이었어요. 여행을 다니면서 오히려 글이 훨씬 잘 써지더라고요. 힘들고 졸려서 죽을 것 같은데도 졸다가 쓰고, 하루에 두 시간씩 자면서도 글을 썼어요. 연재 글을 한 번도 쉰 적이 없었는데, 그것도 다 여행하면서 쓴 거예요. 기차 안에서 쓰고, 비행기 안에서 쓰고요. 제가 좀 독한 면이 있고, 돌쇠 같아서…. (웃음) 그런 강인한 마음의 체력으로 써 내려간 거죠. 그랬더니 '아, 내가 이렇게 할 수 있는 사람인데, 언젠간 소설도 쓸 수 있겠구나!' 하는 생각이 들었어요. 동시에 제가 언젠간 소설을 쓰고 싶어 한다는 것도 깨달았어요. 쓰고 싶은 소재는 정말 많은데, 아직 하나도 완성을 못 했지만요. 아무튼 내가 내 자신으로 돌아오게 만든, 타인의 시선이나 '나는 못 할 거야'라는 생각을 다 버리고, '내가 진짜로 하고 싶은 건 크리에이티브 라이팅이다' 그걸 깨닫게 해준 게 여행이었죠. 작가라는 명함도 떼버리고, 아무것도 아닌 내가 진짜 하고 싶은 것은 창조적인 글쓰기라는 걸 알게 됐어요. 에세이도 물론 당연히 창조적인 글쓰기이지만, 여기서 더 나아가 조금 더 창조적인 글쓰기, 소설에 가까운 글쓰기를 하고 싶어졌어요."

그는 소설로 가기 위한 중간 단계로 평전을 쓰려고 했다. 그런데 그 두 개의 창을 함께 열어놓고 쓰다가 둘 다 안 됐단다. 한 가지만 집중해서 쓰는 일, 그는 그동안 그걸 못 해봤다. 언제나 다수의 연재를 한꺼번에 소화해야 했던 까닭이다. "소설을 쓰려면 한 가지만 써야 하거든요"라고 말하는 그의 표정에서, 그러나 아쉬움이나 안타까움은 읽히지 않았다.

"예전에는 급하게, 마흔이 되기 전에 꼭 소설 한 편을 써야지, 이렇게 생각했는데, 마흔이 넘으니까 오히려 편해졌어요. 인생을 좀 더 길게 보고 한 권이라도 쓰자, 이렇게 바뀌었죠."

그는 계속 쓰는 사람, 그러니 언제라도 반드시 쓸 사람이다.

문학 연구자에서 문학 평론가가 되는 것 사이에도 엄청난 도약이 필요했고, 문학 평론가에서 작가가 되는 것 사이에는 더 큰 도약이 있었다. 문학 평론가로 살아가는 것도 힘들었지만, 문학 평론가가 작가로 변신하는 것은 그보다 수백 배 힘든 일이었다. 아마 '지금 내가 쓰는 글'과 앞으로 내가 '10년쯤 뒤 꼭 쓰고 싶은 글' 사이에도 엄청난 도약이 있을 것이다. 지금의 내공으로는 쓸 수 없지만, 앞으로 더 열심히 취재하고 공부하고 느끼고 살아내야만 쓸 수 있는 '미래의 글'을 쓰기 위해, 더 나은 작가가 되려면 지금까지 경험한 내면의 도약보다 수천 배는 더 고통스럽고 아름다운 '존재의 눈부신 비상'이 숨어 있을 것이다. 천만다행인 것은 이젠 내가 도약을 두려워하기보다 설레는 마음으로 기다린다는 점이다. 이런 내면의 도약에는 오직 '올인'만이 허용된다. 다른 판돈은 아예 받아주지 않는다. 인생이라는 경기장의 법칙이다.

에세이스트의 마음

당당하게 투잡을 가지세요!

그라면, '글쓰기'와 '경제생활' 사이에서 고민이 많은, 과거의 나와 같은 이들에게 꼭 필요한 이야기를 해줄 수 있을 것 같았다. 역시나 그의 대답은 명쾌했다.

"진짜 솔직하게 얘기해도 돼요? 글을 쓰고 싶다면, 당당하게 투잡을 가지라고 말씀드리고 싶어요. 저도 사실 투잡 이상을 하고 있거든요. 강의를 하고 있고, 네이버 오디오 클립에서 〈월간 정여울: 당신의 감성을 깨우는 글쓰기 프로젝트〉 진행자로도 활동하고 있고, KBS 1 라디오에서 〈백은하의 영화관, 정여울의 도서관〉이라는 프로그램도 진행하고 있어요. 저는 '글쓰기 이외의 것들'과 '글쓰기' 두 가지를 다 하기 때문에 어느 정도 안정된 생활을 할 수 있어요. 물론 이 '글쓰기 이외의 것들'도 철저히 '글쓰기'와 연관된 일이기에, 글쓰기만큼이나 사랑할 수 있기도 해요. 글을 쓰지 못할 때도 자기 삶을 유지할 수 있는 구체적인 방도가 있어야 또다시 글을 쓸 수 있는 용기를 낼 수 있지 않겠어요? 그렇지 않으면 돈을 벌기 위한 글쓰기를 하게 돼요. 그러면 내가 진짜 원하는 글쓰기를 못 할 수도 있어요. 저는 대학원을 다녔던 경험이 아주 많은 도움이 됐어요. 강의를 계속 할 수 있었으니까. 저처럼 평범한 집에서 태어난 분들이라면 투잡을 가지는 것에 대해 박탈감을 느끼지 말았으면 좋겠어요. 투잡을 가지면 글도 쓰고 다른 것도 할 수 있는 거잖아요. 진정한 능력이죠. 저는 강의도 많이 하고, 여러 가지 일도 많이 하는데, 그게 다 글쓰기에 도움이 됐어요. 방 안에 틀어박혀 있으면 오히려 글이 잘 안 써져요. 많은 사람을 만나고, 다양한 체험 속에 나를 던져야, 그것이 또 글을 쓸 수 있는 재료가 되더라고요. 그래서 저는 투잡을 적극적이고 자신감 있는, 자존감을 오히려 더 높여주는, 행복한 작가로 살아가는 방식이라고 생각해요."

내가 쓰는 글이 내 생활을 책임져주지 못한다면 그것을 직업이라 할 수 있을까, 하는 고민은 정여울에겐 엄살일 뿐이다. 블로그에 쓴 글을 많은 사람이 읽어준다면, 그것만으로도 축복이라 말하는 그다. 내 글을 기다리는 사람이 한 명이라도 있다면 그 사람이 작가라고, 그걸 고마워해야 한다고.

"저도 이렇게 생각하기까지 우여곡절이 많았는데, 그래도 긍정적인 결론에 이르러서 다행이에요. 저는 인생에 대해 불평하는 시간이 가장 아까워요. 그 시간은 저에게 아무런 도움이 되지 않았어요. 저도 그런 시간이 있었거든요. '왜 나는 내가 가진 재능만큼 인정을 못 받지?' 이런 생각을 하는 시기도 있었고, '나는 재능이 왜 이렇게 없지?'라고 생각한 적도 있고, 돈을 벌어야 살아남을 수 있는 이 자본주의 속 인간의 생존 조건 자체가 너무나 지옥 같다고 생각한 적도 많아요. 그런데 그럼에도 제가 버틸 수 있었던 건, 제 글을 읽고 싶어 하는 사람들이 있기 때문이었어요. 나를 진심으로 아껴주는 독자들이 있는데 어떻게 글쓰기를 포기

에세이스트의 마음

해요? 그리고 왜 불평을 해요? 아무리 힘들어도 참아야 한다고 생각해요. 진정 좋은 글을 쓰고 싶다면."

정여울은 여전히 가열하게 글쓰기를 하고 있다. 특히 2018년 1월부터 발간된 《월간 정여울》은 글쓰기의 새로운 실험이라 할 만하다. 한 달에 한 권의 책이라니. 그러는 동안 단행본도 세 권이나 나왔다. 글쓰기에 있어서는 결코 쉬는 법이 없는 천생 작가다. 그의 이야기를 따라 읽다 보면, 그가 쓴 소설에도 곧 닿을 수 있을 것 같다. 물론 아직도 그에게 한 가지만 쓰는 시간은 당분간 찾아오지 않을 것 같긴 하다. 하지만 그의 글쓰기가 결국 한 가지를 쓰기 위한 길로 가는 여행이 아닐까, 조심스럽게 추측해본다. 그리고 기대해본다.

나는 승률을 계산하지 않는다. 어떻게 해야 사랑받는지도 모른다. 계산의 '계'(計) 자도, 효율성의 '효'(效) 자도 싫어한다. 미치게 좋아하는 일을 하는데, '셈법'을 동원하기는 싫다. 나는 이런 내 용감함과 무식함을 사랑한다. (…) 나는 언제든 패배할 준비가 돼 있지만, 싸움을 두려워하는 비굴한 관찰자가 되고 싶지는 않다. 패배보다 더 무서운 건 싸움 자체를 두려워하는 것이니까. 실패보다 더 두려운 건 내가 꿈꾸는 더 나은 나, 내가 살아가고 싶은 더 아름다운 세상을 포기하는 것이니까.

윤이수, 웹 소설 작가의 마음

문득, 내가 안정적이라 믿었던 이 생활이 실은 사상누각이 아닐까 하는 생각을 했던 때가 있다. 그도 그럴 것이, 월급은 지난달에 쓴 카드값으로 통장에 잠시 스쳤다 나가기 바빴고, 당연히 돈이 모일 리 없었으며, 이러한 생활의 반복은 시간이 흐른다고 나아질 것 같지도 않았다. 게다가 나이가 들어갈수록, 물론 지금 생각하면 어린 나이였지만, 어쨌든 계속 나이가 들어갈 텐데, 언제까지 이 일을 할 수 있을까 하는 걱정도 되었다.

새로운 길을 모색해봐야겠다고 생각한 건, 이러한 고민이 더욱 깊어진 삼십대 중반을 막 넘어설 무렵이었다. '회사 생활을 그만두고 어떤 일을 할 수 있을까?'가 당시 동료들 사이에서 점심시간의 주요 이야깃거리였다. 이른바 '출구 전략'을 생각한 것이다.

인생은 '어떻게 살 것인가?'에 대한 고민으로 굴러가는 건 아닐까 생각한다. 하지만 그런 고민만 있다면 그렇잖아도 힘든 삶이 너무 삭막하지 않겠는가. 그래서 가끔은 부질없지만 가슴을 뛰게 하는 고민을 심각하게 하기도 한다. '로또 1등에 당첨되면 그 돈으로 무엇을 할까?' 같은. '주변 사람에게 조금씩 나눠주고, 여행도 가고, 평소 갖고 싶었던 물건도 사고…, 아! 서울에 아파트를 사야지' 하다가 하고 싶은 것을 다 하기엔 로또 당첨금이 너무 적다는 사실에 나는 진심으로 실망한 적도 있다. 그에 비하면 출구 전략을 세우는 것은 차라리 생산적이었다. 주변 사람들은 대부분 서점이나 카페, 이런저런 작은 가게의 창업을 꿈꾸었다. 그러나 나는 그 와중에도, 창업은 내게 실현 가능성이 없다고 확신했다. 자본이 없으니까. 그래서 내가 조심스레 꺼낸 말은 이런 것이었다.

"요즘엔 웹 소설이 그렇게 돈을 많이 번대요."

'웹 소설을 쓰겠다'라는 선언은 아니었다. 그 방면으로 정보도 없는 데다가 글을 쓴다는 것이 마음먹는다고 되는 일도 아니지 않은가. 그럼에도 내가 '출구 전략'으로 웹 소설을 생각한 것은 그 분야가 무서운 속도로 영향력이 커지고 있는 것을 눈으로 보고 귀로 들었기 때문이다. 요즘 학생들은 장래 희망으로 유튜버와 웹 소설 작가를 높은 순위로 꼽는다는데, 나도 그런 마음에 가까웠다. 내게 그런 재능이 있는지 없는지는 모르겠지만, 할 수 있다면 나는 장래에(?) 웹 소설 작가가 되고 싶었다. 정말 듣던 대로 돈도 많이 벌 수 있을까? 생각만으로도 가슴이 두근거렸다.

어쩌다 보니 전략 없이 출구로 나와버린 나는 여전히 새로운 길을 마음으로만 모색하고 있는 중이다. 여전히 앞날을 걱정하고 있고, 그 와중에 웹 소설 작가는 아직도 장래 희망으로 남아 있다. 다행인 것은 남녀노소 누구나 자유롭게 접근할 수 있는 분야이기에 아직 그렇게 늦지는 않았다는 것. '등단'이라는 제도가 없고, 내가 글을 써서 올리면 바로 독자들이 읽게 되는 이 구조는 왠지 긁지 않은 복권 같은 느낌을 주기도 한다. 누가 알겠는가. 아마추어들의 장에서 내 글이 인기를 얻어 유료 서비스가 되는 프로의 장으로 옮겨 가고, 드라마가 되고, 대박이 나고⋯. (김칫국 마시기는 내 특기다.)

그러니 웹 소설계에서 가장 '핫한' 작가 윤이수와의 인터뷰에 사심이 있었음을 고백하지 않을 수 없다.

2013년, 네이버에 연재된 『구르미 그린 달빛』은 연재 당시에도 인기가 있었지만 동명의 드라마로 제작되면서 정말 많은 이의 사랑을 받았다. 2015년 『해시의 신루』를 거쳐, 2018년에 시작해 현재 연재 중인 『간택 — 왕들의 향연』까지 윤이수의 인기는 이어지고 있다.

그의 집 근처 카페를 약속 장소로 잡고, 나는 조금 서둘렀다. 인터뷰 전에 질문들을 좀 더 정리하고 싶었다. 카페가 문을 열지 않아 그 옆 빵집에서 기다리며 질문들을 떠올렸다. 궁금한 것은 많았으나 어떤 질문을 해야 할지 갈피가 잡히지 않았다. 할 말이 많으면 되레 말문이 막혀버리는 것처럼. 사실 나는 말로만 웹 소설 작가가 되고 싶다 했지, 아는 게 하나도 없었다. 결국 빵만 먹다가 시간이 되어 약속한 카페로 자리를 옮겼다.

좋아서 쓰는 일

윤이수가 아이를 등교시키고 글을 쓰러 자주 들른다는 그 카페는 어느 작가의 서재를 옮겨다놓은 듯한 작지만 조용한 곳이었다. 새벽에 일어나서 책을 읽고, 운동을 하고, 아이를 학교에 보내고, 글을 쓰고…. 그의 하루 일과는 대개 이렇게 채워진다. 작품을 구상하고, 집필을 하고, 연재를 하고, 책을 내는 일이 공백 없이 이어지고 있음은 그가 펴낸 책의 출간 연도만 확인해도 알 수가 있다. 2006년에 출간된 첫 책을 시작으로 1년에 한두 편씩 꾸준히 작품이 나왔다. 게다가 주로 두 권으로 구성되어 있어 분량도 상당하다. 특이하게도 2010년에만 출간된 책이 없어서 의아했는데, 아이가 태어난 해란다. 그 1년을 제외하고 2011년부터 다시 책이 출간되었고, 2013년부터는 웹 소설 연재를 시작해 연재 종료에 맞춰 책이 출간되고 있다. 이렇게 쉬지 않고 쓰는 게 가능한지, 놀라운 마음을 먼저 전했다.

"좋아서 하는 거라서요. 좋으면 매일매일 쓸 수밖에 없잖아요. 근데 그런 것도 있었어요. 제가 나이가 들어서 일을 시작했거든요. 그래서 먹고살아야 하니까, 책 두세 권을 내는 것으로는 부족하기도 했어요. 다른 사람들 연봉 수준에 엇비슷하게 따라가려면 그 정도는 해야 했죠. 보통 그런 생각으로 쓰는 건 아니지만, 그 해에 책이 안 나오면 '올해엔 내가 너무 쉬었구나' 하는 생각은 들어요. 로맨스 소설이 어쨌든 순수문학보다는 상업적이고 대중적인 장르다 보니까, 변하는 트렌드에 따라 대중과 소통하는 글을 써야 하거든요. 대중이 원하는 글을 그 시기에 놓치지 않고 쓰는 것도 하나의 의무라는 생각을 해요. 그런 책임감으로 한번 시작을 하면 중간에 쉬지는 않았어요. 예를 들어 연재를 월, 수, 금에 하기로 독자들과 약속을 하면 지키려고 노력해요."

윤이수,

『구르미 그린 달빛』과 『해시의 신루』처럼 방대한 분량의 작품은 작업 기간이 8개월에서 1년 정도로, 연재 기간은 1년 반씩이라고.

네이버 연재는 연재 시작 전, '미리보기'에 회차별로 쌓아두고서 본 연재에 들어가 한 편씩 오픈하는 방식이다. '미리보기'에 이미 어느 정도의 작품을 쌓아놓았으니, 본 연재가 올라가는 것에는 아무런 문제가 없지만, 한 번에 한 편씩 읽는 것에 만족하지 못하고 독자들은 '미리보기'에 올려진 글까지 보기도 한다. 이때에는 '쿠키'라는 가상 화폐로 따로 결제를 하는데, 그래서 한 작품에 빠지면 독자들은 이른바 '쿠키 굽느라' 정신이 없다. 이 '미리보기'는 본연재 전날이나 전주에 올려놓으면 본연재와 함께 오픈이 된다. '미리보기'의 분량과 편수는 작가 마음이지만, 윤이수는 이 또한 독자와의 약속이라 생각하기에 정해진 시간에 (웬만하면) 정해진 편 수를 어떻게든 맞춘다고 한다. 10시 오픈이면 8시부터 클릭을 하는 독자들의 마음을 잘 알기 때문이다. 그러니 책임감과 더불어 실로 엄청난 성실함 없이는 불가능한 것이 포털 사이트 연재 아닌가 싶었다. 그런데 윤이수에게는 성실함보다 더 중요한 것이 있는 듯했다.

"저는 아주 성실하지는 않아요. 보통 10시에 오픈을 해야 하는데, 어떨 때는 오후 2시에 오픈할 때도 있고…. 도저히 이건 아니다 싶을 때가 있거든요. 내 마음에 안 차는 글을 독자들이 어떻

윤이수,

게 볼까 싶은 거죠. 그래서 제 마음에 흡족하지 않으면 그냥 넘기지 못해요. 한번은 4편까지 썼다가 다 지워버린 적도 있어요. 편집부에서도 오픈하자고 했는데, 제가 그럴 수가 없었어요. 그 다음 주로 미루더라도 흡족하게 나와야 하니까요. 제 기준으로 85퍼센트면 오픈하지 않아요. 90퍼센트는 넘어야 괜찮겠다, 싶어요."

연재를 하며 이렇게 완벽함을 추구하더라도, 종이책으로 펴낼 때는 또 다른 공력이 들어가기 마련이라고 그는 덧붙였다. 연재를 마치고 책을 준비하면서는 새로 쓰는 것만큼 손을 많이 볼 수밖에 없단다.

"호흡 때문이에요. 연재 호흡과 책 호흡은 완전히 다르거든요. 연재 호흡은 매회 다음 편이 궁금해야 하니까 호흡이 짧아요. 근데 책은 한 번에 죽 읽으니까, 숨 막히면 어떡해요. 연재를 하면 80퍼센트 이상이 모바일로 보는 독자들이라서 잘 읽히는 단문 위주로 쓰는데, 그걸 책으로 엮으면 너무 횅하거든요. 지문을 통한 설명을 캐릭터들의 대화 위주로 진행하는 것도 책과 다르죠. 그래서 책을 내기 전에 문장도 손을 많이 보고, 지문으로 묘사나 이야기 진행을 충분히 설명해주는 식으로 형식적인 수정도 많이 해요. 다시 한번 또 쓰는 거죠."

첫 번째 독자이자 무서운 편집자

생각했던 것보다 일의 강도가 훨씬 세다고 혀를 내두르는 동안, 이야기는 자연스럽게 직업병으로 이어졌다. 작가들 대부분이 그럴 거라며, 그는 손가락 관절염을 달고 사는 이야기를 꺼냈다.

"물리치료를 받으러 갔는데 의사가 막노동하냐고 묻더라고요. 손가락마다 다 염증이 있으니까. 몸으로 먹고사는 직업이라고 했어요. 저 같은 경우는 중요한 감정 신은 손으로 쓰거든요. 손으로 먼저 쓰고, 타이핑을 하면서 또 한 번 수정을 거치고, 다시 그걸 프린트해서 체크한 다음에 다시 쓰는 거죠. 손으로 쓰면 몰입도가 달라요. 특히 감정 신에서는 몰입도에 따라 결과물이 달라져요. 리듬감이라든가, 감성을 자극하는 부분에서도 컴퓨터로 타이핑한 것과 손으로 쓴 것은 제가 봐도 달라요. 처음 시작할 때는 그러지 않았는데, 이 일은 할수록 감정 소모가 되게 많거든요. 그러다 보니 어느 정도 됐을 때부터 기계적으로 일을 하고 있더라고요. 당연하게도 그렇게 쓴 건 저 스스로도 감흥을 못 받아요. 근데 남편이 손으로 쓰는 걸 봤어요. 그래서 저도 따라 해봤는데, 그게 훨씬 몰입감이 있더라고요. 요즘엔 너무 일이 안 될 때도 손으로 써요."

인터뷰 전, 질문에 대해 했던 걱정은 눈 녹듯이 사라졌다. 그가 쓰는 소설처럼, 인터뷰는 술술 진행되었다. 나의 몰입도는 최고였다.

그와의 대화에서 남편 이야기는 빠질 수 없다. 그의 생활뿐만 아니라 작품 활동에 있어서도 남편의 영향이 무엇보다 큰 까닭이다. 그의 남편은 '엽사'라는 필명으로 활동하고 있는 판타지 소설 작가. 윤이수가 로맨스 소설 작가로 막 발을 내디딜 무렵, 출판사에 계약을 하러 갔다가 처음 남편을 만났고, 보자마자 마음에 들었단다.

"계약을 하러 출판사에 갔던 날, 마침 남편이 책이 나와서 그걸 가지러 출판사에 왔었어요. 허름한 차림새에 모자 하나 쓰고 있었는데, 너무 괜찮아서 사장님한테 제가 먼저 소개시켜달라고 했죠. 잘생겼거든요. (웃음) 자상하고, 인내심도 있고, 저를 이해해주려고 노력해요. 같은 분야 일을 하다 보니까 생활 패턴이나 감정 같은 걸 많이 배려해주죠. 마감 때가 되면 되게 예민해지거든요. 아이도, 밥 먹는 것도, 잠자는 것도 다 귀찮아져요. 그러면 같이 사는 사람으로서 조금 화가 날 법도 한데, 아무 말 없이 절 건드리지 않아요. 딱 한 번, 서로 마감이 겹친 적이 있어요. 저는 『구르미 그린 달빛』 연재 막바지였고, 남편은 카카오페이지에서 연재를 하고 있었어요. 마감이 겹치니까 완전히 지옥이 열린 거예요. 집은 방치되고, 아이는 혼자 있고…. 그래서 제가 앞으로는 한 사람씩 쉬어가면서 일하자고 제안했어요. 지금은 남편이 배려를 해줘서 제가 일을 하고 있고, 제 일이 끝나면 남편이 일을 하게 되겠죠."

남편은 그의 첫 번째 독자다. 글을 쓰면서 서로 의논을 하는 일도 많다. 그러면 좀처럼 잡히지 않던 작품의 방향성을 잡을 수 있게 되기도 한다. 장르는 다르지만, 둘의 시너지 효과는 크다. 자신의 글에 너무 몰입한 나머지 도리어 허점을 못 찾는 경우가 많은데, 그럴 때 남편이 정확하게 짚어주는 게 많은 도움이 된다는 것이다. 윤이수에게 남편은 동료 작가일 뿐 아니라 무서운 편집자이기도 하단다. 서로 작품에 대한 의견을 구하다가 상처가 된 말은 없었는지 묻자, 이런 대답이 돌아왔다.

"항상 상처예요. 가장 상처 받는 말은 '재미없어', '지금부터 재밌는 부분을 보여줘' 이런 것들이죠. 반대로 재미있다고 하면 그 어떤 말보다 좋아요. 저희는 다른 걸로는 부부 싸움을 안 하는데, 작품 얘기를 하다가 감정이 상하면 서로 고개 돌리고 '앞으로 보지 말자' 이러기도 해요. 남편은 제가 지적을 하면 순순히 '맞아' 하고 수긍을 하는데, 저는 아직까지도 '당신이 이걸 몰라서 그래'라고 설득을 하려고 하거든요. 그러면 남편이 '그걸 왜 나한테 설득하려고 해. 글로 설득했어야지'라고 해요. 저에겐 가장 무서운 편집자죠. 일 안 하고 있으면 지나가다 '일해라!' 말하기도 하고요."

현실은 로맨스 소설과 달랐지만

윤이수는 PC 통신 시절, 로맨스 소설에 첫발을 내디뎠다. 단편소설을 올리면 댓글이 올라왔고, 그런 반응들을 보면서 '내가 글을 써도 괜찮겠구나'라는 생각을 하게 되었단다. 그는 독자들의 피드백이 자신을 작가로 만들었다고 확신했다. 독자들의 즉각적인 반응은 글쓰기의 원동력이 되었다. 책을 내는 데에는 조금 더 시간이 걸렸는데, 그 이야기를 하려면 1997년부터 시작된 그의 10년 방랑기를 듣지 않을 수 없다.

"그때는 집시처럼 돌아다니며 외국을 계속 들락날락했어요. 계기는 첫사랑의 실패! 사는 게 별로 재미가 없었죠. '중2병'이 그때 온 거예요. 여행이라기보다는 도피에 가까워요. 알바로 모아둔 돈을 가지고 영국으로 어학연수를 갔는데, 2주 만에 돈이 거의 떨어졌어요. 다른 사람들보다 제가 가져간 돈이 턱없이 적었더라고요. 그즈음 한국 사람들만 모여 있는 어학원에 대한 회의가 들기도 해서 겸사겸사 주로 다른 나라 사람들이 많이 가는 싼 어학원을 전전하게 됐죠. 그러면서 세상이 참 넓고 그만큼 다양한 사람이 있다는 것, 내가 못 가본 곳이 많다는 걸 알게 됐어요. 그 뒤로 터키, 태국, 유럽을 다녔어요. 물론 가난하게요. 늘 배가 고팠고, 많이 외로웠죠. 그런데 한국어를 말할 일이 없어지니까 자연스럽게 글로 쓰는 일을 하게 되더라고요. 쓴 글들은 '로맨스 월드'라는 로맨스 소설 쓰는 방에 올렸어요. 한번 글을 올리려면

　　　　　　　　　　　　　　웹 소설 작가의 마음

'띠띠띠띠—' 소리를 들으며 컴퓨터 앞에서 10분쯤 기다려야 연결이 되던 때였죠. 너무 외로워서 누군가 소통할 사람이 필요했고, '힘내세요', '재밌어요'라는 댓글들이 위로가 됐어요. 그러다 한국으로 돌아와서 본격적으로 쓰는 일에 몰두했죠. 서른두 살이었는데, 할 수 있는 일이 없었거든요. 나이는 먹었고, 경력은 없었고…. 글을 쓰는 게 제가 할 수 있는 유일한 일 같았어요. 그렇게 조금 있는 돈으로 어떻게든 버텨보자 하고 인터넷에 연재를 시작했어요. 그때는 PC 통신 시절이 지나고, 인터넷 사이트였어요. '로망띠끄'라는 사이트였는데, 그곳은 누구든지 자기가 쓴 글을 올릴 수 있어서 많은 사람이 시작을 할 수 있었거든요. 하지만 끝을 맺는 사람은 드물었죠. 거기에 연재를 시작하고 얼마 안 있다가 출판사에서 책을 내자고 연락이 왔어요. 그러면 그걸로 또 버틸 힘이 생기잖아요. 첫해에 제 연봉은 200만 원이었어요. 그래도 정말 쓰는 것밖에 답이 없었고, 그래서 열심히 쓰려는 생각만 했어요."

생활이 안정적으로 나아지기까지는 그리 오래 걸리지 않았다. 그는 자신이 운이 좋았다고 했다. 2007~2008년 무렵부터 전자책(E-Book) 시장이 장르 문학 분야에서 활성화되기 시작하면서 제법 먹고살 만해졌던 것. 남편을 만나 결혼을 한 것도 이 시기였다.

첫사랑의 실패로 시작된 방황과 그 과정에서 찾은 로맨스 소설 작가의 길, 그리고 그 길에서 선물처럼 다가온 새로운 사랑과 결혼. 잘 짜인 한 편의 소설 같은 이야기에 결코 녹록지 않은 현실은 어김없이 찾아왔다. 그가 산후우울증을 앓았다는 이야기는 이전 인터뷰들에서 짧게 언급되곤 했었다. 좀 더 자세히 듣고 싶었다.

"남편이랑 약속을 했어요. 아기 낳고 2~3년은 무조건 육아에만 올인하자고. 그런데 아이 100일이 좀 지나고부터, 남들은 저만큼 앞서 달려가는데 나만 여기에 고립되고 도태되는 것 같은 생각이 들었어요. 그러다 8개월쯤 지나니까 우울증이 심해졌죠. 그래서 그때, 남편이 일하러 나가면 아기 띠 하고서 몰래 글을 썼어요. 그렇게 쓰니까 집중하는 방법은 알게 되더라고요. 전에는 글을 쓰려면 준비되어야 하는 게 많았거든요. 조용한 환경에 음악도 틀어놓고, 내 감정을 추스르고…. 근데 정해진 시간에 남편에게 들키지 않고 쓰려니까, 아이를 딱 업는 순간부터 미친 듯이 키보드를 두드려야 했죠. 그래야 남편 오기 전에 한 편이 끝나거든요. 그 한 편을 빨리 끝내야 한다는 생각에 숨도 안 쉬고 전투적으로 글을 썼어요. 길면 여섯 시간, 짧으면 네 시간 동안. 남편이 현관문 번호 키 누르는 소리가 들리면 탁! 치워버리고 애기 본 척하고 있었죠. 결국 한 달 반 만에 들켰지만요. 그때는 현실이 너무 우울한데, 소설 안에만 들어가면 행복했어요. 그 안에서는 내가 무슨 일이든 할 수 있고, 마음대로 뛰놀 수 있고, 어떤 사랑을 해도 상관없으니까."

윤이수,

웹 소설 작가의 마음

그때 쓴 작품이 웹 소설을 시작하기 바로 전에 출간한 『십일야』(2012, 동아)다. 남편에게 들키고 나서, 그는 아예 제대로 쓰기 시작했다. 그런데 그런 그를 보는 주변의 시선이 그리 호의적이지는 않았단다.

"솔직히 로맨스를 쓰는 데 여자라는 건 무기가 될 수 있어요. 남자들이 절대 이해 못 하는 감성적인 부분이 있으니까요. 하지만 그때만 해도 여자가 글을 쓰면 얼마나 쓰고, 일을 하면 얼마나 하겠다고 굳이 애까지 놔두고 저렇게 나오냐는 말을 면전에서 하는 사람들도 있었어요. 그런데 오히려 그런 말들이 제게는 오기 같은 걸 생기게 했어요. 누가 더 오래가고, 누가 나중에 웃는 사람이 될지 한번 보자, 하는 마음으로 더 열심히 썼죠. 제가 13개월 된 아기를 떼어놓고 나왔을 때는 그만큼 일에 책임감을 가지고, 아이에게 쏟아야 할 시간을 제 글에 쏟겠다고 결심한 거잖아요. 그래서 더욱 확실한 성과를 내고 싶었어요. 우리 아이도 나도 희생한 부분이 있으니, 거기에 대한 보상을 받아야죠. 그게 제가 더 열심히 쓸 수밖에 없었던 이유예요."

인생의 터닝 포인트, 『구르미 그린 달빛』

쓰는 일로 산후우울증뿐만 아니라 주위의 부정적인 시선까지 극복한 그는 이어서 새로운 일에 도전을 한다. 네이버 웹 소설이 그것.『구르미 그린 달빛』은 네이버에서 웹 소설 플랫폼을 막 시작했을 무렵 투고를 통해 연재를 하게 됐다.

"2013년에 네이버에서 웹 소설 플랫폼을 만들기 시작했어요. 그때 출판 시장이 좀 어려워져서 출간 부수가 확 줄어들었거든요. 종이책 시장은 끝났다는 얘기도 나왔죠. 근데 우리 부부는 두 사람 다 작가잖아요. 거기에다 아이까지 있으니 생계 걱정을 안 할 수가 없었어요. 그래서 한번 해보기로 결심을 한 거예요. 처음에 주변에서 엄청 말렸어요. 왜 그런 어린애 장난 같은 데 뛰어들려고 하느냐는 말을 가장 많이 들었어요. 이제 이쪽에서 자리를 잡아가고 있는데, 굳이 왜 거기 가서 모르는 사람들한테 다시 평가받고 초짜 취급을 받으려고 하느냐는 거죠. 웹 소설에 대한 개념 자체가 없었던 때라, 그렇게 무료로 오픈이 되어버리면 누가 돈을 주고 책을 보겠느냐는 회의적인 시선도 있었고요. 저랑 남편도 많이 고민을 했죠. 근데 '미리보기'라는 게 있잖아요. 내가 다음 편이 궁금하도록 재미있게 쓰면, 독자들은 분명히 유료 결제를 해서 볼 거라고 생각했어요. 그랬더니 사람들이 이번엔 그 '코 묻은 돈 100원'씩 모아서 어떻게 먹고살겠냐고 하는 거예요. 그런데 막상 시작을 하고 나니, 저도 깜짝 놀랄 정도로 반응이 좋았어요. 저는 슬로 스타터거든요. 천천히 가는 스타일이에요. 요새는 처음부터 감정에 '파바박' 불붙어 가지고 빨리빨리 진행이 되는데, 저는 손을 잡는 데만 20편이 걸려요. 그렇게 천천히 가는데, 그런데도 천천히 따라와주는 독자들이 점점 더 많아지더

웹 소설 작가의 마음

라고요. 다행이고, 감사한 일이죠."

　　사람들이 말한 '코 묻은 돈 100원'의 힘은 실로 놀라웠으리라. 이제 풍문으로 들었던 웹 소설 수입의 실체를 확인해보는 시간이다. 『구르미 그린 달빛』 이후 경제적인 변화가 궁금했다.

　　"제 인생의 터닝 포인트가 된 것은 확실하죠. 경제적으로 많이 윤택해졌고요. 연초에 전셋값이 오르면 있는 돈 없는 돈 탈탈 털어서 전셋값으로 내고, 저희는 늘 돼지 배를 갈라야 했거든요. 저금통 따서 한 달 두 달 버티다가 남편이나 제 인세가 들어오면 그걸로 또 한동안 생활을 하고. 그런데 지금은 『구르미 그린 달빛』 덕에 그렇게 안 해도 돼요. 저는 그게 가장 행복해요. 또 예전에는 제 글이 소수에게만 읽혔는데, 지금은 많은 독자에게 읽히니까 그것도 행복하고요."

　　『구르미 그린 달빛』의 종이책(2015, 열림원) 판매 부수는 50만 부를 훌쩍 넘어 지금도 꾸준히 판매되고 있다. 다음 작품인 『해시의 신루』(2016, 해냄)도 비슷하다. 그러나 이는 E-Book이나 인터넷 연재 수입에 비할 바가 못 된다. 종이책의 열 배, 스무 배 정도로 파이 자체가 다르다는 게 그의 설명이다. 『구르미 그린 달빛』은 드라마 방영이 되었을 때 한 달 매출이 5억 정도라는 뉴스가 보도되기도 했다. 사정이 이러하니 사람들의 관심이 아무래도 수입으로 쏠릴 텐데, 그런 것이 불편하지는 않을까?

"상관없어요. 사실 웹 소설이 뜬 것도 웹 소설 작가들의 수입이 오픈되면서 생긴 현상이잖아요. 청소년들의 워너비가 된 것도 그 영향일 테고요. 저는 사실 문창과를 가고 싶었어요. 근데 고등학교 선생님이 문창과 원서를 안 써줬어요. 엄마, 아빠도 반대했죠. 굶어 죽는다고요. 엄마가 원하는 건 공무원 아니면 교사처럼 안정적인 직업을 갖는 거였어요. 저도 그렇게 살려고 했는데, 그랬더니 사는 게 재미가 없는 거예요. 그래서 재밌는 걸 찾아하게 된 거죠. 남편이 처음 저희 집에 인사를 왔을 때도 엄마가 작가라는 걸 알고는 진지하게 '정말 이 결혼 해야 되냐'고 묻기도 했어요. 그때 남편은 이미 자리를 잡아서 웬만한 기업 연봉의 두세 배는 벌었는데도 엄마는 그 말을 믿지 않았어요. 글을 써서 어떻게 돈을 벌 수 있냐고 생각하신 거죠. 그때는 글 쓴다고 하면 사람들이 '먹고살기 힘들겠네'라고 했으니까요. 그런데 지금은 웹 소설 쓴다고 하면 '부자겠네?'라고 해요. 수입이 오픈되면서 생긴 변화예요. 그런 인식의 변화가 저는 나쁘다고 생각하지 않아요. 열심히 쓰면 먹고사는 데 전혀 부족함이 없는 분야가 웹 소설이거든요."

더 많이, 더 빨리 쓰고 싶어요

네이버 웹 소설은 3편 이상의 장편을 완간한 작가에 한해 개인적으로 또는 출판사를 통해 투고 원고를 받는다. '3편 이상의 장편을 낸 작가'라는 조건은 책임감 때문이라고 했다. 3분의 1 정도 분량을 쓰고 나면 슬럼프가 찾아오는데, 그 고비를 극복하지 못하고 연재를 중단하는 작가가 많다고. 신인일 경우에는 '챌린지 리그'에 자유롭게 글을 올리고, 거기서 반응이 좋으면 '베스트 리그'로 올라간다. 베스트 리그에서 좋은 반응을 얻으면 '정식 연재'를 하게 되는 식이다. 정식 연재에 들어가면 '미리보기' 결제 금액과는 별도로 네이버에서 월급이 나온다. 윤이수도 처음엔 그 기본 고료로 먹고살 수 있겠구나, 하는 마음으로 시작했다고. 물론 지금은 기본 고료의 수십 배에 이르는 부가 수입이 있지만 말이다.

"그런데 돈 보고 뛰어들면 힘들어요. 돈 때문에 하라고 하면 하루에 네 시간 자면서 일 못 해요. 『구르미 그린 달빛』 연재할 때 세월호 때문에 마음이 힘들어서 일주일, 집안 경조사로 며칠 연재를 쉰 적이 있긴 하지만, 울면서도 신나는 장면을 써야 할 때가 분명 있거든요. 돈 벌려고 웹 소설가를 꿈꾸는 사람이 있다면 도시락 싸 들고 쫓아다니며 말리고 싶어요. 돈만 보고 하기엔 정말 힘든 직업이거든요. 자기가 좋아서 해야 해요. 그리고 그렇게 글 쓰는 걸 좋아하는 사람들은 작품에서 티가 나요."

그렇다. 돈 때문이었다면『구르미 그린 달빛』의 성공 이후, 굳이 이렇게 쉬지 않고 글을 써낼 이유가 없을 것이다. 좀 쉬면서 달콤한 호사를 누려도 될 성싶은데, 그는 여전히 잠을 줄여가며 글을 쓰고 있다.

"머릿속에서 새로 잡은 캐릭터들이 놀고 있어서, 이 아이들을 끄집어내지 않으면 머릿속이 시끄러워요. 오히려 요새는 더 빨리 쓰고 싶은 생각이 들어요. 체력이 자꾸 떨어지는 게 느껴지거든요. 글쓰기는 체력전이니까, 체력이 더 안 좋아지기 전에 더 많이 쓰고 싶은 거예요. 옛날에는 하룻밤 이틀 밤 밤새우는 거 거뜬했는데, 요새는 하룻밤만 새워도 그다음 날 너무 힘들어요. 머릿속에 쓰고 싶은 것들은 너무 많은데 체력이 안 돼서 못 쓸까 봐 겁이 나는 거죠. 언젠가 내가 못 쓰게 될 날이 올 걸 대비해 더 많이, 더 빨리 쓰고 싶다는 생각을 많이 해요."

꾸준함이 그린 글빛

그는 자신이 글쓰기 능력을 타고난 사람은 아니라고 했다. 오히려 조금만 쉬어도 티가 나는 사람이라고. 그래서 남들보다 더 노력해야 한다는 말이 단호하게 들렸다. 그는 자신의 글을 만지고 또 만지는 스타일이다. 더불어 책 읽기도 게을리하지 않는다. 그가 특히 많이 읽는 것은 시집이다. 문장이나 단어를

공부하는 데 도움이 많이 되기 때문이다. 가장 좋아하는 시인은 백석. 재미있는 단어와 탁월한 묘사는 백석을 따라올 자가 없단다. "눈 떠보니 하루아침에 대박이 난 줄 알았는데, 이렇게 많은 노력을 하는지 몰랐다"라고 주책없이 속엣말이 튀어나갔다. '긁지 않은 복권'처럼 허황한 꿈을 꾼 것이 찔려서였을 것이다. 그는 "저도 그랬으면 좋겠네요" 하고 밝게 웃었다.

"웹 소설에서 오픈되자마자 바로 상위권으로 올라가는 작품들도 있어요. 그런데 『구르미 그린 달빛』도, 『해시의 신루』도 저는 바닥에서부터 시작했어요. 천천히, 천천히. 밑바닥부터 차근차근 쌓아서 올라가는 거예요. 그런데 다행히 바닥이 견고하니까 떨어지진 않아요. 처음에 죽 올라가면 중간에 출렁출렁하는데, 제 독자들은 이탈하지 않는 편이에요."

바닥부터 단단하게 쌓아 올려 웹 소설의 대표 작가가 된 그는 번번이 다시 바닥으로 내려와 새 작품을 쓰고 또 쓴다. 여전히 높은 평점을 받으며 독자들의 기대를 저버리지 않는 힘은 거기에서 비롯되는 게 아닐까? 웹 소설 작가를 꿈꾸는 이들에게 들려주고 싶은 한마디를 해달라고 마지막 질문을 건넸다. 이 틀에 박힌 질문이 실은 내가 가장 듣고 싶은 대답이었다.

"정말 많은 작품이 웹에 올라와요. 그 작품들 속에서 빛나려면 자

웹 소설 작가의 마음

기만의 색깔이 분명해야 한다고 생각해요. 트렌드만 좇아서 글을 쓰다 보면 비슷하게 될 수밖에 없거든요. 자신이 잘하는 분야를 알아내는 것도 중요해요. 이쪽 방면으로 써보고, 저쪽 방면으로 써보면서 내가 할 수 있는 일과 잘하는 일을 정확하게 알아내는 것이 필요하죠. 가끔이지만 강연회 같은 데 다니다 보면 '어떻게 해야 글을 잘 써요?'라고 물어보는 분들이 있어요. 그러면 저는 '일단 쓰세요'라고 답해요. 그런 질문을 하는 분들은 머리로만 생각하고 직접 쓰지는 않아요. 하루 손 놓게 되면 이틀 못 쓰고, 이틀 손 놓으면 사흘 못 쓰는 게 저 같은 사람이거든요. 그러니까 단 한 줄이라도, 일기라도 쓰라고 해요. 그리고 시작하게 되면 꼭 마무리는 해야 해요. 짧은 글이라도 마무리 짓는 걸 아는 사람이 나중에 긴 글도 쓸 수 있어요. 또 한 가지는 체력. 특히 웹 소설을 연재하려면 체력이 정말 중요해요. 연재를 시작하면 짧으면 8개월에서 길면 2~3년씩 가기도 하는데, 내내 고3 수험생이 되는 거예요. 저 같은 경우는 연재 중에는 하루 네 시간 이상 잠을 안 자요. 잠을 자도 머릿속에서 계속 글 생각을 하고요. 체력은 정말 중요해요. 그래서 운동은 꼭 해야 해요. 마지막으로는 강인한 멘탈! 웬만한 악플쯤은 훗, 하고 가볍게 넘길 수 있는 멘탈 정도는 돼야 할 것 같아요. 웹 소설에 도전할 수 있는 플랫폼은 다양하게 열려 있어요. 근데 제가 안타까우면서도 놀라운 건, 처음 쓰기 시작해서 1, 2편 정도 올리다가 '난 반응이 안 와' 이러고는 끝내는 사람들이에요. 기성작가들도 20편 이후에야 독자들의 반응을 가늠하거든요, 항상. 글 쓰는 것도 기다림인 것 같아요. 꾸준하게."

"그런 질문을 하는 분들은 머리로만 생각하고 직접 쓰지는 않아요"라는 말은 너무나 정확해서 가슴에 박혔다. 마치 나를 콕 집어 이야기하는 것 같았다. 인생에는 로또가 없다는 걸 그와의 대화에서 새삼 깨닫는다. 행운처럼 찾아온 기회도 노력하고 기다리는 이에게 비로소 그 진가를 발휘한다는 평범한 진리도 함께.

일단 쓰라는 조언을 마음에 새기고 나니, 자꾸만 모른 척을 하려고 하는데도 비집고 나오는 생각이 있다. 필명은 뭐가 좋을까? 나는 또 한동안 김칫국만 마실 것 같다.

신형철, 문학 평론가의 마음

나는 출판사에서 이직을 한 번 했다. 이전에는 달랐다. 출판사에 들어오기 전 2년 동안, 사보와 브로슈어 등을 만드는 회사를 수차례 옮겨 다녔다. 이렇게 이직이 잦았던 이유 중 하나는 그곳에서의 '관계'를 중요하게 여기지 않았기 때문이다. 내가 하는 일은 어느 곳에서나 비슷했지만, 일하는 자리가 바뀌면 새로운 판이 시작되었다. 새 직장과 새로운 사람들은 다시 처음부터 시작할 수 있게 했다. 일이 힘에 부치고, 누군가가 마음에 안 들고, 단추를 잘못 끼운 듯 뭔가 순조롭지 않을 때, '아, 그만둘 때가 된 건가?' 생각했다. '너무 무책임해 보이지는 않을까?', '내가 갑자기 그만두면 뒷일은 어떻게 하지?' 하는 걱정은 잠시였다. 그런 걱정이 들 때면 마음 깊숙이에서 꺼내던 진통제가 있었다. 이름하여 '또 볼 거냐 정신'. 이 회사를 그만두면 다시 볼 일 없는 사람들이다, 라고 주문을 외우듯 반복해 생각하면, 거짓말처럼 마음이 편안해졌다. 심지어 마음이 너무 편안해진 나머지 그 회사에 계속 다닐 수 있겠다는 생각마저 들 정도였다. 물론 더 다닌 적은 없었지만. 철이 없었다.

그런 이직의 연장선으로 출판사에 들어왔다. 그리고 이내, 이 판 안에서 리셋은 없다는 걸 알게 되었다. 한 명의 작가가 하나의 출판사에만 속한 건 아니니, 일하는 직장이 바뀌어도 함께 일하는 이들은 대개 비슷했다. 게다가 나는 출판판 안에서도 문학판으로 한 걸음 더 들어와 있었고, 그곳은 더 좁은 세계였다. 그래서 처음 출판사를 그만둘 때 힘들었다. '관계'의 중요함을 알았기 때문이다. 회사는 그만두지만 편집자를 그만두겠다고 생각하지는 않았기에, 곧 다시 만날 이들에게 어떤 작별 인사를 건네야 할지 고민이 되었다. 이메일과 전화 통화, 또는 직접 만나는 자리에서 저자들에게 고마움과 아쉬움을 전했던 시간이 길어진 것은 그 이유에서였다.

두 번째이자 마지막으로 출판사를 그만둘 때는 조금 달랐다. 나는 판을 떠나려는 결심을 했다. 외주로 일을 계속하려는 계획은 있었으나, 저자들과 직접 소통하지는 않을 테니 어느 정도 발을 빼는 것이라 생각했다. 다시, 작별 인사가 문제였다. 인사를 잘하고 떠나고 싶은 마음이었다가, '내가 뭐라고… 아쉬워할 사람이 있을까?' 하는 의기소침한 생각이 들기도 했다. 그러면 편집자로 보낸 10년 가까운 시간이 아무것도 아닌 것처럼 느껴지면서 혼자 괜히 서운했다. 그렇게 나는 마음속을 헤집어 오래전 묻어두었던 '또 볼 거냐 정신'을 꺼내고 말았다. 여전히 철이 들지 않았었다.

신형철에게 이 인터뷰를 요청하기 위해 연락하는 일이 쉽지 않았던 건 그래서였다. 그는 내가 두 번째이자 마지막으로 다닌 출판사 계간지의 편집위원이었고, 우리는 적어도 한 달에 한두 번은 회의 시간에 만났다. 그런데 나는 '또 볼 거냐 정신'을 무기로 그에게 별다른 인사도 없이 회사를 그만두었다. 하지만 주로 부탁을 하는 쪽, 양해를 구하는 쪽, 뭔가 더 아쉬운 쪽에 서 있는 사람은 언제나 나였다. 나는 민망했다. 해서 갑작스럽게 연락해 다짜고짜 부탁을 하는 뻔뻔함을, 그에게 전화를 걸기 전 수차례 연습해야 했다. 그럼에도 그가 인터뷰를 거절할 거라는 생각

신형철,

은 하지 않았다. 우리의 지난 관계를 생각했을 때, 내 부탁을 그는 분명 거절하지 않을 것이었다. 그는 그런 믿음을 갖게 하는 사람이다.

그는 모르는, 그에게 미안한 일도 떠올랐다. 그에 대해 험담 아닌 험담을 하거나 험담하는 마음을 품었던 것. 책을 준비하는 많은 문인이 그의 해설을 받고 싶어 했고, 실제로 그는 많은 해설을 썼는데, 편집자의 입장에서 보자면 그는 이상적인 필자가 아니었다. 여기서 '이상적인'이란 말은 글의 내용이 아니라 마감일을 잘 지키는가, 하는 문제다. 좀 더 솔직하게 말하면 그는 마감일을 지키지 않는 평론가로 악명이 높았다. "해설을 신형철 평론가에게 받고 싶다"거나 아예 "신형철 평론가가 언제까지 써주기로 약속했다"라는 말을 저자에게서 들으면, 나는 대뜸 "그러면 출간 일정을 지키기 어렵다는 것은 알고 계세요"라고 으름장 비슷한 말을 했다. 물론 험담을 하려는 의도는 아니었으나, 내 마음의 소리는 험담이었음을 부정할 수 없다. '해설은 분명 늦게 들어올 테고, 책은 한 달 또는 그 이상 늦춰질 것이며, 그때 가서 나에게 아무리 하소연을 해봐야 소용없다'라는 나의 마음의 소리는, 그러나 저자에게 효력을 발휘하지 못했다. 그들에겐 자신의 책 마감일은 꼭 지켜줄 거라는, 또는 마감일을 지키지 않더라도 그의 글이라면 상관없다는 마음이 있었던 까닭이다. 그는 그런 믿음을 갖게 하는 사람이다.

백전백승 평론가

어렵게 인터뷰를 부탁했지만, 인터뷰가 성사된 이상 나는 좀 더 뻔뻔해지기로 했다. 원고를 도대체 왜 늦게 주는지, 마감일이 지나고도 원고를 안 주고 있을 때는 어떤 마음인지부터 물어봐야겠다고 다짐한 것이다. 지금까지는 "선생님, 원고 주세요"만 했지, '왜' 안 주냐고 물은 적은 없었다. 어느 멋진 가을날, 나는 '이제는 물을 수 있다!'를 마음속으로 외치며 예술의 전당으로 향했다. 그런데 내가 연락을 주저한 것이 기우였을 뿐임을 확인시켜주듯, 반갑게 인사를 건네는 그를 보며 마음의 독기(?)가 스르르 빠져버렸다. 심지어 전라도 광주에서 올라온 그였다. 그는 서울에 올라올 일이 있었다며 미안해하는 내 마음을 달래주었지만, 잠시 다녀가는 서울 일정에 시간을 내준 것이 고맙기 그지없었다. 나는 마음먹었던 질문을 잠시 미뤄두고 안부부터 물었다. 요즘의 근황은 어떠한지.

"이런 얘기 하면 학교에 좀 미안하긴 한데… 요새는 그냥 직장인이에요. 문학 평론가는 읽고 쓰는 게 일이잖아요. 근데 그 직업하고 대학교수라는 직업이 꼭 조화롭지만은 않더라고요. 대학교수는 월급을 받는 직장인이니까 기본적으로 해야 할 일이 있잖아요. 무슨 불평을 하려는 건 아니에요. 그 일을 하고 돈을 받는 거니까 당연히 해야죠. 그래서 강의하고, 학교에서 시키는 일 하느라 평론가로선 거의 개점휴업 상태예요. 올해(2017년)는 계속 그랬어요. 작년에는 《한겨레신문》에 격주로 연재하면서 그걸로 평론가 행세를 했는데…. 덕분에 2주에 한 번씩은 죽다 살았지만요."

문학 평론가 외에 그의 또 다른 직업은 조선대학교 문예창작과 교수다. 강의를 듣는 학생들에겐 더할 나위 없이 좋은 일이겠지만, 그의 글을 좋아하는 독자들에겐 아쉬운 일이기도 하다. 교수 생활을 하면서부터 확실히 글 쓰는 일을 줄일수밖에 없었기 때문이다. 한창 많이 쓸 때는 계절마다 문예지에 한 꼭지씩, 해설도 네댓 개, 연재까지 하면 1년에 원고지 1000~1500매 정도는 썼던 그다. 이 정도면 책 한 권이 훌쩍넘는 매수다. 그 정도의 청탁을 받는 일도 쉽지 않겠지만, 들어오는 청탁을 그 정도로 소화하는 것도 보통 일이 아니었을터. 거절을 잘 못 해서 그런 것은 아닌지 물었더니, 그가 수긍했다. 그렇게 원고가 늘어나면 일이 밀리니까 힘들 수밖에 없었다고. 청탁을 받으면 거절을 못 하고, 일이 밀리니까 약속을못 지키고, 그렇게 저자와 출판사에 폐를 끼치고, 너무나 미안한 마음으로 지내다가 글을 보내면 괜찮아지고… 이런 식으로 계속 반복됐다고 말하는 그를 보며 이때다, 싶었다. 마감을지키지 못하는 것이 원고의 양이 많아서인지, 아니면 다른 이유인지 물었다. "써야 할 글이 많아서가 아니라…" 하고 그가 신중하게 입을 열었다.

"…성격적인 문제도 있어요. 좋게 말하면 완벽주의고, 나쁘게 말하면 이기적인 거죠. 어떤 면에서 이기적인가 하면, 여러 사람이 얽혀 있잖아요. 출판사도 있고, 에디터도 있고, 해설이면 당사자인 작가나 시인도 있고. 이렇게 여러 사람과의 약속이니까 일단 가장 중요한 건 약속을 지키는 거다, 이렇게 생각해야 하죠. 그게 일하는 사람의 에티켓이라는 걸 알고 있는데…, 오랫동안 직장 생활을 안 해봐서 그런 건지, 약속보다도 글의 완성도가 더 중요한 거예요, 저한테는. 저는 다 그런 줄 알았어요. 근데 나중에 들어보니까, '그런 게 어딨냐. 마감 때가 되면 글을 그냥 보내야지.' 그렇게 얘기하는 사람들이 있는 거예요. '아니, 준비가 덜 됐는데? 글이 아직 엉망인데?' 그랬더니, '그건 네 사정이고. 거기서 무슨 엄청난 걸작을 원하는 게 아니라 원하는 기대치가 있으니까 그 기대치에 맞춰서 글을 주는 게 프로지. 너의 걸작을 만들려고 해서는 안 된다.' 이런 얘기를 하더라고요. 아, 내가 뭔가 잘못 생각했구나, 싶었어요. 근데 그게 저에게는 일종의 이기적인 버릇처럼 굳어진 거예요. 그래서 어떤 내용이 들어가게 한 20매쯤 써 달라고 하면 분량을 맞춰서 적당한 수준으로 글을 보내는 게 아니라, '그 주제로 쓰는 좋은 글이어야 한다', '내 이름을 걸고 나가는 글이니까 내가 그동안 써왔던 글에서 너무 수준이 떨어지면 안 된다' 이런 압박감을 느끼고, 제가 생각하는 그 수준에 도달할 때까지 못 끝내는 거죠. 그런 것 때문에 시간이 많이 걸리기도 하고, 한 편을 쓰는 데 다른 사람들보다 길게 걸리는 것 같아요."

좋은 글을 쓰기 위한 스스로의 채찍질에 더해 마감일이 넘어가면서 편집자의 독촉도 상당한 부담일 텐데, 그 시간이 괴롭지는 않을까?

"괴롭죠. 근데 그 괴로움하고, 유치한 글을 보낸 뒤의 자괴감…, 그러니까 사람들의 반응에 대한 스트레스의 괴로움 중에서 후자가 더 큰 거예요. 이게 이기적인 거죠. 다른 사람의 괴로움을 희생해서 나의 괴로움을 피하려고 하는 거니까요."

맞다. "다른 사람의 괴로움"을 겪은 자의 입장에서, 그는 이기적이다. 그런데 그가 포기하지 못하는 '좋은 글'에 대한 욕심이 어떤 마법을 부리는지 나는 경험을 통해 알고 있다. 자신의 책 마감은 꼭 지켜줄 거라 철석같이 믿었던 이는 물론이거니와 그의 글이라면 출간이 늦어지는 것쯤 상관없다 생각했던 이도, 막상 해설을 기다리는 시간이 길어지면 초조해지기 마련이다. 내 글이 부족해서 해설이 안 써지는 것은 아닐까? 내 작품의 해설을 쓰기 싫은 것은 아닐까? 생각이 꼬리에 꼬리를 물고 이어지는데, 그 불안한 마음을 털어놓을 곳은 편집자뿐이다. 해서 편집자는 처음엔 기다림의 고통을 함께 나누는 사람이었다가 시간이 지나면서 원망의 대상이 되기도 한다. 그도 그럴 것이 편집자의 역할 중 하나가 원고를 받아내는 일이니까. 그럴 땐 '내가 이미 말하지 않았냐!' 하고 항변하고 싶지만, 그건 그 누구에게도 도움이 되지 않는다. 다만 위로와 공감으로 손을 맞잡고 기다림의 시간을 함께 견딜 뿐이다. 그런 기다림 끝에 그의 원고가 들어오면… 그런 시간들은 한순간에 거짓말처럼 잊힌다. 신형철의 글은 백전백승이다.

"마감을 늦추면 늦출수록 더 좋은 글을 써야 한다는 압박감이 커져요. 결과물로 용서를 받아야 한다는 부담이 있으니까. 마감이 두 달이나 늦었는데, '겨우 이 정도 쓰려고 두 달을 미뤘단 말이야?' 이러면 정말 최악인 거잖아요. 그러니까 정말 더 잘 써야 한다고 생각하고, 그래서 어느 정도 늦어지면 차라리 한두 달이 더 늦어지더라도 정말 기다린 보람이 있는 글을 보내야 한다는 생각이 들어서… 그런 글을 쓰게 되죠. 이게 나쁜 말인데, 오랫동안 붙들고 있고 많은 피해를 주었을 때 결과적으로는 가장 좋은 글이 나와요. 그래서 얼른 넘기는 식으로 타협이 안 돼요."

참으로 어려운 일이 아닐 수 없다.

나를 위해 쓰는 거죠

글을 쓸 때 그가 가장 중요하게 생각하는 것은 무엇일까?

"평론을 쓸 때의 일차적인 기준은… 이것도 어떻게 보면 이기적인 건데요, 내가 이 텍스트와 더불어서 좋은 글을 쓸 수 있겠는가의 문제예요. 그러니까 그 작품을 위해서 뭘 한다고 생각하는 게 아니고, 나를 위해서 쓰는 거죠. 나를 위해서 좋은 글을 쓰는 게 결국엔 그 작품을 위한 길이기도 하다는 생각을 해요. 간혹 그런 경우가 있죠. '이 작품 정말 좋다. 그런데 나는 지금 이 작품에 대해 할 말이 없다.' 내가 생각하는 지금 나의 이슈, 실존적인 문제, 공부의 방향, 이런 것들과 접점이 없어서 자극이 안 되고, 의미가 없어지는 거예요. 일차적인 기준은 나에게 있어요."

좋은 글을 쓰고자 하는 자신의 기준에 맞는 텍스트를 선택하기 때문일까? 그의 글은 작품의 빛나는 부분을 예리하게 짚어내, 그 작품을 다시 발견하도록 안내한다. 하지만 한편으로 이렇게 작품의 좋은 부분만을 보는 그의 글이 너무 친절한 것이 아닌가, 하는 시선도 있다. 이에 대한 그의 생각을 물었다.

"방금 이야기한 것과 연결이 되는데, 제가 글을 쓰는 일차적인 목적은 좋은 글을 쓰고 싶은 것이에요. 평론이라는 글에 사람들이 기대하는 것, 평론이라는 장르의 요건을 갖춘 '좋은 평론'보다 그냥 '좋은 글', 좋은 에세이에 대한 욕심이 더 강하니까. 때로는 제가 작품을 이용하는 거죠. 작품을 통해 내가 하고 싶은 이야기를 하는 경우가 많아요. 그러니 제 글을 통해 작품에 대한 아주 엄정한 대차대조표 같은 거랄까, 이런 걸 기대하는 경우에는 '이 사람 글은 나랑 안 맞는다'라든지, '목표가 나랑 다른 데 있구나'라고 생각할 수 있겠죠. 근데 그건 있어요. '친절하다'는 표현은 아마 작품에 '너그럽다'는 뜻인 것 같은데, 그건 없는 얘기를 지어내는 거하고는 좀 다른 말인 것 같아요. 그러니까 작품에 어떤 좋은 점이 있는데, 그 좋은 점을 더 강하게 얘기하는 경우는 있어도 나쁜 점을 좋은 점이라고 말한다든지, 제가 실제로 좋다고 느끼지 않은, 또는 발견하지 못한 장점을 쓴다든지, 이건 사실 불가능하죠. 좋은 점을 더 강하게 말하는 것이 어떤 경우에는 과장이라고 느껴질 수 있죠. 논거를 길게 나열할 수 없고 결론만 짧게 적어야 하는 '추천사' 같은 경우는 특히요. 그런데 이런 것도 다 제가 어떤 작품으로 내 글을 쓰기 위해서 작품과 나름대로 관계를 맺고, 작품을 이용하고, 작품을 디딤돌 삼는 과정에서 일어나는 현상들이라 저한테는 좀 불가피한 측면이 있어요."

'추천사'가 주관적인 평가이고, 그래서 과장하는 경우가 있다는 말에 백번 동감했다. 말 그대로 '추천'이니까. 그리고 그건 출판사 입장에서는 '광고'이기도 하다. 이쯤에서 궁금해지는 것 한 가지. 친분이 있는 저자들의 평을 쓸 때는 좀 다를까?

"더 너그러워지는 게 없다고 하면 거짓말이죠. 근데 여기서 더 중요한 건 '친분'이라기보다는 '믿음'이라고 하는 게 맞을 것 같아요. 이번 작품이 그렇게 훌륭하지는 않더라도 그 작가에 대한 신뢰가 있을 때 호의적인 입장을 취하게 된 경우가 몇 번 있었어요. 다시 말해, 그 작가 전체에 대한 신뢰를 가지고 쓰는 추천사이기 때문에, 해당 작품만 생각하면 조금 과잉이 되는 경우가

문학 평론가의 마음

있을 수 있다는 거죠. 그 정도는 독자들이 여유 있게 봐줄 수 있지 않을까 생각하는데…. 하지만 문단을 어떤 카르텔로 생각하는 관점들이 있으니까 조심스럽기도 해요. 이익공동체라고 생각하니까요. 하지만 문단은 이익공동체가 아니라 그야말로 신뢰의 공동체고 인정의 공동체거든요. 인정하지 않고 신뢰하지 않는 사람들에 대해 좋게 이야기해주는 게 사기꾼인 건데, 근데 아시다시피 문단이 그렇지는 않잖아요. 그래도 그렇게 생각하는 사람들이 있으니 안타까워요."

'신뢰의 공동체', '인정의 공동체'라는 말을 곱씹어본다. 그 말은 독자인 내게도 와닿았다. 아주 인상적인 어떤 작품을 통해 작가를 알게 되고 좋아하게 되면, 이후 그 작가가 기대에 조금 못 미치는 작품을 쓴다고 해도 크게 실망하지 않는다. 그 작가를 신뢰하고 인정하기 때문이다. 그러니까 저 말은 비단 문단뿐 아니라 문학을 사랑하는 모든 이들에게도 해당하는 듯하다.

신형철은 그의 첫 산문집 『느낌의 공동체』 '책머리에'에 이렇게 썼다.

때로 우리는 한배를 타게 되지만 그 배가 하늘로 날아오를지 벼랑으로 떨어질지 대부분 알지 못한다. 글을 쓴다는 것은 그런 줄을 알면서도 그 어떤 공동체를 향해 노를 젓는 일이다.

신형철,

신뢰와 인정으로 그 배에 기꺼이 오르는 이들이 취하는 이익이 있다면 결국 '좋은 작품'일 터. "좋은 작품은 내게 와서 내가 결코 되찾을 수 없을 것을 앗아 가거나 끝내 돌려줄 수 없을 것을 놓고"(같은 글) 가기 때문이다.

문학을 꿈꾸던 시절

신형철은 고등학교 2학년 때부터 국문과에 갈 생각을 굳혔다. 평론가가 되겠다고 머릿속에 딱 떠올린 건 아니지만, 그때부터 이미 문학을 공부하고 그것과 관련된 글을 쓰고 싶다는 생각을 했다. 시나 소설을 쓰고 싶다는 생각을 했던 건 아니었고, 공부에 대한 욕심이 많았다. 사실은 처음부터 평론가가 꿈이었다고 해도 틀린 말은 아니라고 한다. 고교 3학년 때는 김현, 김윤식 등의 평론가 글도 더러 찾아 읽었으니까. 이문열의 소설과 황지우의 시를 뭣도 모르고 좋아했던 기억도 있다고. 대학교 3학년인가 4학년 때 잠깐 시인을 꿈꾸기도 했었다. 이문재, 장석남, 김중식 시인의 시를 한창 읽을 때였다. 이성복, 황지우 시인의 시를 읽을 때와는 다르게, 그때는 쓰고 싶어졌단다. 쓰고 싶어지게 만드는 시인들이 있다고. 그래서 1998년, 그는 장석남과 김중식과 이문재가 뒤섞인 시들을 써서 학교 문학상에 내기도 했다. 학교 문학상은 교지에서 주는 '관악문학상'과 학보에서 주는 '대학문학상' 두 가지였는데, 전자는

신형철,

문학 평론가의 마음

받았지만 후자는 못 받았다. 같은 해에《문학동네》신인 공모에도 한 번 응모했었지만 예심 탈락. 시인을 향한 도전은 그러다 말았다.

평론 활동을 시작한 건 대학원 때《문학동네》리뷰 좌담을 하면서부터다. 2004년, 학회에서 발표한 글 덕분이었다. 한 학술적인 성격의 영화 잡지에서 비(非)영화전문가의 글을 싣는 특집이 있었다. '서울대 국문과 박사과정 중의 한 명'으로 청탁을 받은 그는 〈올드보이〉에 대한 글을 썼다. 그리고 연달아 학회에 발표하기 위해 「무진기행」에 대한 글도 썼다. 그 글들을 당시《문학동네》편집위원이던 서영채, 신수정 평론가가 보았다. 마침《문학동네》에서는 후속 세대 평론가를 발굴하기 위한 프로젝트를 가동하던 시점이었다. 그게 리뷰 좌담이었고,《문학동네》신인 공모가 아닌 아예 젊은 세대로 추천을 받아 팀을 짜려는 중이었다. 서영채, 신수정 평론가는 그의 글을《문학동네》회의에서 공유했고, 그 글을 읽은 남진우, 황종연 평론가가 그를 리뷰 좌담 팀에 합류시키는 데 동의했다.

리뷰 좌담 팀에 참여해볼 생각이 있느냐는 연락을 받았을 때, 그는 등단도 안 했는데 그런 걸 해도 되냐고 물었다. 돌아온 대답은 그러라고 만든 자리라는 것. 그는 일종의 추천 등단을 한 셈이다. 신인 공모가 그다지 많지 않았던 1990년대 초반만 해도 추천 등단은 종종 있었다. 이를테면 유시민 작가가《창작과비평》에 추천으로 소설을 실었고, 그게 등단이 되었던 것처럼. 이후 권희철, 황예인 평론가 역시《문학동네》리뷰 좌담을 통해 평론 활동을 시작하기도 했다. 그런 기회가 없었더라도, 다른 방법을 통해 문단에 나올 생각을 했었는지 그에게 물었다.

"그전에 신춘문예에 평론을 냈었어요. 송찬호 시인에 대한 글을 썼는데 떨어졌어요. 한 번 그러고는 한동안 못 하고 있다가 그렇게 등단을 해버린 거예요. 만약에 그 기회가 아니었더라도 하긴 했을 것 같은데, 꽤 늦어졌을지 몰라요. 왜냐하면 좋은 글 써야 한다고 미적미적하다가 또 응모 마감 못 지키고 이랬겠죠."

《문학동네》에 감사할 일이다.

좋은 글을 쓰는 게 가장 중요해요

그야말로 혜성같이(!) 등장한 이 젊은 평론가를 향한 관심은 실로 뜨거웠다. 앞서 말한 것과 같이 해설을 받고자 하는 작가들에게는 물론이고, 평론이 독자들의 관심을 그다지 받지 못한다는 얘기는 그의 글에선 예외였다. 그런 인기를 실감했을까?

"글을 쓰고 2년 차쯤 됐을까, 처음으로 《한국일보》에서 인터뷰를 하자고 해서 깜짝 놀랐어요. 왜 저를 인터뷰하느냐고 물었죠. 기자의 대답은 분야별로 올해가 기대되는 신인을 선정했는데 문학 부문에서 저를 뽑았다는 거예요. 시인도 소설가도 아니고 왜 하필 저냐고 그랬더니, 수소문을 해봤는데 저를 추천한 사람이 많았대요. 그때 '아, 시인, 소설가 들이 내 글을 좋아해주고 있구나!' 처음 알았어요. 독자들까지는 별생각을 못 하고 살았어요, 한동안. 그러다 2008년에 첫 책이 나왔는데, 그게 팔리니까 얼떨떨하고 신기했어요. 전혀 안 팔릴 거라고 생각했거든요. 평론집이 팔리지 않는다는 걸 너무 잘 알고 있었으니까요. 그때 또 '어, 사람들이 내 책을 보네…!' 했죠. 언론에 노출이 많이 돼서, 그게 영향이 있나 보다 생각했어요. 그러다 2013년에 팟캐스트를 하면서 많은 분이 좋아해주신다는 걸 알게 됐어요. 팟캐스트 잘 듣고 있다는 인사를 많이 받았어요. 고맙고, 좋았죠. 그런데 한편으로는 경계심도 생겼어요. 저에게는 좋은 글을 쓰는 게 가장 중요하거든요. 독자층이 넓어지고 이런 거는 둘째, 셋째 문제니까. 제가 그런 면에서는 그렇게 어수룩한 사람이 아니어서, 뭔가 더 인기가 많아질 수 있는 길로 가지 말아야겠다, 이런 생각을 했어요. 이를테면 TV에 나오라거나 큰 제안도 더러 있었는데, 다 사양하고 그냥 팟캐스트까지만 했죠. 왜냐하면 TV에서는 전달이 제대로 다 안 될 수도 있잖아요. 방송의 구조상 편집이라는 걸 할 수밖에 없으니까요. 저는 그런 것에 공포증 같은 게 있어요. 내용이 생략돼서 메시지가 왜곡되고 오해되는 것에 대한 두려움. 사람들이 너무 많이 알아보는 것에 대한 두려움도 있고요."

그러나 이런 사람들의 관심도 결혼하고 나서는 달라졌다고 그는 웃으며 농담처럼 덧붙였다. 그런데 그 모습이 아쉬워한다기보다는 편안해 보였다. 등단 후 쏟아진 관심으로 어떤 변화 같은 것이 있기도 했을까?

"큰 영향은 없었어요. 왜냐하면 제가 두려워하는 독자들이 있잖아요. 문단에 있는 필자들, 이런 사람들의 눈이 두렵잖아요. 독자층이 넓어졌다, 그런데 글이 좀 시시해졌다, 하면 대번에 이게 인과관계를 성립시킬 테니까, 사람들이 '잘 쓴다, 잘 쓴다 하니까 대충 쓰는구나' 이런 소리 할 거 같으니까, 그것에 대한 두려움이 더 커지죠. 그래서 더 긴장하게 되고요. 제 글의 수준이라는 것을 저 자신은 아니까 기준이 흐트러진다든지, 그런 건 없었어요. 적어도 제 스스로 생각하기에는요."

편집자가 되고 나서 문학을 좋아하는 주변 사람들에게 가장 많이 받은 질문은 '신형철 평론가를 실제로 만났느냐'였다. 그들의 부러워하는 눈빛에서 우쭐한 기분을 느낀 적도 있다(험담의 마음을 품었던 그때에도!). 그의 글은 그가 텍스트로 삼은 작품을 사랑하게 할 뿐만 아니라 '신형철'이라는 사람 자체를 궁금하게 만들었다. 그는 사람들이 자신의 글을 좋아하는 이유를 뭐라고 생각할지 궁금했다.

"이런 질문을 더러 받는데, 재밌다, 기발하다, 아름답다, 이런 것

문학 평론가의 마음

보다 더 중요한 지점이 있지 않을까 짐작해요. 질문을 조금 바꾸면, '평론임에도 사람들이 많이 읽는 이유'라고 할 수도 있을 텐데요, 보통 평론이라는 것은 순수 이론적인 층위에서 이야기를 전개한다든지, 아니면 사회적 이슈 위주로 많이 이야기하잖아요. 개인적인 삶의 문제 같은 건 보통 잘 얘기하지 않죠. 근데 저는 그게 아주 중요해요. 제 인생의 이런저런 고민들과 숙제들을 나름대로 해결해보려는 와중에 공부라는 것을 열심히 하게 됐고, 그 공부의 성과로 '감히 이런 얘기 정도는 써도 되지 않을까?' 해서 제가 느낀 어떤 것들을 쓰고 있어요. 그러다 보니 제 글에 실존적인 문제들, 일반적인 관점에서 볼 때는 작은 이슈처럼 보이는 것들에 대한 고민이 들어가지 않을 수 없게 되고, 그것이 작게나마 다른 글들과의 차이를 만드는 것이 아닌가 생각해보고는 해요. 물론 공동체적인 것, 사회적인 것과 완전히 무관한 개인적인 문제라는 게 얼마나 있겠어요. 그러나 사회적인 것에서 개인적인 것으로 내려오는 것이 아니라 그 반대 방향으로 생각을 진행해나가는 것은 확실히 평론이라는 엄숙한 장르의 글에서는 흔히 채택되는 방식은 아니죠. 특강 같은 걸 할 때 많이 느끼는 건데, 제가 아무리 공부를 많이 한 주제를 얘기해도 그게 아주 이론적인 문제일 때는 청중의 반응에 한계가 있어요. 근데 자신의 삶이나 고민과 연결되면 반응이 완전히 달라져요. 이를테면 최근에 '위로란 무엇인가, 왜 그리고 어떻게 위로해야 하는가'라는 주제로 강연을 했어요. 이런 작은 주제로부터 철학적인 문제로 올라가서 주체와 타자의 관계를 얘기하면, 어떤 경우엔 울기도 하고 그러세요. 저도 마찬가지예요. 〈어쩌다 어른〉 같은 TV 프로그램에서도 내가 살면서 고민하는 문제를 얘기할 때 관심 있게 보고, 울기도 하고 그래요. 그런 요소가 제 글에 있는 거죠. 제가 그런 사람이니까. 어쩌면 한 편의 글로 끝까지 읽게 만드는 요소가 그런 지점에서 생기는 거 아닌가, 그런 생각을 합니다."

지속 가능한 글쟁이를 원하는 이들을 위해

이런 그도 글쓰기로 생활이 가능했던 건 아니다. 원고료라는 게 워낙 천차만별인 데다, 원고료를 높은 수준으로 주는 출판사를 기준으로 계산을 해보아도, 1년에 1500매를 쓴다고 했을 때 최소 1,500만 원 정도. 그러나 그마저도 보장할 수 없는 게 현실이다. 그에게 원고료는 사실 그냥 보너스 같은 거고, 주 수입원은 다 강의였다. 이 인터뷰를 할 때만 해도 그가 낸 책은 총 세 권. 2018년 말에 한 권의 책이 더 나왔다. 동종 업계에서는 꽤 많이 팔렸지만 '깨작깨작' 들어오는 인세는 그때그때 생활비로 다 나갔다. 누적 판매 부수는 『몰락의 에티카』(2008, 문학동네)가 첫 책이라 가장 많고, 출간 순서대로 『느낌의 공동체』(2011, 문학동네)와 『정확한 사랑의 실험』(2014, 마음산책)이 뒤를 잇는다. 모두 2만 부를 왔다 갔다 하는 선이다. 기간 대비 판매 부수로 보자면 뒤로 갈수록 빠르게 나갔다. 그의 책을 기다리는 고정 독자들이 있기 때문일 것이다. 박사

신형철,

논문을 쓸 때는 일을 줄여야 했기 때문에 사정이 좀 더 위험했다. 경제적인 안정은 교수 임용이 되고 나서야 찾아왔다.

사정이 이러하니, 해마다 《문학동네》 신인상 심사를 하고, 문창과에서 학생들을 가르치는 입장에서 문학의 길로 들어서고자 하는 이들을 보는 마음이 어떨지 궁금했다.

"일단 생계에 대한 걱정을 안 할 수가 없어요. 동료끼리도 그런 생각을 하는데, 제자들의 경우엔 더더군다나 그렇죠. 그런 부분에 대한 주저함은 있지만, 저는 기본적으로 재능이 있으면 해야 한다고 생각하고, 하라고 해요. 돈을 많이 못 벌더라도 잘하는 일을 해야 칭찬을 받잖아요. 사람은 칭찬을 받아야 사는 존재라고 생각해요. 그래서 재능이 있다고 느껴질 때는 밀어주고 싶어요. 학교에도 그런 제자들이 몇 있어서 마음을 쓰고 있고요. 저는 문학 자체에 대해서는 전혀 냉소적이지 않아서, 제가 글을 쓰면서 얻은 보람을 그들도 느꼈으면 좋겠고, 격려해주고 싶어요."

그는 오히려 신인들이 문학의 장으로 들어올 수 있는 길이 넓어져야 한다고 말을 이었다.

"저는 신인 공모가 더 많아져서 등단의 문을 조금 더 넓혀야 한다고 생각하는 쪽이에요. 왜냐하면 어느 정도 수준에 올라온 사람들이 어떤 심사 위원들의 취향(?)이나 우연적인 요소 때문에 자꾸 등단이 늦어지는 사태는 바람직하지 않다고 생각하거든요. 공모가 많으면 어떤 식으로든 다 나오게 되어 있으니까 괜찮은데, 공모가 점점 줄잖아요. 잡지들은 자꾸 없어지고 있고, 새로 생긴 《릿터》나 《악스트》는 공모를 안 하잖아요. 그러니까 공신력 있는 기관이 얼마 안 남았는데, 여긴 1년에 한 명씩 뽑는단 말이에요. 그러니까 저는 문이 너무 좁아졌단 생각이 드는 거예요. 다양한 취향을 가진 매체들에서 다양하게 신인들이 나왔으면 좋겠어요. 기성작가들 중에는 심사를 일절 안 하는 분들이 있어서 심사가 특정 문인들에게 몰리는 경향이 있어요. 그분들이 성실하고 유능하게 심사를 잘해주시기 때문이기도 하죠. 근데 이게 결과적으로는 바람직하지 않은 효과도 있을지 몰라요. 다양한 취향의 심사 위원들이 골고루 분포돼 있어야 등용문에 개성이 생기고, 그래야 다양한 개성들이 등단할 수 있지 않을까 싶은 거죠."

등단 제도에 대한 부정적인 시선들도 고려할 때, 다양한 문을 열어놓는 것의 의미는 무엇일지 물어보았다.

"등단 제도에 대해선 할 말이 많은데…, 습작생들의 가장 절실한 목표가 일단 사람들이 내 글을 읽어주는 거잖아요. 발표에 대한 욕구, 그리고 책을 내고 싶은 욕구잖아요. 근데 단지 그 목표를 실현하는 게 중요하다면 등단 제도를 거치지 않아도 상관없죠. 인터넷에 발표하면 되고 출판사랑 계약해서 책을 내면 되는데, 그게 중요한 게 아니기 때문에 문제가 되는 거죠. 그게 중요한 게 아니라는 것은, 인정을 받고 글쓰기 활동을 하는 사람이 되는, 꾸준히 활동을 할 수 있는 지속 가능한 글쟁이가 되고자 하는 거잖아요. 그러기 위해 등단을 하는 거지, 등단 자체가 목표는 아닌데…. 습작 기간이 길다든지 자꾸 떨어지는 사람들한테는 등단 자체가 목표가 돼버릴 수밖에 없어요. 그런 상황이 안타깝죠. 어느 정도는 평가의 과정이 들어가 있는 데뷔가 필요한데, 이 문이 너무 좁으면 문제가 있죠. 왜냐하면 등단할 수 있는 인재들이 자꾸 지체되니까. 그래서 저는 《문학동네》 내부에서도 1990년대 후반처럼 하계 공모, 동계 공모 이런 식으로 그렇게 돌아가자, 최종 후보자들이 대등한 수준이라면 굳이 한 사람만을 내보내려고 무리하지 말고 공동 당선자를 좀 내자, 그렇게 신인을 뽑는 숫자를 늘리자는 제안을 했는데 반대하는 분들이 많더라고요. 지금 등단한 사람들 중에서도 3분의 2 이상이 시장에서 인정을 못 받는데, 그 숫자를 늘린다고 해서 돌파구가 되겠느냐, 하는 이유에서요. 근데 그건 훌륭한 작가나 시인을 배출하고 싶다는 사람들의 욕심인 거고, 일단 등단을 해서 평가받고 싶다고 생각하는 사람들의 입장은 그렇지가 않죠. 등단에 대한 욕구가 절실한데, 그걸 우리가 본의 아니게 틀어쥐고 있는 꼴이 되면 안 된다고 생각해요. 사람들이 공신력 있는 등단 매체를 많이 원하고 있는 상황을 우리가 어느 정도는 직시할 필요가 있다는 거죠."

습작생들을 곁에서 많이 보아와서일까? 인정받고 싶은, 문학하고 싶은 절실한 마음들에 대한 그의 애정이 내게도 확, 느껴졌다.

작품에 대해 쓸 때가 가장 행복해요

다시 평론가 신형철의 이야기로 돌아와, 혹시 평론이 아닌 다른 글쓰기에 대한 욕구가 있는지 물었다.

"저는 지금 쓰고 싶은 대로 쓰고 있어요. 그래서 평론에 기대되는 부분을 오히려 충족해주지 못하는 면모도 있잖아요. 평론과 에세이적인 요소가 좀 섞여 있고요. 지금 쓰고 있는 이런 글들을 계속 쓰고 싶어요. 작품에 대해 쓸 때가 가장 행복해요. 작품을 지렛대 삼아 내 고민을 해결하기 위한 글쓰기, 내가 갖고 있는 문제들에 대해 최상의 답에 도달하는 그런 글을 쓰고 싶어요. 그러기 위해 제가 다루고 싶은 텍스트들 중에는 고전이 많아요. 동시대의 텍스트들을 읽어야 동시대의 문제와 호흡할 수 있는 것은 당연하고, 그것이 현장 평론가의 본질이자 책무인 것은 잘 알고 있지만, 마음 한편에는 고전을 반복해서 읽고 거기서 삶의 근원적인 문제들에 대한 답을 찾고 싶은 욕심도 있어요. 둘 다 하기는 어려우니 안타깝죠. 현장에서 은퇴(?)하면 고전 다시 읽기 같은 것을 할 수 있을까, 이를테면 프랑스 문학사에서 '모럴리스트'라 불리는 이들이 했던 '인생론'이라는 장르의 글쓰기를 현대적인 시각으로 고전들을 재해석하면서 해볼 수는 없을까, 그런 욕심이 있어요. 그리고 마지막으로 많은 사람이 가지고 있는 꿈이겠지만, '문학개론', '문학이란 무엇인가'라는 제목이 어울리는 교과서 같은 책을 한번 써보고 싶다는 생각도 있어요. 이건 다 먼 희망 사항이에요. 궁극적으로는, 제가 선망하고 존경하는 그런 필자들의 수준에 도달하고 싶다는 것이 변함없는 꿈이죠. 조금씩은 나아지고 있다고 생각하거든요, 예전보다. 제가 쓴 옛날 책들이 시간이 갈수록 점점 더 낯이 뜨거워지는 걸 보면 제가 조금씩 발전하고 있는 것 같으니까, 이렇게 계속 발전하다 보면 어느 수준까진 올라갈 수 있지 않을까, 그런 기대를 가지고 있어요."

무엇이 그를 낯 뜨겁게 만드는지 묻지 않을 수 없었다.

"시야의 좁음, 공부의 부족, 사유의 얕음 등등 한두 가지가 아니죠. 사소한 것으로는 경박한 표현들. 뭐랄까? 흥분한 거죠. 저의 기본적인 에너지가 그거잖아요. 이거 너무 좋다, 쓰고 싶다, 이런 거. 근데 흥분 상태로 쓰니까 그게 주체가 잘 안 돼서 경박한 표현들이 있어요. 그런 것들이 점점 많이 제어가 되는데, 예전에는 그런 게 많았어요. 그리고 이론을 세련되게 숙성한 상태로 드러내는 기술이 부족했던 것 같아요. 공부한 것들을 다 드러내고 싶어 하는 그런 글들이 예전에 좀 있었죠. 지금은 그렇게 안 쓰죠. 그렇다고 이른바 대중적 글쓰기를 지향한답시고 이론에 대한 공부에서 멀어지는 그런 글쟁이가 될 생각은 전혀 없어요. 『정확한 사랑의 실험』에 실린 글들은 제 나름대로 그 균형을 잡아보려 한 사례들이에요. 성공적인지는 모르겠지만요."

2018년은 그의 첫 평론집 『몰락의 에티카』가 나온 지

10년이 된 해였다. 그 10년에 맞춰『몰락의 에티카』개정판과 두 번째 평론집을 내고 싶다고, 그러려면 두세 편을 더 써서 전체적인 손질을 해야 한다고 했지만, 2019년이 된 지금까지 그의 두 번째 평론집 소식은 없다. 그러나 퇴고를 못 해 2017년 내내 출판사의 독촉을 받고 있다던 두 번째 산문집『슬픔을 공부하는 슬픔』(한겨레출판)은 2018년 가을 세상에 나왔다. 그 책의 서명본을 받고, 나는 정신이 번쩍 들었다. 누가 누구에게 악명 높다고 했던가. 나는 다시 서명본에 대한 답례 인사도 없이 수개월을 보냈다. 이 원고를 얼른 마무리하고 그에게 다시 뻔뻔한 이메일을 보낸 뒤, 그의 새 책을 읽을 생각이다. 더 나아진, 더 적당해진, 그래서 더 기대되는 그의 글을.

금정연, 서평가의 마음

서른을 갓 넘겼을 무렵이다. 고등학교 후배와 북한산 백운대에 간 적이 있다. 내가 고소공포증이 있는지 몰랐고, 백운대가 그렇게 무서운 봉우리인 줄 몰랐던 때의 얘기다. 오랜만에 만난 터라 공통의 화제가 없었던 나와 후배는 구파발을 향해 달리는 버스 안에서 괜히 어색해 줄곧 창밖만 바라보고 있었다. 그러다 문득 후배가 내게 꿈이 뭐냐고 물었다. 나는 이 아이가 얼마나 어색하면 이런 이상한 말까지 할까 싶어, 이 산행을 계속해야 할지 잠깐 고민했다(물론 거기서 발길을 돌렸더라면 더 좋았을 거다). 후배의 질문이 이상하게 들렸던 건, 과거형이 아닌 현재형이었기 때문이다. 해서 "꿈이 있었다면 이루었어야 할 나이에 무슨 그런 질문이 있냐"라고 받아쳤다. 후배는 진심으로 실망한 얼굴이 되었다. 그러더니 "꿈이 없다고? 정말 꿈이 없어?" 하고 거듭 물었다. 나는 그게 비난처럼 느껴져서 기분이 조금 상했지만, 아직 산 입구에도 도착하지 않았는데 말다툼을 벌이고 싶지 않아 열심히 머리를 굴려가며 그럴듯한 대답을 찾기 시작했다. 그러곤 내뱉은 대답이 "내 꿈은 회사를 그만두는 거야. 그러려고 회사를 다니고 있는 거지"였다. 입 밖으로 말이 나가자, 그건 정말 내 꿈이 되었다. 후배는 더 이상 아무 말도 하지 않았다.

그 말을 내뱉을 때만 해도 그 꿈은 요원하기만 했다. 청년 실업 40만 시대에 배부른 소리라는 것도 알았다. 그런데 4년 전, 나는 거짓말처럼 그 꿈을 이루었다. 과감하게 직장인의 삶을 버린 것이다. 물론 회사를 그만둔 이후의 삶을 그려보지 않은 관계로 내 꿈의 모습이 이럴 거라곤 생각 못 했다. 결혼이 연애나 사랑의 해피 엔딩이 아니듯, 회사를 그만두어도 삶은 계속되고, 나는 여전히 교정지 들여다보는 일을 하며 먹고산다. 좋게 말하면 프리랜서다. 프리랜서가 되고 나서, 잃어서 좋은 것과 얻어서 나쁜 것이 있다. 잃어서 좋은 것은 출근 공포와 조직 생활에서의 스트레스, 얻어서 나쁜 것은 바로 불안이다. 하루 벌어 하루 먹고 사는 건 옛말이 된 지 오래. 빚으로 먹고살고 후불로 갚아 나가야 하는 처지이기에, 하루 벌이가 끊기면 하루를 굶어야 되는 게 아니라 빚쟁이가 된다. 불안하지 않을 도리가 없다.

이렇게 사설이 길어진 이유는 금정연의 이야기를 하기 위해서다. 그를 만나 인터뷰를 했던 2년여 전, 그러니까 2017년 여름에도 그랬다. 그의 이야기를 들으러 간 자리에서 나는 내 이야기 먼저 풀어놓기 바빴다. 인터뷰의 어려움과 책을 낸다는 부담감, 그리고 나의 불안에 대해 한참을 하소연하는 동안 그는 웃는 얼굴로 이따금 고개를 끄덕이며 "맞아, 그렇지" 하고 추임새도 넣어주었다. 서로의 위치는 다르지만, 나는 그에게 문학판 안에서 프리랜서로 산다는 동질감을 느꼈던 듯싶다. 단순히 동갑내기 친구이기 때문은 아니었다. 왜 그런 주책을 부렸을까, 인터뷰를 복기하다 그날 밤 후회와 부끄러움에 이불 킥을 했던 기억이 새삼스럽다. '프로답지 못하게!'라며 자책했는데, 내가 프로가 아니란 걸 깨닫고서 그제야 진정을 했던 것도.

인생의 전기가 된 2014년

인터넷 서점 알라딘의 인문 MD, 글 잘 쓰는 서평가 금정연. 그 이름은 익히 알고 있었지만, 정작 내가 그를 만난 건 한참 뒤였다. 어느 정도 경력도 쌓고 회사도 옮기면서 나도 제법 문학 편집자로 자리를 잡았던 2014년, 지금은 없어진 상수역 근처 동천홍이라는 중국집에서였다. 그해 그는 계간지《문학동네》리뷰 좌담 팀에 합류했다. 그는 리뷰 좌담, 나는 편집위원 회의에 참석했다가 함께하게 된 저녁 식사 자리. 그때 나는 그를 '선생님'이라고 불렀다. 그러다 이후 이런저런 공적인 자리에서 몇 차례 더 만나는 동안, 우리는 편하게 말을 하는 사이가 되었다. 언제 어쩌다 그랬는지는 알 수 없고, '선생님'이던 그가 편하게 대해주었기에 가능한 일이었으리라는 추측만 할 뿐이다. 자주 만난 것도, 특별히 많은 이야기를 나눈 것도 아니었지만 당시 그에 대한 내 기억은 나쁘지 않았다. 가끔 출판사 술자리에서 만났을 때도 즐거웠다. 그런데 그는 정지돈 작가와 함께 펴낸『문학의 기쁨』(2017, 루페)에서 《문학동네》리뷰 좌담을 "정말이지 끔찍한 경험"이었다고 했다. 그때 이야기를 먼저 듣고 싶었다.

> "2013년 말에 이제 프리랜스 서평가 생활을 그만해야겠다고 생각한 적이 있어. 왜냐하면 내가 버는 돈이 쥐꼬리만 한데, 그 쥐꼬리만 한 것조차 언제까지 유지될지 모른다는 불안이 정점에 치

달았을 때여서. 그러면서 생각을 해봤지. 내가 일간 신문에도, 주 간지에도, 격주간지에도, 월간지에도, 심지어 사보 같은 데도 글을 써봤는데, 계간지에는 못 써본 거야. 국문과를 나왔고, 대학 다닐 때 《문학동네》, 《문학과사회》 이런 걸 봤으니까 글 쓰는 사람으로서 '나도 한번 그런 데에 글을 써보고 싶다'라는 생각이 있었어. 근데 거기는 등단한 소설가, 시인, 평론가, 아니면 해외 소설을 공부한 박사, 전문가, 번역가 이런 사람들이 쓰잖아. 내가 그쪽은 아니니까 거기는 못 쓸 것 같고, 이쯤에서 그냥 끝내자, 이런 생각을 했어. 그러다 친구 결혼식장에서 밥을 먹고 있는데, 모르는 번호로 전화가 왔어. 전화를 받았더니 '안녕하세요? 저 문학동네 권희철이라고 하는데요' 하는 거야. 갑자기 이 사람이 나한테 왜 전화를 했지? 하면서 통화를 했고, 그때 리뷰 좌담 얘기를 들었어. '네, 알겠습니다' 하고 끊고 나서, 사흘 뒤에 이번에는 《문예중앙》 송승언 씨랑 박성근 편집장이 연락을 해서, 계절에 한 번씩 리뷰하는 코너를 1년 동안 연재해달라고 하는 거야. '신기하다, 한 군데도 아니고 두 군데서 동시에!'라고 생각하면서 그 일을 시작하게 됐지."

내가 알고 있는 그 불안이다. 역시나 괜히 그에게 동질감을 느낀 게 아니었다. 나는 그의 이야기에 격하게 고개를 끄덕이며 "맞아, 그렇지!", "어머, 진짜?" 하고 진심 어린 추임새를 넣었다.

금정연은 그렇게 본격적으로 문학판에 발을 내디뎠다.

한 번쯤 써보고 싶던 지면. 그런데 무엇이 끔찍함을 느끼게
한 것일까?

"《문예중앙》은 나 혼자 그냥 쓰면 되니까 괜찮았어. 근데 리뷰
좌담은 평론가 두 명하고 나까지 세 명이서 하는데, 일단 읽어
야 할 게 너무 많았어. 그 계절에 나오는 소설들을 다 읽어야 하
잖아. 한 계절에 100편 정도, 1년에 400편 정도 읽어야 해. 사실
그렇게는 안 읽잖아. 관심 있는 책이 나오면 읽거나 내가 보는 잡
지에서 재밌을 것 같은 걸 읽거나 이 정도지. 계절마다 나오는 한
국 단편소설을 무작정 다 읽는다니…. 그게 굉장히 힘든 경험이
었어. 10프로의 법칙 같은 게 있잖아. 어떤 분야에서든 10프로
만 볼만하다. 나머지 90프로가 있어서 그 10프로도 있는 거긴
하지만, 그래도 일반 독자들은 10프로만 읽으면서 행복하게 지
내면 되는데 나는 갑자기 그 나머지 것까지 다 읽어야 하니까 심
적인 부담이 큰 거야. 게다가 또 그걸 가지고 얘기를 해야 하는
데…, 이게 굉장히 힘든 일이잖아. 그래서 나는 그 계절에 나온
모든 작품을 읽고 그것에 대해 얘기를 한다면, 이런 점은 잘못됐
고 이런 점은 재미없고 이런 점은 한국 문학의 고질적인 병폐다,
이런 얘기까지 갈 수 있다고 생각했어. 그런데 알고 봤더니 그 자
리는 전혀 그런 자리가 아니더라고. 첫 좌담 때 편집위원 중 한
분이 방향을 잡아주러 오셨거든. 얘기를 하다가 안 좋은 얘기가
나오면, 하지 말라는 건 아닌데, '그 부분은 우리가 평론하는 사
람들로서 어떻게 어떻게 해야 하지 않을까요?' 이런 식으로 말씀

하시는 거야. 나쁘다는 걸 나쁘다고 말해서 무슨 의미가 있냐, 그런 말은 안 하는 게 낫거나 그걸 좀 발전적으로 해라, 이런 말이지. 들어보면 그 자체는 나쁜 말이 아니야. 근데 그게 나쁘지 않다는 것과 내가 하고 싶은 얘기를 못 하는 건 다르지. 나는 그 계절에 100편을 꾸역꾸역 읽었고, 90편이 날 공격했어. 그러니까 나는 그런 얘기를 안 하면 안 되는 거야. 이게 추상적인 것과 실제적인 것의 차이인 거지. 추상적인 측면에서 보면 그 편집위원의 말이 맞아. 근데 나는 내가 모두 겪었기 때문에 그럴 수가 없는 거야. 하지만 그렇다고 내 마음대로 할 수 있는 게 아니니까 짜증을 꾹꾹 누르면서 지냈지."

이 이야기를 듣고 떠오르는 장면이 하나 있었다. 잊고 지내다가도 문득문득 '그때 도대체 왜 그랬을까?' 궁금해지곤 하는 장면이다. 역시나 2014년, 송년회 자리였다. 공식적인 행사가 끝나고, 그냥 헤어지기 아쉬웠던 몇몇이 남아 한잔 더 하기로 했다. 모두들 조금 취해 있었고, 적당한 장소를 찾아 헤매다가 지하에 자리한 조그만 술집으로 들어갔다. 뭐 마실래, 누구는 어디 갔냐, 어수선하게 떠들며 둘러앉았다. 나도 자리에 앉아 메뉴판을 뒤적였다. 그런데 그때 내 맞은편에 앉았던 그가 가방에서 조용히 책을 꺼냈다. 그러더니 가름끈으로 표시해뒀던 부분을 펼쳐 읽기 시작했다. 이것은 서평가의 주사인가. 아무리 책을 좋아하기로서니, 여럿이 모인 어두컴컴한 술집에 앉아 독서라니. 하지만 그 자리에서 그에게 왜 지금 책을 읽는 거냐고 묻지 못했다. 그는 마치 다른 시공간에 있는 사람 같았다. 다른 사람들도 나와 같은 생각이었는지, 아니면 그 모습이 유독 내 눈에만 들어왔던 건지, 그곳에 있던 그 누구도 책을 읽는 그에 대해 이야기하지 않았다. 그런데 그 당시 짜증을 꾹꾹 누르며 지냈다는 이야기를 들으니, 이제 퍼즐이 맞춰지는 것 같다. 다행히 그도 그날을 기억하고 있었다.

"2014년은 나의 삼십 대 인생의 전기가 된 해였어. 그해에 결혼도 했고, 《문학동네》 리뷰 좌담도 했거든. 근데 내가 그때 되게 화가 많이 나 있었던 것 같아. 세상에 대해서, 시스템에 대해서. 이를테면 결혼이라는 제도가 그랬지. 결혼 준비하면서 우리 엄마가 소위 말하는 '한국적 시어머니'처럼 되는 걸 보고 정말 깜짝 놀랐거든. 그리고 문학이라는 제도도. 기존 시스템에 대한 울화가 너무 치밀고 있었던 때여서, 난 그 사람들이 다 싫었어. 예인, 필균처럼 출판사 직원들이 아니라 편집위원들…. 그래서 그 자리에서 그랬었나 봐. 짜증 난다, 이런 마음으로. 원래는 안 그러지."

아무튼, 여전히, 프리랜스 서평가

한 번쯤 글을 써보고 싶었던 문예지에 글도 써봤고, 그러다 끔찍했다 할 정도로 데기도 했으면 다시 엮이고 싶지 않았을 법도 한데, 그는 더 깊이 발을 담갔다. 2015년 문학과지성사의 계간지 《문학과사회》의 동인이 된 것. 무슨 생각이었을까?

"고민이 있었지. 2015년 9월 3일이었어. 날짜까지 기억해. 내 생일이 9월 2일이거든. 2015년 9월 2일에 김중혁 작가의 소설 『가짜 팔로 하는 포옹』(문학동네) 행사가 있었는데, 내가 사회를 봤어. 내 생일날 사회를 본 거지. 뒤풀이에서 정지돈, 이상우 작가가 내 생일이라고 케이크를 사다 줬어. 그러면서 이상우 작가가 김중혁 작가한테 '작가님, 동인문학상 수상 축하해요. 이번에 받으시잖아요'라고 말하고, 나한테는 '문학과지성사에서 연락 언제 와요? 이제 《문학과사회》 동인 되잖아요'라고 말했어. 이거 둘 다 진짜로 그냥 한 말이거든. 완전히 농담이었는데, 이 두 가지가 예언이 된 거야. 다음 날인 9월 3일에 강동호 평론가한테 만나자고 연락이 왔어. 동네에서 만나 막걸리를 마셨는데, 갑자기 '혹시 우리 동인을 함께하지 않겠냐'라고 하는 거야. 일단 너무 웃겼지. 어제 이상우 작가가 나한테 그런 말을 하길래 내가 무슨 소리냐고 그런 말 하지 말라고 그랬는데…. (그리고 나랑 같이 그런 말 하지 말라고 그랬던 김중혁 작가는 몇 달 뒤에 정말 동인문학상을 받은 거지. 마법사 이상우!) 근데 그런 제안을 받으니까 막상 또 고민이 됐어. 프리랜서로 살면서 업, 다운이 있거든. 다운은 불안함이 극에 달할 때고, 업이 되는 건 내가 아무런 적(籍)을 두지 않고 프리랜서로서 진짜 많이 버텼고, 위태위태하지만 내 나름대로 계속 이걸 하고 있구나, 참 애썼다 싶을 때야. 어디에도 기대지 않았다는 데 혼자만의 쓸데없는 자부심 같은 게 있는 거지. 그런데 갑자기 문학과지성사,《문학과사회》에 들어가버리면 그걸 포기하는 거잖아, 나로서는. 지금까지 단독자로서 내가 할 수 있고 하고 싶은 말을 한다는 생각으로, 비록 현실적으로는 그렇게 못하더라도, 문예지의 평론가들 사이에서 내 목소리를 내면서 나름의 역할을 한다고 생각했는데….《문학과사회》동인이 되면 내가 욕했던 한국 문학판의 평론가들과 다를 게 없어지는 거잖아. 그뿐 아니라 오히려 자격 없는 평론가가 되는 거지. 말하자면 방외자, 근데 할 수 있는 말이 많아서 더 자유로웠던 방외자에서 라이선스 없는 열등한 평론가, 자격 미달 평론가가 되는 게 아닌가 하는 생각이 들었어. 그 시스템이 그렇게 만들 거라고. 그래서 되게 고민을 했는데….”

“고민을 했는데”라는 말 뒤에 말줄임표가 길었다. 가만히 그의 다음 이야기를 기다리고 있는데, 살짝 숙였던 고개를 들면서 그가 멋쩍게 웃었다.

“내가 문학과지성사를 좀 좋아했거든. 어렸을 때부터 문학과지성사 책들을….”

피식, 나도 웃었다. 그럼, 그럼. 알지, 알아. 좋아하는 것 앞에서는 무너지기 마련이다. 그가 좋아한 문학과지성사, 나도 좋아했다. 이때의 ‘문학과지성사’는 단순히 출판사가 아니다. 출판사의 이름은 때로 내가 사랑한 작가의 이름이 되기도 하고, 내 가슴을 뛰게 한 작품의 이름이 되기도 한다. 그러니 그 거부하기 힘든 제안에 "알겠다"라고 답할 수밖에.

새로운 세대의 《문학과사회》 동인으로 합류한 금정연의 미션은 '혁신호'를 내는 것이었다. 그러나 혁신을 하는 데에는 뜻밖의 제약이 많았다. 예전에 다녔던 회사와는 또 다른 시스템 앞에서 그는 당황했다. 결재 라인이 보이지 않는 것이 가장 힘들었단다. 자신의 제안이 받아들여지지 않았을 때, 명확하게 어디를 뚫고 들어가 누구를 설득해야 하는지 알 수 없었기 때문이다. 알라딘의 직원이었을 때, 원하는 일을 성사시키기 위해 본부장을 많이도 찾아갔었던 그로서는 상상하지 못한 벽이었다.

"혁신호 나올 때까지 되게 힘들었어. 그 시스템을 파악하고 적응하는 데 시간이 좀 걸렸고, 거기서 오는 어떤 열패감, 속상함이 좀 있었거든. 그럼에도 혁신호를 냈는데, 혁신호를 낸 지 1년이 지난 지금 와서 생각해보니까 잘 만든 것 같아. 자화자찬이지만. 일이란 게 다 원하는 대로 할 수는 없고, 원하는 대로 다 한다고 좋은 결과를 가져온다는 보장도 없잖아. 어쨌든 이건 의지와 반대의 절충 사이에서 나온 나름의 결과물이니까. 근데 문제는 지금 내가 재미가 없다는 거야."

혁신호가 나오고 나서 한동안은 그 변화를 정착시키느라 정신없이 일했다. 특히 그해, 2016년에는 많은 일이 일어났다. 《문학과사회》에서 인터뷰했던 웹툰 작가의 십대 성폭

행 방조 논란에 이어, '문단_내_성폭력' 폭로에 문학과지성사에서 책을 출간한 문인들이 거명되면서 해결해야 할 일들도 계속 생겼다. 그런 일을 대면하고 해결해나가는 과정에서 스트레스가 많은 것은 당연한 일. 하지만 그러한 스트레스 속에서도 이 일이 재미없다는 생각은 들지 않았다. 물론 재미를 생각할 겨를이 없었다는 것이 맞는 이야기일 테지만. 그런데 지금은 다르다고 말하는 그다.

"이제부터 남은 건 반복 작업이고, 루틴인데…. 내가 만약 글을 쓰는 것을 계속해서 좋아하고 써보고 싶은 글이 있다면,《문학과사회》처럼 내가 발언을 할 수 있는, 지분이 있는 지면이 있는 건 너무 좋지. 회의를 할 때 '내가 이번엔 이런 걸 쓰면 안 될까?' 하면서 어떤 재미를 찾을 수 있고. 그런데 그런 게 없어. 어떤 기획이 나와서 나한테 이 부분은 네가 글을 써라, 하면 쓰기가 싫은 거야. 그러니까 재미가 없는 거지, 총체적으로. '어떡하지?' 내가 요즘 그런 상태야. 어떡하지…?"

다시 밝히지만, 이 인터뷰를 하고 2년여가 지났다. 그동안 그는《문학과사회》동인을 그만두었다. 내가 알지 못하는 많은 일이 또한 있었겠지만, 나는 그 이유를 알지 못한다. 섣부른 추측은 접어두고, 서로 "어떡하지?", "그러게, 어떡하지?" 하고 한동안 말을 잇지 못했던 그날을 떠올려볼 뿐이다. 아무튼 그는 여전히 프리랜스 서평가로 살고 있다.

리뷰왕에서 지각왕까지, 알라딘과의 인연

'프리랜서'라는 직업은 금정연에게 불안을 주기도 하지만 어떤 면으로는 자부심이기도 하다. 그는 고등학교 때부터 프리랜서를 꿈꿨다. '작가'나 '서평가', 하다못해 '책과 관련된 일을 하는' 같은 수식어도 없이 그냥 회사에 출근하지 않는 프리랜서. 회사를 못 다닐 것 같다는 생각을 일찌감치 했단다. 그걸 어떻게 그렇게 일찍 알았냐고 물으니 학교에 맨날 지각했다는 걸 이유로 댔다.

> "사실 회사 다닐 때도 지각을 많이 해서 나 때문에 사규가 생겼어. 한 달에 지각을 몇 번 하면 인사고과에서 몇 점을 까고, 휴가에서 며칠을 깐다, 이런 거. 내가 알라딘에 그런 사규를 만들고 나왔지. 하하."

이렇게나 나와 공통점 많은 그다. 나는 그렇다고 프리랜서라는 꿈을 꾸진 않았고, 학교에서처럼 계속 지각하고 혼나고 괴로워하면서 회사에 다니겠지, 하고 생각했다는 점이 다르지만. '프리랜서'는 '회사원'이라는 단계를 거치지 않고 되기는 조금 힘들다. 일거리를 잡기에도 그렇지만, 프리랜서가 돼야겠다는 절심함 또한 회사 생활에서 얻을 수 있다고 나는 생각한다. 내가 후배에게 "회사를 그만두기 위해 회사를 다닌다"라고 했던 말은 괜히 나온 게 아니다.

일찌감치 프리랜서를 꿈꾸었던 금정연도 바로 그 길로 들어서진 못했다. 인터넷 서점 알라딘은 그의 첫 직장이었다. 그리고 그전엔 아르바이트 자리이기도 했다.

"군대 생활 중에 알라딘 사이트에 많이 들어갔어. 내가 부산 금정구에 있는 금정경찰서에서 전경을 했거든. 밤샘 근무 같은 거 할 때 알라딘에 리뷰를 썼지. '이 주의 리뷰'가 돼서 5만 원, '이달의 리뷰'가 돼서 30만 원…, 이런 걸 가끔씩 받으면서 계속 들락날락했던 거야. 그러다 말년 휴가 나와서 집에 가려고 부산역에 갔는데, 기차 탈 때까지 시간이 좀 남길래 피시방에 갔어. 그리고 역시나 알라딘 사이트에 들어갔는데, 메인 페이지 왼쪽 밑에 아르바이트 구인 공고가 있더라고. 그 자리에서 써서 냈는데 합격이 돼서, 제대하자마자 바로 6개월 동안 아르바이트를 했어."

지각 때문에 회사를 못 다닐 거라고 생각했던 그가 알바생에서 정규직 직원까지 이어지는 아름다운 스토리를 어떻게 써나갈 수 있었을까? 훌륭한 알바생으로 그 능력을 인정받아 정규직이 되었다…라는 드라마는 없었다. 취업의 비결이 있다면 꾸준히 알라딘 사이트에 접속했다는 것 정도.

"대학 4학년 마지막 여름방학 때 아르바이트를 구하려고 취업 사이트에 들어가서 100군데에 지원서를 냈어. 정말 딱 100군데. 근데 한 군데에서도 회신이 안 왔어. 짜증이 너무 나는 거야. 그러다 또 알라딘 사이트에 들어갔는데, 왼쪽 밑에 채용 공고가 있었어. 여기에 지원해볼까 하고 넣었는데 합격을 해서, 졸업하기도 전에 취업을 한 거지. 공채였어. 200 대 2의 경쟁률!"

취업을 하려던 생각은 없었으나, 책을 좋아하는 사람이 즐겨 찾던 인터넷 서점에서 일을 하게 되었으니 금상첨화가 아닌가 싶은데, 어디 회사 생활이라는 것이 내 맘과 같은 적이 있던가. 그도 예외가 아니었다.

"회사 다니면서 가장 힘들었던 건, 약 올리는 것 같은 느낌이 들었다고 해야 되나? 꼭 이 일을 해야겠다 했던 건 아니지만, 어쨌든 책을 좋아했고 인연이 돼서 하게 됐는데…. 처음엔 되게 좋았지. 신간이 하루에도 몇십 권씩 들어오고, 남들보다 먼저 읽을 수 있으니까. 그런데 나중에는 일이 너무 많으니까 책이 그렇게 많아도 볼 시간이 없더라고. 그게 약 올리는 것처럼 느껴졌어. 그리고 2006년에 입사했을 때랑 2009년, 2010년 초 퇴사하기 직전을 비교해보면 갈수록 일의 성격이 많이 바뀐 것 같아. 처음엔 MD라고도 안 했거든. 편집 팀이었고, 편집자라고 불렀어. 책을 읽고 어떤 책이 좋은지 회의를 해서 추천하는 일이 주요 업무였지. 그런데 나중에는 매절 몇 부, 공급률을 얼마로 해서 싸게 들여오고, 악성 재고를 얼마나 잘 반품하고, 광고를 얼마나 잘 따오고, 이벤트 증정품 잘 만들고…. 이런 식으로 업무가 바뀐 거야. 짜증이 났지. 여기저기 연락을 많이 해야 하고, 부탁도 해야 하니까. 싫잖아, 그런 것들."

서평가의 일

서평가로 살기 위해 회사를 그만둔 건 아니었다. 생각지 않게 남들보다 취업을 빨리 한 셈이니, 1~2년은 놀아도 되지 않을까 생각했다고. 퇴직금도 있었고, 돈을 진짜 안 쓰는 방식으로 1년 정도는 힘들지 않게 만족스러운 시간을 보낸 그였다.

> "양말 한 켤레도 안 샀어. 가끔 책만 몇 권씩 샀지. 그때는 살 만했어. 오히려 불안해진 건 글을 써서 돈을 조금씩 벌기 시작했을 때야. 그 돈으로는 충분하지가 않잖아. 그땐 이미 회사를 그만두고 2~3년째 접어들 무렵이었으니까. 내가 지금 버는 돈이 많지도 않은데, 그렇다고 이 돈조차 계속 벌 수 있을 거란 보장도 없고, 계속 이렇게 살다가 몇 년 뒤에 일이 끊기면 어떻게 하나, 이런 불안이 생기는 거야."

다행히 불안 속에서도 수입은 조금씩 늘었고, 2014년부터는 알라딘에서 받았던 초봉과 비슷해졌다. 워낙 대중없어서 평균을 내기가 쉽지 않지만, 한창 글을 많이 쓰던 2014~2015년에는 한 달에 원고지 200매에서 300매를 썼다. 그러면 1년에 3000매 정도 쓴 것인데, 단행본으로 약 세 권 분량이다. 생활하는 데 무리가 없는 수준이냐고 물었더니 그의 대답. "최저임금 정도로 해둘까?"

그에게는 정해진 한 권의 책보다는 그가 선택한 책의 서평을 써달라는 청탁이 주로 들어온다. 이를테면 '청소년에게 추천해줄 인문서 한 권을 서평해주세요' 아니면 '한 달 이내에 나온 문학서 중에서 써주세요' 이런 식이다. 그렇다고 꼭 쓰고 싶은 책만 쓸 수 있는 건 아니었을 터. 곤란했던 일은 없었는지 궁금했다.

"한번은 출판사에서 홈페이지 콘텐츠를 보강한다고 자사의 두꺼운 주력 도서, 스테디 도서로 갈 만한 책에 대해 써달라고 했어. 근데 보니까 그 책 편집이 너무 엉망인 거야. 자잘한 오타 같은 건 말할 것도 없고, 어색한 문장도 10여 군데 이상 보였어. 그래서 그 부분을 지적하는 내용을 약간 썼더니, 거기서 사장님이 보시면 담당 편집자가 곤란해지기 때문에 실을 수는 없고 돈만 드리겠다… 그런 적은 있었어."

아, 마치 내가 그 담당 편집자가 된 것처럼 화들짝, 했다. '사장님이 보시면 곤란해진다'라는 말이 마음을 울렸다. 당연히 그가 잘못한 게 없는데도, "너, 할 말은 하는 성격인가 보다"라고 말이 곱게 안 나갔다.

"초반에는 내가 비록 돈을 받고 쓰지만 광고대행사나 홍보대행사도 아니고, 내가 하고 싶은 말을 하는 게 맞는 거다, 라는 생각과 태도가 무의식중에 있었어. 그런데 시간이 지나면서 이런저런 사정을 알게 되고, 아는 사람도 많아지고, 출판사와의 관계도 생기고 하니까 그런 게 점점 힘들어졌어. 특히 한국 작가들의 소설에 대해서는 뭐라고 쓰기가 참 힘들지."

또 이런 말을 들으니, 그의 날카로움이 무뎌질까 안타깝기도 하다. 사람의 '처지'가 만드는 아이러니란….

그는 서평뿐만 아니라 소설 평론을 쓰기도 한다. 쓰는 사람의 입장에서 서평과 평론은 어떻게 다를까?

"서평을 쓸 때는 아무래도 내 얘기가 좀 많이 들어가게 돼. 경험이나 생각, 아니면 책을 읽는 동안 일어났던 우연한 사건이나. 그렇다고 그냥 내 이야기를 하는 건 아닌데, 각각의 서평에 맞는 하나의 허구적인 캐릭터로서의 '나'를 내세우게 되는 거지. 반대로 등장인물에 빙의를 하거나 내가 책 속 세계에 텔레포트 된 것처럼 쓸 수도 있는 거고. 내가 서평가니까 내가 쓰는 게 서평이지 뭐. 서평에는 딱히 특별한 양식 같은 게 없으니까. 근데 평론은 눈치를 보게 된다고 해야 하나? 사실 내가 서평가가 되고 싶어서 된 것도 아니고, 글을 쓰다 보니까 서평가라고 불린 거야. 그렇다면 그전까지 내가 썼던 게 서평이었기 때문에 서평가로 불린 거잖아. 근데 평론은 평론가들이 있고, 그분들은 공부도 많이 했고, 등단이라는 라이선스도 땄고…. 그래서 거기의 룰이 있을 텐데, 내가 서평을 쓰듯이 맘대로 쓰기엔 약간 눈치가 보이는 거지. 그래서 한동안 의식적으로 이론들을 많이 읽었어. 근데 막상 다른 평론가들이 하는 것처럼 이론을 가져다 퍼즐 맞추듯 작품에 끼워 넣는 건 못 하겠더라고. 분석하고, 해석하고 이런 것도 적성이 아니고. 내가 좋아하는 건 내가 좋아하는 작품의 좋아하는 부분들에 내가 좋아하는 다른 것들을, 이를테면 바르트나 이글턴이나 볼라뇨 같은 사람들의 말이나 할리우드 영화나 옛날 노래 같은 걸, 덧대고 이어 붙여서 또 다른 이야기를 만드는 거야. 말하자면, 소설을 쓰는 거지. 나는 내가 쓰는 글이 일종의 소설이라고 생각해."

읽다가 멈춰서 생각하는 직업

등단 제도에 대한 오래된 고민을 여기서 꺼내는 것은 의미가 없을 것이다. 다만, 나는 금정연이 등단 제도를 거치지 않은 것이, 그의 말마따나 "등단이라는 라이선스"가 없다는 것이 더 강점이라고 생각해온 터였다. 제도 안으로 들어서면 어떤 틀에 더 얽매이기도 하는 법이니까. 금정연을 비롯해 신춘문예나 계간지 신인상 등으로 정식 데뷔를 하지 않고도 그 실력을 인정받아 지면에 글을 실으며 자연스레 비평 활동을 하게 된 이들을 보며, 좋은 글을 쓰는 사람은 조금 다른 길을 돌더라도 자기 자리를 찾아가기 마련일지도 모른다고도 생각했다. 그리고 그는 그런 것에 눈치를 보지 않는 줄 알았다. 그런데 눈치가 보였다고? 뭔가 조금 김이 샜지만, 어쨌든 눈치를 보면서도 그의 글이 방향을 잃지 않아 다행이다. 그의 이야기를 곱씹으며 생각해보니, 서평에는 그의 이야기가 담겨 있어 좋았고, 해설에는 다양한 책의 인용이 많아서 좋았다. 책 이야기가 그의 이야기가 되고, 또 다른 책 이야기가 되고, 나의 이야기가 되는 것 같아서 좋았다.

그의 글에는 다양한 책의 인용이 적재적소에 배치되어 있다. 나는 그게 가장 신기하다. 내 독서량이 미천해서이기도 할 테지만, 하고자 하는 이야기에 어울리는 책과 그 책의 내용이 어떻게 그렇게 딱딱, 떠오를 수 있을까?

"책을 읽으면서 그때그때 생각이 나. '전에 읽었던 이런 거랑 연결되는 것 같은데?' 그렇다고 그 구절이 정확하게 떠오르는 건 아니고, 그럼 찾아보는 거야. 이건 비밀인데… 종종 글이 막힐 때면 아무거나 인용하기도 해. 어울리지 않아도 일단 내가 좋아하는 구절을 집어 넣어. 그리고 이제 어떻게 이걸 이어 붙일까 고민하다 보면 생각지도 못했던 방향으로 글이 풀리기도 해."

그러면 순수하게 독자로서 읽을 때와 일로서 읽을 때의 독서 방법이 다른지도 궁금했다.

"독자로서 재밌게 읽었을 때…? 이제는 거의 그렇게 읽는 일이

서평가의 마음

서평가의 마음

없는데, 그냥 처음부터 끝까지 읽는 게 가장 재밌지. 안 쉬고. 중간에 딴생각이 나도 안 하고. 냉면 먹을 때도 육수를 숟가락으로 떠먹는 거랑 한 번에 쭈욱 들이켜는 거랑 다르잖아. 특히 술 마신 다음 날에는…. 근데 지금은 그렇게 못 읽지. 읽다가 재밌네, 싶으면 멈춰서 이 부분이 왜 재밌지 하고 생각을 하거나, 거기서 떠오르는 생각을 메모하거나, 이런 식의 밑 작업이 들어가."

책을 손에서 놓지 못하는 일을 하면서, 내게 가장 불만스러운 점은 책을 많이 읽지 못한다는 것이다. 끊임없이 책을 읽어야 하는 일을 하는 그에겐 재밌는 독서의 시간이 줄어드는 것이 가장 불만스럽지 않을까?

눈물을 흘리지 않을 수 없는 이야기

글을 쓰는 많은 이가 그렇듯, 그도 글 쓰는 일만으로 돈을 버는 것은 아니다. 가끔 문학 행사에서 사회를 보거나 강연을 하기도 하고, 도서관 등의 자문 위원이 되어 추천 도서 목록을 선정하기도 한다. 그럴 때 수입은 한 번에 20만~50만 원 정도. 그런데 2016년부터 그는 글을 많이 안 쓰려고 일부러 노력하고 있다. 이유는 너무 힘들어서. 그리고 책을 몇 권 낸 뒤, 사람들의 시선도 신경이 쓰였다.

"처음엔 안 그랬어. 내 책이 많이 팔리지도 않았고, 내가 유명하지도 않은데 열심히 사는 것 같고 하니까 사람들이 내 책을 읽고 굳이 악평을 안 달았거든. 근데 이젠 감투 쓴 것도 있고, 아는 사람은 아니까 약간 같잖게 보이는 것도 있는 것 같아."

악플 때문일까?

"심하진 않아. 악플이든 좋은 평이든 많진 않은데, 악플이 종종 달리고, 그걸 보면 기분이 나쁘고 그러니까…. 그럴 때면 글을 쓰기 싫어지지. 그렇다고 꼭 악플 때문이라고만은 할 수 없는 게, 사실 서평을 쓰는 건 굉장히 소모적인 일이야. 정확하게 말하면 내가 서평을 쓰는 방식이 소모적이라고 해야겠지. 신문의 서평 담당 기자들이 쓰는 방식은 소모적이지도 않고 많은 사람한테 유용하잖아. 필요한 정보들을 가공해서 제공하는 거니까. 어쩌면 그게 독자들이 원하는 것일 수도 있고. 근데 그런 건 이미 많으니까 나는 내가 쓸 수 있는 걸 쓰자, 내가 재미있는 걸 쓰자, 라고 생각했는데 그런 것도 하루이틀이지. '나'는 계속 '나'잖아. 아무리 픽션적으로 가공한 '나'라고 해도 한계가 있고, 매번 가공하기도 지겹고… 그러니까 내가 쓰면서 재미도 없고, 썼던 걸 또 쓰는 것 같고, 점점 쓸 말도 없고…."

그러지 말라고 말하고 싶었다. 네 글을 좋아하는 사람들도 있다고, 그렇게 생각하지 말라고 말하고 싶었다. 그런데 기

서평가의 마음

계적인 리액션처럼 보일까 봐 말이 안 나왔다. 대신 그가 출연했던 팟캐스트를 책으로 엮은 『일상기술연구소』(2017, 어크로스)에서 그가 한 말을 떠올렸다. "우리 시대 '일상의 천재들'을 소환하여 이들이 가진 작지만 강력한 생활의 기술들을 공개"(출판사의 책 소개 글)하는 이 책의 에필로그에서 금정연은, "거기 나온 분들을 보고 원고 쓰기 싫어 우는 것도 이제 안 한다"라고 했다.

"맞아. 그건 그분들한테 배운 것도 있고, 내가 일을 많이 줄인 것도 영향이 있는 것 같아. 2015년까지만 해도 한 달에 글을 열 편 남짓 쓴 것 같은데, 그렇게 치면…. 생각해 봐. 계간지든 월간지든 주간지든 마감이 묘하게 몰려 있기 마련이야. 말하자면 한 달에 열 개라는 게 3일에 한 개씩 써서 열 개가 아니라, 일주일 동안 열 개를 다 써야 하는 거야. 근데 내가 그걸 미리미리 써놓는 성격이 아니야. '다음 주에 마감이 열 개니까 2주 전부터 차근차근 하면 되겠다' 이게 아니라, 진짜 가장 가까이 있는 마감 이틀 전부터 쓴단 말이야. 그러면 이틀 동안 겨우 써. 그러고서 썼네, 이게 아니라 또 써야 돼. 또 쓰고 나면 또 써야 돼. 또 써야 돼. 또 써야 돼…. 이러니까 눈물을 흘리지 않을 수가 없어. 그런 생활이 반복되다 보니까 일종의 학습된 무기력 같은 게 있는 거지. 마감이란 건 워낙 힘든 거고, 나는 마감을 잘 못 견디고, 내가 이 일에 안 맞는 것 같고, 하기 싫고…. 이런 생각이 계속해서 반복되면서 무기력이 강화되는 거야. 그래서 일단은 글 쓰는 일을 많이 줄였는데, 그럼에도 이 학습된 무기력의 잔재가 남아 있어서 괜히 막 징징거릴 준비가 되어 있는 거야. 마감을 앞두고 말이야. 어떤 글을 내일 아침까지 줘야 한다면, 밤새도록 하기 싫다고 고민을 하다가 아침 9시가 되자마자 쓰기 시작해서, 문자가 오면 '죄송합니다. 점심까지 드릴게요' 하고 세 시간 만에, 12시까지 쓰고는 되게 자괴감에 빠졌거든. 왜냐하면 그렇게 쓴 글이 뭐 얼마나 좋겠어? 근데 『일상기술연구소』에서 한 말처럼, 그 사람들을 만나서 얘길 하고 생각을 하다 보니까 그냥 어느 순간, 그렇게 하지 않을 수도 있겠구나, 나처럼 하지 않을 수도 있겠구나, 하는 생각이 들었어. '아, 이 글을 오늘 끝내면 내일 기분이 되게 좋겠다'라는 생각을 하게 된 거지. 그랬더니 진짜 그 글을 썼고, 진짜 되게 기분이 좋았거든. 그런 긍정적인 경험을 한 번 하고 나니까, 그렇다고 모든 게 드라마틱하게 변한 건 아니지만, 약간… 나를 어떻게 대해야 할지, 마감을 앞둔 나를 이렇게 달래야 할지 저렇게 달래야 할지, 어떨 때 내가 좀 더 편한지, 이런 걸 알게 되는 거 같아. 그렇지만 여전히 글을 많이 쓰고 싶은 생각은 없고."

구구절절 마음에 와닿았다. 이 책의 원고들도 다음 주까지, 이번 달까지, 이번 해까지, 하며 여기까지 왔다. 그런데 나는 글을 쓴 적이 없으니 줄일 것이 없다는 게 함정. 그의 말마따나 눈물을 흘리지 않을 수 없지만, 지금까지 나눈 그와의 대화가 묘하게 힘이 되었다.

이것이 진짜 프리랜서의 길

불안한 프리랜서의 생활, 앞으로 어떻게 될 것 같은지, 정말이지 궁금한 마음으로 물었다.

"내가 여태껏 살아온 길이 진짜 프리랜서의 길이야, 말하자면. '내가 이 구역의 진정한 프리랜서다!'라는 게 아니라, 속된 말로 '쌩' 프리랜서라고 할까. 어떤 걸 해야겠다고 이 길로 들어온 게 아니라 진짜 그냥 프리랜서로 살고 싶다는 생각으로 왔더니, 처음에 여기저기서 청탁을 받아 서평을 쓰다 보니 서평가가 됐고, 책을 냈고, 어쩌다 한국 문학판이라는 데에 끼게 됐고,《문학과사회》까지 같이하게 됐지. 그렇다고 내가 문지 사람은 아니잖아? 이를테면 문지에서 나를 완전고용 한다면, 생활을 충분히 할 수 있는 돈을 준다면, 그건 다른 얘기겠지만 여전히 나는 프리랜서로 남아 있는 거지. 그러니까 내가 정말 소설가가 되고 싶다거나 '평론가가 될 거야', '한국 평론사의 거성이 될 거야' 이런 목표가 있는 게 아닌 이상, 프리랜서는 항상 생활고에서 아슬아슬하게 줄타기를 하는 거지. 그리고 사실 내가 쓰는 글이 정말 '잡문'이잖아. 에세이라고 할 수도 있고, 서평이라고 할 수도 있고, 평론이라고 하면 평론이고, 해설이라고 하면 해설이고, 소설이라고 나는 생각하지만 다른 사람들 생각은 다르고, 그렇기 때문에 그냥 이렇게 돈이 되는 대로, 나를 부르는 대로, 가는 것 같아."

금정연,

그렇게, 내게는 롤 모델이 생겼다.

2018년 4월, 『출판하는 마음』이 나오고 나서 금정연에게 문자가 왔다. 인터뷰 이후 함흥차사니, 이 책의 진행이 궁금하지 않을 수 없었을 터. 안 그래도 인터뷰이들이 내가 먹튀(?)한 줄 알까 봐 걱정스럽다고, 『출판하는 마음』의 인터뷰가 좋아서 부담스럽다고, 6월 정도에 책을 내려고 한다고(결국 이 말은 거짓말이 되었고) 하소연에 가까운 답을 보내자, 그는 부담이 안 될 수 없겠다고 걱정해주며 '파이팅'을 보냈다. 그러고 나서 내가 얼마 전 출간된 『아무튼, 택시』(2018, 코난북스)가 좋더라는, 짧고 수줍은 인사(진심은 왜 늘 부끄러운 걸까?)를 보냈고, 그는 자신이 낸 책 판매가 늘 고만고만하니 이런저런 생각이 든다는 답을 보내왔다. 나는 참지 못하고 인터뷰 때부터 하고 싶었던 말을 느낌표 두 개를 붙여 외쳤다.

저의 롤 모델이십니다!!

서효인, 문학잡지 편집자의 마음

아는 사람만 아는, 문학잡지의 르네상스 시기가 있었다. 새로운 잡지들이 등장했고, 기존의 잡지들은 혁신호를 내기도 했다. 여러 가지 이유가 있었겠지만, 결국 문학 독자층을 넓히려는 노력이었을 것이다. 반은 성공했다고 생각한다. 그때, 우려와 호기심과 기대 속에 새롭게 등장한 잡지들이 아직까지 그 색을 잃지 않고 정기적으로 세상에 나오고 있으니까. 아직 안 망했으니까. 그러니 이러한 새로운 형식의 문학잡지에 처음 손을 뻗은 이도 있을 테고 독자층도 그만큼 넓어지지 않았을까, '굿이나 보고 떡이나 먹는' 심정으로 추측해본다. 문학의 부흥을 비는 굿판에 다양하게 차려놓은 새로운 시도들에서 뜻밖의 득템을 하기도 했다고 여기기 때문이다.

그렇다면 서효인은 '신빨' 좋은 박수가 아닐까? 2016년 8월 격월간지 《릿터(Littor)》 창간호가 나왔을 때, 나는 좀 놀랐다. 편집자로 10년을 일했고 그 기간 중에 문학잡지 편집도 해본 나인데, 세상에 없던 문학잡지를 새로 만들려는 생각을 한 번도 해보지 않았다. 그런데 편집자로 일한 지 1년 조금 넘은 서효인이 그걸 해냈다. 그것도 아주 세련되게.

2010년, 그의 첫 시집이 나오기도 전에 그와 처음 만났던 때를 생각하면 격세지감이 따로 없다.

상상도 못 했던 오늘

서효인과 나는 1981년생 동갑내기다. 지금은 편한 친구로 지내지만 첫 만남은 아주 어색했다. 당시 근무하던 출판사의 동료였던 유희경 시인이 퇴근 후에 시간이 되면 자기를 좀 도와줄 수 있겠느냐고 했다. 흔쾌히 따라간 카페에서 기다리고 있던 이가 바로 서효인이다. 그의 첫 시집에 들어갈 프로필 사진을 '작란' 동인을 같이하던 유희경 시인이 찍어주기로 한 자리였다. 내 역할은 서효인의 시선 처리를 위해 카메라 앵글 밖에서 "여기 보세요~" 하고 말을 거는 것. 처음 보는 사람이 앞에서 어색하게 웃고 있으니 그의 표정이 자연스러울 리 없었지만, 유희경 시인의 고군분투 끝에 촬영은 무사히 끝났다.

촬영 후 유희경 시인이 약속이 있다며 먼저 일어났고, 약속 없고 배고팠던 서효인과 나는 초면에 둘이서 저녁을 먹으러 갔다. 우리는 삼겹살집에서 고기를 구웠다. 술도 안 시키고 삼겹살 2인분을 밥반찬으로 먹었다. 식사가 끝날 무렵, 그가 굉장히 불안해 보였다. 지갑을 두고 왔다는 것이다. 미안해하며 얼굴을 붉히는 그를 보면서, 나는 속으로 '선생님'들만 가득한 문단 안에서 이 아이와는 친구가 될 수도 있겠다고 생각했다.

그 일이 있고 얼마나 지났을까? 연희문학창작촌 행사 뒤풀이에 갔다가 서효인을 다시 만났다. 사람이 엄청 많아서 그와 인사할 겨를도 없었는데, 내게 작은 사고가 생겼다. 한겨울이었고, 나는 패딩 점퍼를 입고 있었다. 분위기가 달아오른 술집에서 그 패딩 점퍼를 아무 데나 벗어두고 정신없이 술을 마시던 게 화근이었다. 집에 가려고 보니 옷이 없었다. 바깥의 추위도 추위였지만, 어쩌자고 그랬는지 나는 가방도 없이 패딩 점퍼 주머니에 휴대전화며 지갑이며 집 열쇠까지 다 넣어두었다. 그때 연희문학창작촌에서 계약직으로 일하고 있던 서효인이 여기저기 탐문해 알아낸 사실인즉, 연희문학창작촌에서 일하는 직원 한 명이 너무 취해서 주변 사람들이 택시를 태워 보냈는데, 몸도 못 가누는 그에게 누군가가 눈대중으로 내 패딩을 입혀 보냈다는 것이다. 그랬구나…. 건장한 청년이었는데, 내 패딩이 잘 맞았구나…. 아무도 원망할 수 없는 상황이었다. 죄가 있다면 내 패딩이 그에게 너무 잘 어울렸던 것이리라. 그는 너무 취한 나머지 연락 두절 상태였고, 그럴 이유가 없는 서효인은 아주 미안해하며 내게 얼마의 돈과 겉옷을 내밀었다. 내일까지 그 사람을 꼭 찾아내 내 옷을 회수할 테니, 일단 그 돈과 겉옷을 받고 다음 날 연희문학창작촌으로 옷을 찾으러 오라는 거였다. 나는 겉옷은 안 받고, 돈은 받았다.

그리고 다음 날 아침 일찍, 옷을 찾으러 다시 그곳으로 갔다. 서효인은 "어디서 굴렀는지 얼굴에 잔뜩 멍이 든 채로 창작촌에 들어와서 자고 있었다"라고 말하며 내 패딩을 입고 간 사람을 부르더니 "이 피떡이 된 얼굴을 봐서라도 노여움을 풀라"라고 덧붙였다. 그런데 당시 내 꼴도 말이 아니었다.

나는 전날 그에게 받아 간 돈으로 친구와 술을 더 마시고 무릎이 피떡이 되어 있었다. 서효인은 '너는 또 어디에서 굴렀니…?'라고 표정으로 말하고 있었지만, 나는 이미 그를 친구로 생각하고 있었으므로 별로 안 창피했다.

이때까지 우리는 존댓말을 쓰는 사이였고, 언제인지는 모르지만 이후 문단 행사 자리에서 이따금 만나며 말을 놓는 친구 사이가 됐다. 이야기가 이렇게 길게 이어질 줄은 몰랐지만, 어쨌든 그때는 서효인이 출판사에서 일하고, 편집자가 되고, 잡지를 만들고, 이렇게 나의 인터뷰이가 될 줄 상상도 못 했다는 이야기.

하겠다고 마음먹으면 하고야 마는 힘

"중학교 때 워낙 공부에 관심이 없었어. 약간 불량스럽기도 했고. 성적이 안 좋아서 인문계 고등학교에 진학하려는 생각을 안 했었는데, 인문계 못 가는 성적의 아이들은 선생님한테 엄청 맞는 거야. 너무 때리더라고. 인문계 갈 정도의 성적으로는 끌어올려야 덜 맞겠다 싶었지."

이미 다른 인터뷰에서도 많이 해온 그의 학창 시절 이야기다. 오로지 덜 맞기 위해 이런저런 방법을 동원해 인문계 고등학교에 진학했지만 여전히 성적은 바닥이었다. 교내 동아리 중 RCY에 들고 싶었으나 지원자가 많아서 떨어졌다. 그 때, 학기 초에 숙제로 낸 서효인의 자기소개서를 눈여겨봤던 담임 선생님이 "글을 잘 쓰는 것 같은데, 반드시 문예부에 들어가라"라고 했다. 어렸을 때부터 글 쓰는 걸 좋아하고 스스로도 어느 정도 쓴다고 생각은 하고 있었지만, 선생님에게 그런 말을 들은 것은 처음이었다. 그렇게 문예부에 들어갔고, 처음 나간 외부 백일장에서 상을 받았다. 큰 상은 아니었지만, 항상 맞기만 하다가 상도 받고 조회 시간에 앞에 나가 칭찬을 받으니 좋았다. '아, 내가 이걸 잘하는구나!' 했다. 그 이후 백일장에 나갈 때마다 상을 받았다. 1등을 한 적은 없지만 중간 언저리의 상을 받으면서 성적도 자연스럽게 올랐다. 그리고 전남대학교 국문과에 입학! 아니, 이 비약적인 상황은 뭔가. 고등학교 반 배치 고사 결과, 뒤에서 아홉 번째였던 그가 국립대에 들어갔다는 게 놀라워서 어떻게 그럴 수 있냐고 수차례 물었는데, 그는 그저 맞지 않을 만큼 했다고만 말할 뿐이었다. 이것은 칭찬의 힘인가, 문학의 힘인가, 아니면 체벌의 힘인가? 아마도 하겠다고 마음먹으면 하고야 마는, 서효인의 힘이 아닌가 싶다.

고등학교 백일장에 나가서 그가 썼던 것은 시가 아니라 산문이었다. 시는 동아리에서 시화전을 할 때 쓰긴 했는데, 시 자체보다는 그림을 그리고 그 위에 납작붓으로 글씨를 쓰고 패널에 붙이는 과정을 더 열심히 했다고 한다. 시를 잘 쓴다고 생각하게 된 건 대학에서 과 내 시연구회 '비나리'에 들어가면서부터다. 임동확 시인, 곽재구 시인이 초창기 멤버였던 '비나리'에서 선배들에게 잘 쓴다는 칭찬을 들으며, 그 지방 문인들도 알게 되고 그들에게 예쁨을 받았다. 내가 시를 잘 쓰나? 그러면 등단을 해도 좋겠다, 라는 생각도 그때 하게 되었다. 소설 읽는 것을 좋아해서 소설도 써보았지만 그건 잘 안 됐다.

녹록지 않았던 서울살이

그는 대학원 석사과정 입학 예정이었던 2006년 가을에 시인이 되었다.

> "등단을 하고 대학원에 다니면서 헷갈리기 시작했어. 지방에서 문학을 하기가 어렵다고 생각했어. 답답함도 느꼈고. 그곳 분들도 물론 잘해주셨지만, 그냥 나 혼자 견디기 어려운 게 있었던 거지."

대책 없이 상경을 결심한 건 그때였다. 석사 논문 도장을 받자마자 박사를 하지 않겠다고 폭탄선언을 하고, 서울에 어떻게 올라갈 수 있을까, 인터넷을 뒤졌다. 그러다 사회적 기업 '티팟'에서 문화 예술 사업 분야의 인턴 모집 공고를 보고 지원했다. 서른 명 가까이 모인 그 자리에 광주에서 온 이는 그 혼자였다. 합격 통보를 받은 뒤, 취직을 했으니 서울로 가겠다고 집에 알렸다. 그러자 광주에서 멀쩡히 회사에 잘 다니고 있던 여동생이 자신도 답답했던지 같이 가겠다고 나섰다. 여동생보다 먼저 올라온 그는 한 달 동안 친척 집에서 지내며 생활했다. 그러다 여동생이 올라오고 나서는 친척 집이 있던 불광동에 반지하 방을 얻었다. 광주에서 임대 아파트 입주 기회를 포기하고, 그걸 정리한 돈으로 마련한 거처였다. 1,000에 30.

"그 집을 얻고, 엄마가 올라와서 보시고는 펑펑 울었어. 사람 살데가 아니라면서. 광주에는 반지하라는 데가 없거든."

서울 생활은 녹록지 않았다. 그에게 서울로 올라오는 명분이 되어주었던 첫 직장은 문화 예술 전반에 관련된 일을 외주로 받아서 하는 곳이었다. 그의 업무는 보훈처에서 하는 '상해 임시 정부 전시회'. 급여는 88만 원. "진짜로 88만 원 주더라." 약간의 억울함과 어리둥절함이 섞인 특유의 정색하는 표정으로 그가 말했다.

당연히, 88만 원으로는 생활이 어려울 수밖에 없었다. 그런데 그나마도 월급이 밀렸다. 그는 6개월 만에 그 일을 그만두고 새 일자리를 찾았다. 서울문화재단에서 창작 공간을 만드느라 사람을 많이 뽑던 때였다. 연희문학창작촌에서 일할 계약직을 뽑는 공고를 봤다. '문학'이라는 단어가 그의 시선을 잡아끌었다. 공채 시험 절차를 거쳐 계약직으로 채용이

되었다. 인턴에서 계약직으로, 88만 원에서 150만 원으로 조금 나아졌다. 내가 그를 처음 만난 것이 이 시기였다. 그때로 다시 돌아간다면, 삼겹살을 1인분 더 시킬 텐데. 둘이서 2인분이라니, 지금 생각하면 있을 수 없는 일이다.

그는 연희문학창작촌을 11개월 만에 그만두었다. 12개월 일하면 퇴직금이 지급되어야 해서 그의 계약 기간은 11개월이었다. 첫 시집이 나온 뒤라, 안양예고에서 일주일에 두 번 '시 창작 강의'를 하며 한 달에 50만 원가량 벌었다. 여기저기 닥치는 대로 일을 달라고 어필을 해서, 사보 등의 잡지에 원고료 8만 원에서 30만 원까지의 산문을 들어오는 대로 썼다. 이러저러한 것들을 모으면 대략 한 달 수입이 80만 원 정도. 서울 생활 초창기 88만 원보다 적은 돈이다. 생활이 가능했을까?

"그때 김수영문학상도 받았고, 『이게 다 야구 때문이다』(2011, 다산책방)를 내고 인세도 받았고, 서울문화재단에서 주는 창작 지원금도 받아서 2,000만 원 정도 생겼어. 상황이 나쁘지 않았지. 그래서 망원동으로 이사도 했어. 월세를 올려서 반지하 아닌 곳으로. 직장 생활을 하는 동생이 월세를 좀 더 내기로 했는데, 나도 구직 활동을 하고 새 직장을 가질 생각이었으니 크게 걱정하지 않았지."

잠깐. 그는 지방에서 문학을 하기가 어려울 것 같아서 서울로 왔다고 했다. 그런데 문학을 한 얘기는 없고, 온통 일한 애기뿐이다. 그런데 그게 또 문학을 크게 벗어나지도 않은 것 같기는 하다. 게다가 가장 힘들 수 있었던 순간에 상금과 지원금이라는 이름으로 문학이 돈이 되어주다니. 물론 그건 그가 일을 하면서도 놓지 않은 것이 있었기 때문일 것이다.

그가 하면 달랐다

어렸을 때부터 글 쓰는 사람이 되고 싶긴 했지만, 시인을 직업으로 꿈꿔본 적은 없었다고 그는 단호하게 말한다. 시로는 돈을 벌 수 없다고 모두가 알고 있고, 그건 사실이기도 하니까. 근데 그는 시로 돈도 좀 벌었다. 화려한 수상 경력 덕분인데, 그중에는 고액의 상금을 주는 문학상도 있다. 지금의 그의 아내가 여자 친구였던 시절, 임용 고시를 준비하던 여자 친구 뒷바라지를 시 써서 하고 있다고 해서 그 터무니없는 농담에 그만 배꼽을 잡고 웃은 적이 있는데, 그러면 농담이 아닐 수도 있었겠다는 생각이 이제야 든다. 하지만 그렇더라도 그의 '직업'은 시인이 아니다.

그가 하고 싶었던 '일'은 문화 또는 문학 분야의 기획이었다. 편집자가 되리란 생각은 해보지 않았다. 늘 스스로 꼼꼼하지 않다고 생각했던 까닭이다. 주위의 평가도 그렇거니와 자신이 생각하기에도 추진력과 아이디어는 꽤 좋은 편이었다. 일을 만들어내고, 디테일은 빠진 상태라도 일단 그것을 해나가는 데 강한 것이 장점이라고 했다. 고등학교 때부터 그랬다. 시화전을 해도 그가 기획을 하면 달랐다. 그렇기에 문학과지성사에서 행사 기획 등의 일을 하는 자리를 제안받았을 때, 자신이 할 수 있는 일이라고 생각했다. 직장이 필요하기도 했고.

그가 문학과지성사에서 처음 기획한 행사는 '파스칼 키냐르 낭독회'였다. 키냐르가 없는 키냐르의 낭독회. 누가 시킨 것도 아닌데, 키냐르의 신간 출간 기념으로 이 행사를 기획해서 먼저 회사에 제안했다. 키냐르의 작품을 좋아하는 작가들이 모여 낭독하는 행사였다. 프랑스인을 섭외해 원어로 낭독한 것을 녹음해서 그 자리에서 틀기도 했다.

이런 식의 행사 기획, 홍보, SNS 관리, 홈페이지 관리 등 마케팅 기획이 그의 주 업무였다. 그런데 시간이 지나다 보니 자신의 역할이 애매하게 느껴졌다. 편집도 영업도 하지 않으면서 그런 기획만 하는 사람은 출판계보다는 다른 직장이 더 맞지 않을까, 라는 생각이 들었다. 출판의 본질적인 업무에는 접근하지 못하는 것 같아 주변부라는 느낌을 떨칠 수 없었던 거다. 편집자 아니면 영업자가 되어야겠다는 생각을 하게 된 이유다. 편집자나 영업자가 되어서 기획 쪽 일을 잘하는 사람이 되는 것이 그의 목표였다.

"나는 엉덩이가 무겁지도 않고, 책에 사고 낼 것 같고⋯. 그래서 편집자에 대한 동경이 있었어. 편집자를 할 수 있는 사람은 따로 있다고 생각했거든. 박학다식하고, 성격도 차분하고⋯. 나는 그런 사람이 아닌 것 같아, 못 할 것 같아, 그랬지. 근데 출판사에서 그래도 3~4년 일을 해봤고, 그다음 단계로 나아가야 하는데 그러려면 편집자가 가장 비전이 있다고 생각했어. 출판사에서는 편집자가 중심인 게 사실이니까. 그러던 차에 민음사에서 편집자로 제안을 받았고, 한 달 정도 고민을 깊게 하다가 본격적으로 편집 일을 하면서 하고 싶은 걸 해보자고 결심했지."

편집자가 되리라는 생각을 해보지 않았다는 말이 무색하게, 그는 자리를 옮기고 얼마 되지 않아 일을 내고야 만다. 격월간 문학잡지 《릿터》의 창간이 그것이다. 아이디어와 그것을 실행으로 옮기는 추진력, 그가 말한 자신의 특성이 고스란히 반영된 결과물이 나온 것이다. 쉽지 않았을 그 창간 사연이 궁금했다. 내가 묻자, 쑥스럽게 웃다가 다시 특유의 정색을 하고 그가 말을 받았다.

"민음사에서 발간하던 잡지 《세계의 문학》을 없애기로 경영진에서 결정했고, 그 사실을 가장 먼저 내가 알게 되었는데, 사장님의 마음을 돌릴 수 없겠더라고. 그런데 민음사에서 1년 정도 한국 문학 일을 해보니까, 문학잡지를 내지 않고 한국 문학 출판사라고 하기엔 어려운 것 같다는 생각이 들었어. 고민이 됐지. 문학잡지를 해보고 싶은 생각도 있었고…. 그래서 《세계의 문학》을 그냥 없애지 말고, 완전히 새로운 잡지를 만들어보고 싶다고 사장님한테 먼저 제안을 했어. 《세계의 문학》을 잇는 새로운 잡지를 만들어보겠다고. 당연히 바로 오케이 사인이 나진 않았어. 설득을 3개월 정도 했었지. 처음엔 웹진을 만들라고 했는데 '안 된다. 종이 잡지여야 한다'라고 했어."

당시, 서효인의 입사보다 조금 빨리 민음사에 새로 부임한 사장님의 눈에는 한국 문학 팀이 못 미더워 보였다고 한다. 한국 문학 편집자들은 편집위원들이 결정한 원고를 내는 역할 정도만 한다고 생각했던 것이다. 회사 내에서도 한국 문학 팀에 대한 기대는 크지 않았다. 한국 문학이 어느 정도 선전을 해야 세계 문학이 잘 팔리니 그 정도의 역할만 하면 된다고 여겼다. 그러나 이러한 암울한 상황에서도, 변화를 원했던 새로운 사장님이 직원들과 직접적이고 적극적인 소통을 했던 것이 그에게 기회라면 기회였다. 편집자가 된 지 얼마 되지 않았던 그가 새로운 잡지를 해보겠다고 직접 이야기할 수 있었던 것이 그 때문이었으니까.

편집자가 중심이 되어 만드는 잡지 《릿터》

사장님의 허락을 받아낸 것은 어느 늦은 회식 자리에서였다. 모두가 취한 새벽 3시, 그가 취중 진담처럼 전에 없이 적극적인 공세를 펼친 것이다.

"거의 빌다시피 고개를 막 조아리면서 한 번만 기회를 달라고 매달렸어. 이런 식으로 잡지를 없애고 한국 문학 끝내면 안 된다, 한 번만 기회를 주시면 정말 잘 만들어보고 싶다고. 돈이 문제시냐, 예산도 절감해서 만들겠다, 이런 얘기까지 했었지."

마침내 회사에서 공식적인 허락이 떨어지자 서효인다운 추진력으로 작업이 진행되었다. 다른 회사의 편집자 선배들을 만나서 조언을 듣기도 하고, 해외 잡지들을 사다가 한 달 정도 집중적으로 검토도 하고, 문학잡지가 아닌 패션지의 에디터도 만나 도움을 받았다.

사실 내가 아는 서효인은 '네네~' 하는 타입이 아니다. 본인이 생각하는 범위에서 아닌 걸 아니라고 말하는 데에는 거침이 없다. 그래서 좀 짓궂게 질문을 해봤다. 그런 조언들이 도움이 되었냐고. "너, 남의 말 잘 안 듣지?"라고 툭 던지자, 예상과 달리 그게 무슨 소리냐는 반응이 돌아왔다.

"나? 나, 남의 말 엄청 잘 들어!"

"열심히 듣고 네 마음대로 하는 거 아니야?" 한 번 더 찔러봤다.

"…그런가? 그런데 나는 잡지에서 고집 많이 안 부렸다고 생각하는데. 일단 결정해놓은 게 많이 없었고 반쯤 열린 상태였어. 《릿터》가 나오는 데 있어 많은 도움이 된 나의 본질은 유연성이었다고 생각해. 이 잡지는 굉장히 유연한 잡지야. 마지막까지 바뀐 꼭지도 많고. 특히 디자이너 얘기에 따라서 바뀐 게 많아. 그리고 우리 팀 박혜진 씨가 얘기하면 거의 그대로 받아들였어. 민음사 계열사인 반비의 김희진 부장님께는 상당히 많이 기대고 있어. 커버스토리 같은 거에서."

물론 그때 만났던 수많은 사람의 조언 중에 도움이 안 되는 것도 있었다고 한다. 어찌 보면 그는 남의 말을 안 듣는 것이 아니라, 내부에 확실한 거름망이 있었던 것일지 모른다. 《릿터》 창간에 그가 말을 잘 들었던 사람들은 《얼루어》의 허윤선 피처에디터, 박연미 디자이너, 같은 팀의 박혜진 씨, 반비출판사의 김희진 부장, 그리고 정세랑 소설가다. 잡지의 디자인, 구성, 톤 등에 이들의 의견이 많이 반영되었다.

"만들다 보니까 다 모르겠더라. 아직도 그 생각을 해. 진짜 다 모르겠다고. 조금 과장해서 얘기하면 《릿터》 만들면서 나는 카톡밖에 하는 게 없는 것 같아. 이 사람한테 뭐 물어보고 의견 나누고 반영하고, 또 저 사람한테 물어보고 반영하고. 이른바 편집장으로서 내 마음대로 뭘 결정하는 걸 못 하겠어. 만들면 만들수록 모르겠다는 확신만 들어. 그래서 믿을 만한 주변 사람들과 사이가 흐트러지지 않고, 오해를 만들지 않으며, 그들이 섭섭해하지 않도록 하면서 더 많이 더 깊게 사귀는 게 더 중요한 일 같아."

《릿터》의 특징은 편집위원이 없다는 것이다. 그는 처음부터 편집자가 중심이 되어 만드는 잡지였으면 좋겠다고 생각했다. 일주일 또는 2주일에 한 번 만나서 회의로 정해지는 콘텐츠가 아니라, 일하다가 뜬금없이 "이거 어때?" 하고 나오는 이야기들이 반영되는 잡지. 그게 《릿터》가 보여주고자 한 형식적인 측면의 가장 큰 틀이었다. 내용적인 측면을 보자면, 우선 문학 콘텐츠는 특별히 새로울 것이 없다. 문학잡지의 오랜 팬이기도 하고, 문학잡지를 즐겨 읽는 독자이기도 한 그는 '한국 문학이 문제가 있고 이 잡지로 바꿔버리겠다'라는 식의 생각을 한 번도 한 적이 없기 때문이다. 그러나 사회적인 이슈를 다룬 글의 경우에는 기존의 잡지에서 문학 평론가들이 많이 쓰던 글을 투박하더라도 현장의 전문가에게 청탁을 한다. 그리고 마지막으로 가장 신경을 쓰는 것은 필자의 성비. 그간 의식하지 못했다는 것이 부끄러울 만큼 고개가 끄덕여지는 부분이었다.

아닌 건 아니라고 말하는 단호함

2016년 8월, 드디어 《릿터》가 창간되었다. 책이 나왔을 때 회사의 반응은? 모두 놀랐다고 한다. 못 나올 줄 알았는데 진짜 나와서. 초판 부수는 간이 작아 2000부를 찍었다. 그러나 생각보다 엄청 반응이 좋았고, 결국 다 합해서 9500부를 찍었다. 이것도 아는 사람은 알겠지만, 문학잡지가 9500부라니,

놀라운 일이다.

좋은 반응이 많았지만 안 좋은 반응도 있었다. 문학이 이런 거냐, 연예인 인터뷰 왜 실었냐(《릿터》 창간호 첫 인터뷰이는 샤이니의 종현이었다. 그의 안타까운 소식을 들었을 때 나는 가장 먼저 이때의 인터뷰를 떠올렸다) 등등. 그런 반응 하나하나에 그는 일희일비했다. 그토록 만들고 싶었던 잡지를 만들었는데 하나도 행복하지 않았다. 그러고 나서 또 정신없이 2호를 만들어야 했고, 이번엔 사건이 터졌다. 페미니즘을 주제로 한 그 잡지의 표지 일러스트를 그린 작가가 성과 관련해 사회적 문제가 되었던 것이다. 1호보다 더 상승세를 탔던 2호의 판매 추이는 그 일로 곤두박질쳤다. 800~900명이었던 정기 구독자에서 100명이 빠져나갔다. 단 네 시간 만에. 그는 상황을 좀 더 지켜보자는 의견이었으나 회사는 독자들의 의견을 적극적으로 받아들여 표지를 교체하는 작업으로 신속하게 대처했다. 그는 그때 스트레스로 목덜미에 종기가 나서 수술까지 했다고 한다. 3호부터 차차 회복된 판매 부수는 현재 어느 정도 안정세에 접어들었다고 한다. 정기구독자는 2000명 내외라고.

"판매 부수가 더 올라갈 것 같진 않아. 지금까지는 회사에서 만족하는 편이고. 그런데 나는 만족하지 못해. 매 호 불안하고, 매 호 더 팔렸으면 좋겠고…. 내가 항상 불안해하고 안달하는 성격이야. 급하고, 불안해하고, 이게 됐으면 그다음 거 걱정하고 그래.

어쩌면 그게 잡지에 맞는 성격일지도 모르지."

사실 잡지를 준비하는 단계에서부터 힘든 일은 많았다. 《세계의 문학》 폐간 사실을 알리면서 편집위원들의 오해도 받았고, 외부에서 욕을 많이 먹는 것도 알고 있었다. 사내에서는 '되지도 않을 아이템으로 나댄다'라는 시선이 힘들게 하기도 했다. 지금 생각하면 어떻게 만들었는지 모를 정도로 힘든 시간이었다. 그럼에도 그 모든 걸 이기게 한 힘이 무엇일까, 라고 물었다가 나는 그만 창피를 당하고 말았다.

"그건 너무 이상한 서사야. 그건 아니지. 만들어야 되겠다고 생각했으니까 그냥 한 거야. 지금 사무실을 봐서 알겠지만 파티션이 높아. 그래서 뭔가 영향력이 잘 안 와. 안 좋게 생각하더라도 그냥 보고 있거나 싫은 게 다야. 소극적으로 도와주거나. 심적인 거 말고 물리적인 부담감은 회사에서 많이 없었어. 그리고 재미도 있었어. 박혜진 씨와 나 단둘이었는데, 마음도 잘 통했고 서로 문학 얘기 많이 했고…. 기획 과정은 재미있었어."

역시나 아닌 건 아니라고 말하는 단호함. 내가 잘못 본 게 아니었다. 나는 괜히 화제를 바꿔 뼈를 묻어 물었다. '네네~' 하지 않고 할 말 다 하는데 싫어하는 저자는 없었냐고. 아직은 없단다. 그러면서 저자에게 맞추려고만 하는 편집자의 태도는 좋은 게 아닌 것 같다고 꼬집었다. 나는 볼이라도 꼬집힌

듯 얼굴이 살짝 화끈거렸다. 그의 말이 백번 맞다. 그런데 그게 또 잘 안 되는 분위기라는 게 있다고 나는 생각했다. 혹시 문인 편집자의 특혜는 아닐까? 다소 공격적으로 질문했다. 그러자 그는 문인인 편집자를 대하는 작가들의 태도가 다른 것 같긴 하다고 솔직하게 말했다. 피드백을 받아들이는 측면에서 그렇다고. 그리고 편한 건 사실이란다. 하지만 그에 못지않게 불편한 점도 있을 것 같다. 동료 작가를 편집자와 저자의 관계로 만났을 때 자의식이 꿈틀거릴 수도 있지 않을까?

"문학을 하는 사람이 문학 편집을 한다는 것은 자기 정체성을 얼마나 건강하게 끌고 가냐의 문제인 것 같아. 헷갈리기 시작하면 한도 끝도 없어. 편집 일을 하고 전화도 받아야 하는데, 갑자기 시인의 정체성이 강하게 작동하기 시작하면 모든 게 어그러지고 모두에게 불행한 일이거든."

"너는 그걸 어떻게 분리해?"

"나는 돈을 벌어야 하니까. 여긴 나에게 돈을 주는 곳이잖아. 월급 받는 만큼 최선을 다해야. 난 이게 지고지순한 최고의 가치라고 생각해. 당연히 월급 받으러 왔으니까, 편집자 이전에 직원이지."

까딱하면 망할 수 있다

글 쓰는 사람과 책 만드는 사람, 그 둘 사이를 자유자재로 넘나드는 이가 서효인이라고 생각했다. 그런데 그는 자신이 잘 바꾸지 못하고 실패하는 사람이라고 말한다. 둘 다 잘해내기는 힘들고 둘 중 하나는 실패하게 되는데, 자신은 글 쓰는 것에 실패하는 것 같다고. 이건 겸손이거나 그가 욕심이 너무 많은 것 아닐까? 이처럼 쉬지 않고 일하면서도 그는 세 권의 시집과 두 권의 산문집을 출간했고, 2017년 2월에 출간한 세 번째 시집 『여수』(문학과지성사)로 큰 상을 여러 개 받기까지 했으니.

일주일에 이틀 정도, 두 아이를 재우고 밤 10시 반부터 새벽 1시까지 회사 일이 아닌 시인 서효인의 일을 한다. 연재 원고나 청탁 원고를 쓰는 일이다. 급할 때는 지하철에서 노트북으로 쓰기도 하고, 정 시간이 없을 때는 회사에서 쓸 때도 있다. 그럴 때는 출근 시간을 앞당겨 8시까지 가서 업무 시간 전 시간을 활용한다.

"가장 큰 고민은 책 읽을 시간이 없다는 거야. 아마 내가 망가지면 그건 책을 못 읽어서야."

그나마 책을 읽을 수 있는 시간은 출퇴근길 지하철 안에서다. 파주가 집인 그는 강남인 회사까지 하루 왕복 네 시간을 쓴다. 트위터, 인스타그램, 페이스북 등의 온갖 SNS를 하고, 잠도 자고, 책도 읽고, 오만 가지를 다 해야 목적지에 도착

한다. 퇴근길엔 주로 야구를 보는 편이다. 기아의 열혈 팬인 그는 트위터를 통해 책 이야기는 거의 안 하고, 주로 기아를 위한, 기아 팬들을 위한 글을 올린다.

"그분들이 내 트위터를 기다리고 있어."

그가 출간한 『이게 다 야구 때문이다』는 그가 지금보다 알려지지 않았던 신인 때 쓴 책임에도 적지 않은 판매 부수를 올렸다.

그는 아직도 잡지가 망할까 봐 불안하다. 잡지를 만들면서 가장 힘든 점이 이거다. 항상 '까딱하면 망할 수 있다'는 생각을 놓지 않는다. 이것이 매 호 최선을 다할 수 있는 힘의 원천이 아닐까 싶다. 뿌듯한 것은 매 호 나오고 있다는 것, 세상에 없던 것을 만들어내고 그게 자신 앞에 쌓이고 있다는 것이다.

편집자 서효인의 야망과 재미

지금은 자연스럽게 그가 잡지에 좀 더 집중하고, 함께 일하는 박혜진 씨가 단행본에 집중하는 방식이 되었다. 많이는 아니지만, 그래도 가끔 하는 단행본 편집도 재미있는 작업이다. 단행본 이야기가 나오니 『82년생 김지영』(2016, 민음사) 이야기를 안 할 수가 없었다. 투고로 들어온 그 원고를 출간하기로 한 게 서효인이라는 이야기를 들었던 터라 그것부터 물었다.

"그건 누가 봐도 책으로 냈을 원고였어. 명절에 전 부치다가 친정 엄마로 빙의하는 첫 장면을 보고 기가 막혔지. 나, 명절 정말 싫어하는 거 알지? 그때가 명절 전이었거든. 추석 짜증 나, 하고 있던 때였는데 그 얘기가 딱 나온 거야. 너무 기가 막히더라. 그래서 이거 너무 괜찮은 것 같다, 하고 팀원들에게 모두 포워딩을 했지. 당연히 모두가 이거 하자, 했고, 그래서 된 거야. 담당을 여자 편집자인 박혜진 씨가 해서 더 호흡을 잘 맞춰 진행한 것 같아."

그가 명절을 나만큼이나 싫어하는 걸 잘 알고 있다. 나는 남편과 싸우고, 그는 본가와 싸웠던 4년 전 추석 당일, 내가 하소연하는 전화를 걸어 하도 내 얘기만 하는 바람에 하고 싶었던 자기 얘기를 못 했던 그의 불만을 나는 아직도 가끔 듣곤 한다.

함께 일하는 같은 팀의 박혜진 씨는 인터뷰 내내 가장 많이 언급된 이름이다. 자신이 하지 않은 일을 자신의 것으로 포장하지 않는 것, 동료의 성과를 먼저 밝혀 높이는 것은 서효인이 편집자로서 갖춘 가장 큰 미덕이었다. 『82년생 김지영』이라는 제목도 박혜진 씨의 아이디어다. 본래 제목은 '820401 김지영', 서효인의 의견은 '여자 사람 지영'. 근데 박혜진 씨가 '82년생 김지영'을 내놓자 투표할 것도 없이 만장일치였다고.

이제는 사장님이 좋아하는 팀이 되었겠다고 말하며 훈훈한 분위기로 마무리를 지으려고 했는데, 역시나 내 뜻대로 이야기를 만들어줄 그가 아니었다.

"이 책이 나올 때쯤엔 싫어하실지도 모르지. 그건 몰라. 모 야구 커뮤니티에서 '꼴찌 팀 너무 괴롭다', '일등 팀 너무 잘한다' 이런 말을 하면, '성적은 돌고 돌아서 꼴찌 팀이 언제 일등할지 모르고 일등 팀이 언제 꼴찌할지 모른다' 그러거든. 마찬가지로 지금은 좋아하시지만 언제 성을 내실지 모르고…. 이런 성과물은 아마 몇 년간 안 나올 거거든. 그렇지 않아? 20만 부인데. 그러면… 모르는 일이야. 그리고 어쨌든 담당자는 박혜진 씨고."

그의 말마따나 그가 응원하는 기아 야구팀은 이 인터뷰가 진행된 2017 시즌에 우승 팀이었는데, 그다음 해인 2018 시즌에는 고전을 면치 못하다가 결국 5위에 그쳤다. 그래, 네 말이 옳다. 그리고 박혜진 씨 만세!

서효인의 일 벌이기는 아직 끝이 아니다. 《릿터》 온라인 판을 만들기 위한 자료 조사가 한창이다. 온라인 판이 어느 정도 틀이 잡히면 팟캐스트를 할지 그것도 고민 중이란다.

"이런 다양한 기획을 하는 게 재미있어. 재미만은 아니고 당연히 성과를 내서 인정받고 싶기도 하지. 내가 이 일에서 얻고 싶은 건 야망과 재미! 둘 다가 아닐까?"

이 사람, 박수인 줄 알았더니 문학이란 판에서 '야망'과

'재미'를 만들어낼 줄 아는 연금술사였다. 내가 이 책에서 그를 시인의 자리가 아닌 문학잡지 편집자의 자리에 놓은 이유가 여기에 있다.

인터뷰 이후 2년여가 흘렀다. 올해 기아는 하위권을 벗어나지 못하고 있고, 《릿터》 온라인 판은 아마도 잠정적으로 하지 않기로 한 듯 보인다. 서효인의 불안은 현실이 되었는가? 아직은 아니다. 그사이 『82년생 김지영』 누적 판매 부수 100만 부 돌파 기념으로 코멘터리 에디션이 나왔고, 《릿터》에 비평 글이 없다는 불만의 소리를 일거에 해결할 비평 무크지 《크릿터》가 2019년 1월 창간되었다. '야망'과 '재미'를 좇는 그의 행보가 더욱 기대된다.

김슬기, 문학 기자의 마음

옛날이야기를 자꾸 하면 나이가 든 증거라는데, 요즘 내가 그렇다. 글이든 말이든 '요즘은 안 그렇지만', '예전에는'이라고 서두를 놓는 일이 확실히 늘었다. 딱히 과거가 좋았다고 생각해서 늘어놓는 푸념은 아니다. 나, 나이도 먹을 만큼 먹었고 그동안 산전수전 다 겪었다고, 알량한 경력을 드러내고 싶은 것도 물론 아니다. 그러나 그런 인상을 줄 수도 있는 발언이라는 것까지 부정할 순 없으니, 어른들께 가소롭게 보이고 후배들에게 꼰대 같아 보인다면 조심해야 하는 건 분명하다. 그럼에도 이런 서두를 자꾸 꺼내게 되는 것은 익숙하고 당연했던 것들의 변화를 직접 보고 겪는 것은 특별한 경험이기 때문이다. 이를테면 얼마 전 개편된 국립국어원 홈페이지에 들어가 낯설어진 표준국어대사전 화면을 보며 단어를 검색하면서, "편집자로서 나의 한 시대가 막을 내린 것만 같다"라고 하던 한 선배의 말에 깊이 공감했던 것처럼. 지난 14년 동안, 표준국어대사전이 없는 나는 까막눈이나 마찬가지였다. 그러니 자연히 눈을 뜨고 지내는 많은 시간 동안 나는 그 화면을 들여다보아야 했다. 그런데 하늘빛이던 눈앞의 세계가 베이지 톤으로 바뀌었으니, 기분이 이상하지 않을 수 없는 것이다. 그러나 변화는 새로운 가능성과 기대를 품고 있기 마련이고, 다양하고 편리한 기능들에 곧 익숙해질 것을 안다. 아쉬움은 어쩔 수 없지만, 나는 사소한 변화라도 나아지는 과정이라고 생각하는 편이다.

그러니까 나는 한 번 더 이렇게 서두를 떼고 싶은 것이다.

요즘에는 없어졌지만, 예전에, 내가 신참 편집자였을 무렵에는 출판사에서 금요일마다 '작가 모임'이 있었다. 고정 멤버는 출판사 편집위원들과 몇몇 편집자였고, 초대 작가는 매주 달랐다. 최근 책을 낸 작가, 계약과 관련된 작가, 문득 궁금한 작가, 지나다 들른 작가 등등. 계간지가 나온 달의 한 주는 계간지 필자들이 모두 모여서 자리가 좀 더 커지기도 했다. 금요일마다 '작가 모임'으로 귀가가 늦어지자 엄마는 내게 "넌 작가도 아닌데 왜 그렇게 자주 작가 모임에 가는 거냐?"라고 묻고는 했다. 작가는 안 와도 되지만 신참 편집자는 안 갈 수 없는 자리라는 걸 엄마는 끝까지 이해하지 못했지만, 나는 그런 금요일이 싫지 않았다. 책으로만 알았던 작가들을 직접 만나서 그들의 이야기를 듣는 일도 신기했고, 대체로 유쾌한 술자리였기 때문이다. 작가들의 이름과 얼굴을 매치하고 외우는 일이 그 자리에서 나에게 주어진 일종의 미션이었는데, '저 작가는 누구지?' 싶은 인물의 경우에는 대화에서 힌트를 얻기 위해 귀를 기울이며 눈치로 짐작을 했다. 자주는 아니지만, 그 자리에는 가끔씩 일간지 문학 담당 기자들도 함께했다. 내가 모르는 작가라고 생각하고 주의를 기울이다 보면, 문학 담당 기자였던 경우가 종종 있었다. 당시 작가와 기자의 관계는 퍽 인상적이었다. 그들은 오래된 친구처럼 보였다. 그런 자연스러운 모습이 내게 특이하게 보였던 이유는 아마도 내가 가진 기자에 대한 편견 때문일 것이다. 기사의 대상이 될 수 있는 이에게 기자는 잘 보여야 하거나 조심해야 하는 상대라는 편견. 그러나 문학 담당 기자는 조금 다르다는 것을 알게 되는 데에는 그리 오랜 시간이 걸리지 않았다. 물론 신참 편집자에게는 저명한 저자나 그들과 함께해온 연륜 있는 기자 모두 어렵긴 마찬가지였지만.

문학 기자를 인터뷰하는 문학 인터뷰

《매일경제신문》의 김슬기를 처음 만난 건, 김화영 선생의 산문집 『행복의 충격』(문학동네) 개정판이 나온 2012년이었다. 그는 그 책의 출간을 기념해 마련한 강연회에 참석한 유일한 기자였다. 기자 간담회처럼 큰 자리가 아니고서는, 독자들을 초대한 작은 행사에 기자들이 오는 경우는 드물다. 그러니 그 젊은 기자의 열의는 정말이지 고맙고 반가운 것이 아닐 수 없었다. 그때는 이미 '작가 모임'이라는 것도 사라진 뒤였으므로, 편집자가 기자와 마주할 일은 사실 거의 없었다. 업무는 주로 전화와 이메일로 이루어졌고, 신문사에서 주최하는 문학상 시상식장에서 해당 신문사의 담당 기자를 보는 정도였다. 행사가 끝나고 뒤풀이 자리까지 꽤 길게 함께했는데, 처음 만난 사람 같지 않게 편하고 즐거운 시간이었다고 기억한다. 그것이 그의 힘인지, 내가 더 이상 신참 편집자가 아니었기 때문인지는 잘 모르겠지만, 이후 김슬기의 행보를 생각하면 전자일 가능성이 훨씬 높다. 이제 그는 젊은 작가와 편집자들의 오랜 친구처럼 보인다. '문학하는 마음'에서 문학 기자를 만나야겠다고 생각한 건, 김슬기이기 때문이었다.

인터뷰를 업으로 하는 기자를 인터뷰한다는 것은, 그러나 용기가 필요했다. 나의 부족함이 너무 빨리 들켜버릴 테니까 말이다. 하지만 한편으로는 다른 인터뷰들에 앞서 팁을 얻을 수도 있지 않을까 하는 기대도 있었다. 그러니까 그를 만났을 때는 인터뷰에 전혀 감을 못 잡고 있었다는 이야기다. 그런데 그가 능숙하게 책의 제목에 대한 이야기부터 꺼냈다. 히라타 오리자의 희곡 「과학하는 마음」을 원래 좋아했었다고. 이 책의 제목이 '문학하는 마음'이라는 것을 듣고 정말 잘 지은 제목이라 생각했단다. 그의 이야기에 어느새 마음이 편안해진 나는 "그래서 문학 이야기가 아니라 문학을 하는 사람들의 현실적인 이야기를 담고 싶은데 잘될지 모르겠다"라고 걱정스러운 마음을 털어놓았다.

"문학을 한다는 것 자체가 먹고살기가 힘들기 때문에 뭔가 토로하는 식의 이야기가 많이 나올 것 같아요. 《문학과사회 하이픈》에서 시인 특집을 했는데(2017년 여름호), 시를 쓰는 숭고한 직업정신이라든지 예술적인 어떤 이야기가 아니라 다 먹고살기 힘들다는 이야기여서 되게 재밌다고 생각했어요. 하나같이 전부 다 그렇더라고요. 이번에도 그런 이야기들이 많이 나오지 않을까요?"

나의 부담을 덜어주려는 듯 그는 걱정 말라는 투로 웃으며 말했다. 마음이 조금 가벼워진 나는 월급 '따박따박' 나오는 기자는 먹고살 만하냐고 바로 농담조로 받아쳤다.

"그렇죠. 작가와 달리 기자는 샐러리맨이니까요. 사회부나 정치부는 일이 많다고 월급을 더 주고, 상대적으로 문화부의 일이 적다고 월급을 적게 주는 데도 있긴 한데 저희는 그렇지는 않으니 감사하게 생각하고 다니고 있어요. 사실 문학 기자라는 게, 특별한 이유로 되는 건 아니고 그저 회사에서 배정된 것일 뿐이거든요. 회사마다 사정은 다르지만 운이 좋아서 되는 경우도 있고…."

문학 기자로 배정되는 것이 운이 좋은 것이라는 말이 조금은 의아하게 들렸다. 이것 또한 편견이지만, 기자를 소재로 한 드라마만 보더라도 사회부, 정치부 기자들이 주인공이 아니던가. 문학 기자가 인기가 있다면 그 이유는 무엇일지 궁금했다.

"1990년대까지는 신문사에서 가장 동경하거나 힘이 센 기자로 첫 번째가 청와대 기자, 두 번째가 문학 담당 기자라는 말이 농담처럼 있었어요. 황석영 작가나 김주영 작가의 소설이 연재되던 시절의 이야기죠. 그때는 사실 문학 담당 기자들이 그 회사를 먹여 살리는 거나 마찬가지였어요. 예를 들어 황석영 작가의 소설을 연재한다고 하면, 그 원고 수발을 하는 문학 기자가 원고를 못 받아 오면 신문이 못 나갈 수도 있는 상황이 되거든요. 김주영의 『객주』나 황석영의 『장길산』 같은 경우, 진짜 연재소설로 신문 판매 부수가 왔다 갔다 했던 시절이었으니까요. 그래서 그런 우스갯소리가 있었지만, 지금은 전혀 그렇지 않죠. 지금 문학 기

문학 기자의 마음

김슬기,

자를 하고 싶어 하는 이유는 조금 서글픈 건데⋯. 업무 강도 때문이기도 해요. 사회부와 정치부가 상대적으로 힘들거든요. 여기서 힘들다는 건 스케줄이 불투명하다는 얘기예요. 이를테면 청와대 출입 기자에겐 문재인 대통령이 부장이나 마찬가지인데, 부장이 출근하면 직원도 출근을 해야 하는 거죠. 그러니 그분이 일요일도 없이 출근을 하시면 기자도 일요일 없이 출근을 해야 해요. 이렇게 알 수 없는 스케줄 등 여러 가지 이유로 업무 강도가 세다고 할 수 있죠. 반면에 문화부는 정해진 스케줄대로 일을 할 수 있어요. 주중에 책이 나오면, 내가 그 책을 골라서 언제든지 기사를 쓸 수 있으니까 스케줄이 예측 가능하죠. 저녁이 있는 삶을 살고 싶어 하는 분위기가 문화부 기자의 인기를 높아지게 하기도 했어요. 그런데 아까도 얘기했듯이, 본인이 어느 부서에 들어가고 싶다고 그렇게 할 수 있는 게 아니라, 역학 관계가 되게 많아요. 신문사 인사 시스템은 진짜 불투명하고 전혀 예측 불가능해서, 저도 내일 아침 바로 다른 부서로 인사 발령이 날 수도 있어요. 실제로 그런 일이 비일비재하고요."

1990년대까지 신문사를 먹여 살릴 정도로 힘이 세서 청와대 기자와 나란히 동경의 대상이었다가 지금은 상대적으로 약한 업무 강도로 조용히 선호되고 있다니. 이 드라마틱한 문학 기자의 변화 과정에 대해 좀 더 들어보기로 했다.

'문학 기자라는 현상'의 어제와 오늘

"한국에서 문학 기자라는 현상을 만든 것은 김훈과 박래부라고 생각해요. 1980년대에서 1990년대, 2000년대 초반까지 문학 기자들이 사회적으로 큰 영향력을 발휘했거든요. 1990년대는 종이 신문의 최고 전성기였는데, 그때 가장 잘나가는 신문이 250만 부 정도 찍었다고 하니까요. 하루에 250만 부인 거예요! 신문 하나에는 책 한 권 분량의 내용이 들어가 있는데 그걸 매일매일 그 정도로 전달한다는 건 굉장히 놀라운 일이죠. 게다가 그때는 지금처럼 온라인 매체가 있었던 게 아니라서, 출판 시장을 신문이 좌우했다고 할 수 있어요. 김훈과 박래부가 문화부에 있던 《한국일보》가 당시 어마어마한 영향력을 가질 수밖에 없었던 이유는, 그때는 책을 읽는 사람들과 신문을 읽는 사람들이 정확하게 같은 사람이었기 때문이에요. 책을 구입하는 판단의 기준이 신문이었던 거죠. 매일 아침 문학 지면에 있는 연재소설을 읽고, 그 지면에 기사를 쓴 김훈과 박래부, 또는 지금까지 30년째 문학 기자로 활동하고 있는 최재봉, 조용호, 박해현(내가 작가 모임에서 보았던 기자들!)의 기사를 보고 책을 사는 거예요. 그때는 기자 다섯이 마음을 먹으면 100만 부를 만들 수도 있었죠. 그런 문학 기자들이 문인이 되어 성공을 하기도 하고요. 정말 화려했던 그 시절이 지나가고… 지금은 12년 전에 등장한 이 아이폰 때문에(우리 둘 다 아이폰이었다) 몰락했죠. (웃음) 지금 신문 판매 부수는 그때의 절반 이하예요. 종이 신문의 영향력이 10분의 1 정도로 줄어들었어요. 그런데 그때와 다른 점이 있죠. 과거에는 종이 신문만 큰 영향력을 발휘했다면 지금은 다양한 매체가 생긴 것, 문학 전문 온라인 매체부터 각 출판사가 운영하는 웹진이나 '채널 예스'처럼 서점에서 운영하는 것까지, 수십 개, 또는 그 이상의 매체가 있잖아요. 오히려 지금 질과 양에서 한국의 출판 콘텐츠를 압도적으로 쏟아내는 매체는 채널 예스인 것 같아요. 그곳에서 대부분의 책을 받아 보니까요. 1990년대에는 한강, 김연수 등이 일을 했던 《출판저널》 같은 곳이 영향력을 행사하기도 했지만, 지금은 그렇지 않잖아요. 온라인 매체들이 다 가져간 상황이죠. 종이 신문은 점점 더 영향력이 줄어들고 있고요. 그래서 안타깝지만 문학 기자도 점점 자리가 줄어들고 있어요. 과거에는 매 신문마다 두세 명의 문학 기자가 있었는데, 지금은 대부분의 매체에서 한 명 내지는 2분의 1명 정도예요."

문화부의 문학 담당 기자는 그저 회사에서 배정된 자리일 뿐이라고 하지 않았던가. 한데 그는 마치 1990년대부터 문학 기자였던 것처럼 이야기를 이어갔다. 그와의 첫 만남을 떠올리다 2012년이라는 것을 깨닫고 그보다 더 오래된 것 같다는 생각이 든 게 공연한 건 아니었구나 싶었다.

매일매일 시험을 보는 것 같아요

그는 첫 직장인 《매일경제신문》에 2008년 9월 입사해서 올해로 10년이 조금 넘었다. 사회부 3개월을 제외하고는 줄곧 문화부에 있었는데, 클래식과 공연, 대중문화를 담당하다가 문학 담당을 하게 된 것이 2012년. 그가 처음 쓴 문학 기사는 김애란 소설집 『비행운』(2012, 문학과지성사)이다. 그때만 해도 문학 담당은 아니었고 문학 담당이던 부사수의 기사를 봐주는 사수의 역할을 하면서 같이 기사를 쓰다가 가을부터 완전한 문학 담당이 되었다. 그런데 왜 더 오래전부터 문학 담당이었을 것처럼 느껴지는 걸까? 이런 엉뚱한 질문을 던지자 문학 기사를 쓰는 사람이 적어서 자신이 기사를 많이 쓴 것처럼 보였기 때문일 거라는 답이 돌아왔다.

"일주일에 원고지 기준으로 기사를 100매 정도 써요. 꼭지 수로는 열 꼭지 내외고요. 근데 그건 유동적이라, 적게 쓸 때는 네다섯 꼭지 쓸 때도 있어요. 네다섯 꼭지면 하루에 한 꼭지 수준이니까 별로 부담스럽지 않은데, 많을 때는 열 꼭지를 훨씬 넘게 쓰기도 하니까 그땐 정신이 없죠. 저는 출판 담당을 같이 하기 때문에 토요일 자 '북 섹션' 두 페이지에만 제가 쓰는 꼭지가 여섯 개 정도 들어가요. 그 면의 3분의 2 정도를 제가 다 쓰는 거죠. 그게 가장 일이 많고, 그걸 마감하고 나서는 주중에 시집과 소설 기사를 써서 평일 자에 넣고요. 그렇게 계속 반복이 돼요."

어쩌면 당연한 기자의 일상이 새삼 놀라워서, 그렇게 글이 바로바로 나오느냐고, 나는 또다시 한심한 질문을 건네고 말았다. 그러자 이번에도 그의 친절한 답변이 이어졌다.

"바로바로 나올 수밖에 없어요. 그게 좀 실망스러울 수도 있는데⋯. 마감 시간이 정해져 있으면 책을 얼마나 읽었고, 얼마나 이해를 했는지는 중요하지 않아요. 기자들이 가장 안타까운 건 마감 시간에 쫓겨서 책을 제대로 못 읽는 거죠. 자기가 이해한 범위 내에서 최대한 노력을 해서 기사를 쓰지만, 어쨌든 책을 처음부터 끝까지 천천히 읽고 나서 글을 쓰지는 못하기 때문에, 사실 기자들은 대부분 자기가 쓴 기사에 만족하지 못해요. 게다가 경쟁심과 압박감이 큰 직업이기도 하거든요. 비유를 하자면 매일매일 시험을 보는 것 같아요. 내가 오늘 기사를 쓰면 다음 날 아침에 그 신문이 인쇄돼 나오는데, 경쟁사인 다른 신문도 대부분 같은 날 같은 책에 대한 기사를 싣거든요. 이건 문학 담당 기자만의 특징이에요. 다른 부서 기자는 사람을 만나서 인터뷰를 하거나 보도 자료를 사람들이 쉽게 이해할 수 있도록 정리해주고 해설해주는 기사를 쓰는데, 문학 기자는 어떻게 보면 주관적인 기사를 쓰는 거예요. 이 소설이 좋다, 나쁘다, 내 마음에 들었다, 감동적이다⋯. 이렇게 주관적인 의견이 들어간다는 면에서 기자들이 하고 싶어 하는 일이기도 하고, 그만큼 어려운 일이기도 해요. 시간이 없으니 그만큼 스트레스가 크죠."

기자는 질문만 잘하는 게 아니라 대답도 잘하는 사람이었다. 그가 이어서 들려준 시간에 쫓기는 문학 기자의 하루 일과와 "매일매일 시험을 보는 것" 같은 상황에 대한 이야기도 무척 흥미로웠다.

"예를 들면 이런 거예요. 지난 10년 정도 문학 담당 기자들을 가장 괴롭히는 사람은 무라카미 하루키예요. 왜냐하면 이 사람이 국내에서 상업적으로 성공했고, 사람들도 관심을 많이 가지기 때문에 기사 경쟁이 가장 치열하거든요. 그래서 일본에서 하루키 책이 나왔을 때 기사를 쓰고, 한국 어느 출판사에서 판권을 사 갔다는 기사도 쓰고, 번역을 누가 한다, 책이 언제 나온다는 기사도 쓰죠. 그리고 책이 나오면 리뷰를 쓰고, 나중에는 책이 얼마나 팔렸는지도 기사를 쓰는 거예요. 이 책 한 권에 대해 여섯 번, 일곱 번, 여덟 번 기사를 쓰는데, 이런 작가는 거의 없거든요. 게다가 대부분의 기사들이 타사와의 경쟁하에 이루어져요. 하루키 신간을 어느 출판사에서 선인세 얼마에 가져갔다는 걸 알게 되는 기자가 특종을 가져가는 거고, 나머지 모든 기자는 낙종을 하는 거죠. 문학 기자는 특종에 대한 경쟁이 거의 없는데, 이런 소수의 이른바 스타 작가들이 그런 특종을 만들어내고, 그 기사의 질을 가지고 똑같이 평가를 받아요. 근데 기사를 쓸 수 있는 시간이 촉박하잖아요. 아침에 출근하자마자 '여산통신'이라는 책 배달 업체를 통해서 책을 받는데, 대부분의 신문사는 오전에 기사 마감을 해요. 문화부 기자들은 조금 더 마감 시간을 버틴다고 해도 오후 2~3시 정도까지는 마감을 해야 되죠. 그럼 9시나 10시에 책을 받아서 거의 두세 시간 만에 읽고 기사를 완성해야 되는 거예요. 그것도 한 시간 정도 집중해서 읽고 한 시간 동안 쓸 수 있으면 다행이지만, 거기에서 끝나는 게 아니라 사실 확인을 해야 하거든요. 이 책이 며칠에 나왔고, 가격이 얼마고, 번역자는 누구고… 여러 가지 사실 확인을 해야 하기 때문에 이런 시간도 고려해야 하니까 사실상 기사를 쓸 수 있는 시간은 더 촉박하죠. 뿐만 아니라 그 와중에 계속 전화도 오고, 다른 책이 오고, 상사가 불러서 다른 일을 시키기도 하고, 그런 일들이 계속 있기 때문에 기사를 쓸 수 있는 시간이 길지 않다는 게 문학 기자들의 가장 힘든 점이에요. 그리고 다음 날 출근을 하면 각 신문사 문학 기자들이 쓴 일종의 답안지들이 책상에 깔려 있어요. 이 책을 읽고 기사를 쓴 기자들은 다 각각의 점수를 매길 수 있어요. 아, 나는 이번에 70점이구나, 이 선배는 90점이구나, 이런 게 가능한 거죠. 그런 면에서 다른 기자들과는 다른 스트레스를 받는 거예요. 이런 걸 좋아할 수도 있고 싫어할 수도 있고, 장단점이 있죠. 정말 좋은 글을 쓰고 싶다는 욕심이 있으면 문학 기자는 굉장히 좋은 자리예요. 좋은 소설이나 시를 소개할 수 있다는 점에서도 보람이 있고요. 대신에 일하는 방식에서 이런 스트레스를 매일매일 받는 것도 사실이에요."

기자에게 문학 읽기는 필수

김슬기는 대학에서 영어영문학을 전공했다. 꿈이랄 것까진 없었지만, 대학 때 유일하게 하고 싶은 일이 기자였다. 4년 동안 적당히 학교를 다니고 스펙을 쌓아서 남들이 들으면 이름을 알 만한 직장에 취업하는 것이 자연스럽게 생각되던 때였고, 취업 준비를 하는 친구들 틈에서 그 역시 어떤 직업을 가질까보다는 어떤 회사를 갈까를 고민했었다. 그러다 이른바 언론 고시를 준비하게 된 이유는 신문사는 필기시험만 잘 보면 된다는 장점(?)이 있었기 때문이라고. 물론 국어, 영어, 논술, 상식, 작문 등을 종합적으로 보는 필기시험이 굉장히 어렵긴 하지만, 스펙이 좋지 않아도 필기시험을 잘 보면 다른 모든 걸 상쇄할 수 있다는 게 큰 매력이었다고 한다. 그는 기자가 되겠다고 마음을 먹고 뒤늦게 신문방송학을 복수 전공하기도 했다. 그러나 기자가 되기 위해 꼭 신문방송학을 전공할 필요는 없다는 걸 신문사에 들어오고 알게 되었다. 오히려 다른 전문 분야를 전공하는 것이 많은 도움이 된다고 그는 덧붙였다.

기자가 되고 싶은 마음은 있었지만, 문학 담당 기자가 될 줄은 몰랐을 터. 좋아하지 않고는 그 많은 책을 읽고, 그의 말마따나 자신의 주관적인 의견이 들어간 기사를 쓰는 일이 쉽지는 않을 텐데, 그는 문학을 좋아했을까?

"좋아하지 않으면 사실 문학 담당만큼 힘든 일은 없을 거예요. 저는 전공이 영문과이기도 하고, 문학을 굉장히 좋아했어요. 물론 이걸로 밥벌이를 하게 될 거라고는 한 번도 상상을 안 해봤지만요. 저는 소위 문청은 아니었거든요. 이런 말 하면 좀 깨긴 하지만. 백일장을 나가거나 글 쓰는 걸 좋아한다거나 하진 않았고, 그냥 책 읽는 것만 좋아했어요. 사실 문학보다는 논픽션을 훨씬 좋아했고, 그래서 기자가 된 것이기도 해요. 그런데 기자가 되고 나서는 문학을 좀 더 읽어야겠다고 생각을 하게 됐어요. 왜냐하면 기자들은 늘 기계적으로 딱딱한 글을 쓰고, 딱딱한 글을 읽잖아요. 그래서 문화부 기자나 문학 담당 기자가 아니라 하더라도 기자로서 조금 더 경쟁력을 가지려면 문학을 많이 읽는 게 필수예요. 저널리즘 세계에서 존경을 받는 선배들은 문학을 많이 읽은 분들이에요. 과거 문학 담당 기자들 중에 스타들이 많았던 이유가 그래서가 아닐까 생각해요."

편집자 업무 중에도 기자가 하는 일과 비슷한 것이 있다. 그것은 나를 비롯해 내가 아는 몇몇이 가장 고통스러워하는 업무이기도 하다. 바로 보도 자료를 쓰는 일. 책이 나오면 기자들에게 기사를 쓰는 데 도움을 주기 위해 발송하는 자료이지만, 요즘에는 출판사의 홈페이지나 각종 포털 사이트, 인터넷 서점에 올라가는 책 소개로 그 활용도가 더욱 커지면서 중요도에 비례해 부담도 커졌다. 편집 과정을 모두 마친 데이터를 인쇄소에 넘기고 나면 마감을 했다는 뿌듯함도 잠시, 숙제처럼 보도 자료 작성의 시간이 찾아온다. 좋은 글은 차치하고라도 쓰는 일 자체에서 창작의 고통이 따르기도 하지만, 어떻게든 좀 더 잘 쓰고 싶은 욕망을 품을 수밖에 없는 첫 번째 이유는 이 책이 기자의 눈에 들어서 기사가 많이 나왔으면 하는 마음 때문이다. 그러니 이것만은 꼭 물어보고 싶었다. 이렇게 힘들게 쓴 보도 자료가 기사화할 책을 정하는 데 있어서 중요한 역할을 하는 것이 맞는지.

"보도 자료는 정말 중요해요. 문학 담당만 하는 기자는 일주일에 20~30여 권의 책을 받고, 출판 담당 기자는 일주일에 150~200권 정도의 책을 받아요. 어린이책, 그림책, 동화책까지 다 포함해서요. 그러니 저처럼 출판과 문학을 같이 하는 기자는 200권 정도의 책을 매주 받는 거예요. 이 책을 큐레이션하는 게 출판 담당, 문학 담당 기자들의 일이에요. 어느 책을 고를 것인가가 가장 중요하죠. 오히려 기사를 쓰는 것보다 고르는 데 시간을 훨씬 많이 써요. 우리가 상상하는 것보다 훨씬 많은 책이 매주 끊임없이 나오니까, 1년에 1만 권 정도는 일별을 하는 거예요. 그러니 책을 빨리빨리 선별할 수밖에 없는데, 솔직히 만듦새라든지 제목, 저자의 이름만으로 거르는 책이 70퍼센트 정도는 되고, 이렇게 추려진 20~30권 정도의 책이 매주 남게 되죠. 이 책들은 굉장히 좋은 책들이기 때문에 욕심으로는 모두 다 소개를 하고 싶어요. 근데 그중에서도 선별을 해야 해요. 이걸 떨어뜨리는 기준은… 물론 이 모든 걸 상쇄할 정도의 명성을 가진 저자의 책이거나 제목이 좋은 책이면 살아남겠지만, 어쨌든 보도 자료예요. 1차적으로 보도 자료를 읽고 판단을 하는 거죠. 보도 자료가 친절하면 대부분 살아남아요. 근데 보도 자료를 꼭 잘 쓸 필요는 없어요. 가장 좋은 보도 자료는 책의 내용을 정확하게 요약한 거예요. 문학 보도 자료가 그래서 어렵죠. 요약을 할 수 없는 것들이 있으니까요. 문학적인 묘사 같은 건, 사실 기자 입장에서는 쓸데없는 정보거든요. 어떻게 보면 그래서 문학 보도 자료는 큰 영향을 안 끼친다고 할 수도 있어요. 그래서 오히려 저자 이름이 더 중요하고…. 유명한 사람 위주로 기사화되는 이유가 그런 데 있기도 하니 안타깝죠. 그런데 논픽션은 보도 자료가 정말 중요해요. 그리고 진짜 신기한 게 보도 자료의 완성도가 책의 완성도와 비례하더라고요. 보도 자료가 좋은 책치고 안 좋은 책을 본 적 없는 것 같아요. 반대로, 뭔가 되게 그럴듯하고, 두껍고, 명성이 있는 저자고, 띠지에 《뉴욕 타임스》 베스트셀러라고 되어 있어도 보도 자료를 봤을 때 A4 용지 한 장 정도로 성의 없게 쓴 책들이 간혹 있는데, 그런 책들은 실제로 읽으면 진짜로 재미가 없거나 과대 포장된 경우가 많아요. 그래서 경험적으로 보도 자료를 많이 믿죠. 기자들 대부분이 그럴 거예요."

요약을 할 수 없는 대표적인 책은 뭐니 뭐니 해도 시집이다. 시집 보도 자료를 쓰는 시간이면 한동안 깜박이는 커서만 바라보며 자괴감을 느끼지 않을 수가 없다. 김슬기는 "저자에 대한 약력을 좀 상세하게 설명하거나 시집의 전체적인 분위기, 저자의 의도 같은 것을 딱딱하게 설명해주는 것이 도움이 된다"라고 했다. "보도 자료는 어떻게 잘 베끼느냐의 문제"라고도 덧붙였다. 시집의 보도 자료를 쓸 일이 또 생긴다면 참고해야겠다. 그게 말처럼 쉬울지는 모르겠지만.

일과 상관없이 읽는 시간

김슬기는 본업인 기자 일 외에 문학 관련 활동도 많았다. 몰랐는데, 이렇게 많은 책을 읽고 많은 기사를 써야 하는데도 다양한 일을 두루 해왔다니, 정말 좋아하지 않고는 할 수 없지 싶다. 출판사 창비에서 진행한 팟캐스트에 시즌 1부터 3년 간 출연했고, 작가와 번역가, 편집자 등이 모여서 만든 '소설 리스트' 활동도 2018년 초 사이트가 문을 닫을 때까지 3년 반 정도 꾸준히 이어갔다. 이런 활동들은 그에게 어떤 의미일까?

"팟캐스트는 말로 하는 거라 큰 부담이 없어서 좋았어요. 머리에서 끄집어내기만 하면 되니까요. 대본을 간략하게라도 써야 할 때는 싫더라고요. 그래서 내가 질문만 만들고 답은 현장에서 즉흥적으로 하겠다고 협의를 했고, 그 이후로는 전혀 부담이 안 되는 일이었죠. 그 외에 다른 청탁들은 재미있어 보이면 대부분 다 썼고요. 소설리스트를 처음 시작할 때는 사실 신문 기사가 아닌 자유로운 형식의 글을 쓰고 싶은 마음이 있었어요. 그래서 숨통

이 트이겠다고 생각했죠. 실제로 자유분방하게 많이 써봤는데, 그게 도움이 됐어요. 저는 외고를 쓸 때, 다른 사람이 쓴 글로 보일 만큼 형식 같은 걸 기사와는 다르게 쓰려고 의식적으로 노력을 해요. 하지만 어쨌든 퇴근을 하고 글을 쓰는 일을 기자들은 싫어할 수밖에 없죠. 너무 힘드니까요. 신문 기사보다 원고료가 월등하게 적기 때문에, 수입적인 면이 의미 있진 않아요. 그래서 좋아하는 작가에 대한 글이라든지, 진짜 재밌게 읽었거나 관심 있는 책에 관한 글만 써요. 기자만이 가질 수 있는 판단력이나 시각 같은 게 있을 수 있는데, 이런 것들이 소개될 기회가 있으면 최대한 하려고 해요. 일종의 사명감 같은 걸 수도 있고요."

뿐만 아니라 그는 2017년 말, 예스24 MD인 아내와 함께 『읽은 척하면 됩니다』(난다)라는 책을 펴내기도 했다. 책과는 떼려야 뗄 수 없는 이 부부의 직업에 딱 어울리는 제목의 이 책은, 2017년 1월 1일부터 6월 30일까지 매일같이 써내려간 책 일기다. 그는 하루에 10분씩, 읽은 책의 인상만 남기는 식으로 원고를 썼다. 그가 '읽은 척한' 6개월간의 다양한 독서 일기와 7~12월의 독서 목록은 아주 흥미롭다. 이쯤 되고 보니, 일로 읽어야 할 책이 산더미인데, 그럼에도 읽고 싶은 책이 있는지, 그건 언제 읽는지 궁금했다.

"그게 가장 힘든 일이죠. 기사를 쓰기 위해서 읽는 책만 해도 일주일에 대여섯 권은 돼요. 그 책을 다 읽고 나머지 시간에 제가

문학 기자의 마음

읽고 싶은 책을 읽어야 하는데, 그 시간을 내는 건 진짜 힘들거든요. 업무 외에 책을 읽는 건 나름 큰 노력이 필요하죠. 공연이나 영화 담당을 했을 때는 자유롭게 책을 꾸준히 읽었었는데, 지금은 아침에 출근을 해서 퇴근할 때까지 대부분의 시간 동안 책을 읽거나 글을 쓰기 때문에, 집에 오면 글자를 보기가 싫더라고요. 문학 담당을 하고 나서 초창기에는 집에 와서 글을 읽은 적이 별로 없었어요. 글 쓰는 것도 잘 안 했고. 개인 시간엔 일부러 영상물을 본다든지, 공연을 보러 간다든지 했어요. 근데 제 생각엔, 기사를 쓰기 위해서 읽는 책이 아니라 기사와 상관없이 읽는 책의 양이 그 기자가 쓴 기사의 수준을 가늠하게 하는 것 같아요. 그래서 개인적인 독서는 아주 중요하고, 이제는 제가 좋아하는 책을 틈틈이 읽으려고 노력해요."

한국에서 발간되는 거의 모든 책을 받아 볼 텐데, 기사를 쓰는 책과 읽고 싶은 책이 크게 다를까 싶기도 했다. 그런데 독자의 궁금증과 요구에 응할 수밖에 없는 신문 기사의 특성상 한국 문학 위주의 기사를 쓸 수밖에 없기에, 좋은 해외 문학을 소개하기 어려운 것이 현실이다. 그의 개인적인 독서 목록에 좋은 해외 문학작품이 많은 이유다.

팟캐스트도, 소셜리스트도 활동을 마친 지금, 또 다른 계획이 있는지 물었다.

"문학적인 활동 계획은 없어요. 문학 담당 기자를 하는 동안에 계속 좋은 기사를 썼으면 좋겠고, 그게 유일한 계획이죠. 다른 분야의 기자도 해보는 게 목표이기도 해요. 다양한 경험을 하고 싶거든요. 제가 공부했던 현대미술 쪽을 다뤄보고 싶은 욕심도 계속 있고요. 다른 분야로 간다고 해도, 문학 담당을 했던 건 큰 도움이 될 거예요. 압축적으로 많은 작품을 계속 읽은 경험은 엄청나게 도움이 되죠."

문학 기자를 하지 않았으면 못 했을 경험

문학을 깊이, 많이 아는 것이 어떤 도움이 되는지, 그의 경험 속에서 듣고 싶었다.

"개인적으로, 한국 문학을 예전보다 더 좋아하게 된 건 사실이에요. 저는 해외 문학을 편애하는 독자였거든요. 서양 문학을 전공한 사람들은 장편소설 위주의 서사가 강하고, 야심만만한 작가가 쓴 소설을 좋아해요. 그래서 단편소설 위주의 한국 문학에 무게감이 없고 약하다, 라는 선입견이 있었죠. 그런데 문학 담당을 하면서 한국 문학을 훨씬 많이 읽다 보니까 우리말을 귀신같이 잘 쓰는 작가를 많이 만났어요. 그런 작품들을 계속 읽으면서 글을 쓰는 직업인으로서 배우는 게 많았죠. '단편소설이 이렇게 좋구나!' 느끼기도 했고요. 문학 기자를 하지 않았으면 못 했을 경험이라고 생각해요. 한국 소설을 꾸준히 읽기 전에는 그런 장점을 발견하기 힘들 수 있거든요. 최근 전문직에 있는 분들이 산문으로 좋은 반응을 얻어서 유명해지는 경우가 있잖아요. 너무 재미있는 게, 그분들을 관찰해보면 똑같은 코스를 밟아요. 이분들은 한국 문학이 후지다는 편견을 가지고 있거든요. 그들이 읽었던 건 서양의 고전인 거죠. 학생 때 읽은. 그런데 그런 작품들만 읽었던 세대가 글쓰기가 주요 업이 되고 나서 뒤늦게 한국 소설을 읽고는 '좋구나!'라고 하는 걸 많이 봤어요. 사실 그들의 독서 폭이 그렇게 넓지 않았던 거죠. 그리고 자신이 직접 글을 쓰고 나서야, 한국 문학의 좋은 문장과 매력을 발견하는 거죠."

한국 문학에 남다른 애정을 가진 그의 말을 듣고 나자, 마지막 질문이 자연스럽게 정해졌다. 그는 문학 담당 기자로서 만족할까?

"이 일을 하면서 고맙게도 제게 많은 기회가 있었어요. 문학 담당 기자가 된 건 행운이었다고 생각해요. 앞으로 기자 생활을 얼마나 더 하게 될지는 모르지만, 젊은 시절에 문학 담당 기자로 일한 건 앞으로도 엄청나게 큰 도움이 될 거예요. 사회부나 경제부에 가더라도, 문학 기자를 오래 했던 경험은 제가 남들과 다른 기사를 쓸 수 있게 만들어줄 테니까요. 이건 확실하게 자신할 수 있어요. 문학 기자를 하고 있는 이 시간은 그래서 분명 중요한 시기라고 생각합니다."

김슬기는 아직, 《매일경제신문》의 출판 문학 담당 기자다. 우리나라에서 문학 전문 기자가 있는 신문사는 몇 곳 안 되고, 그가 있는 신문사는 전문 기자를 둔 곳은 아니다. 그가 몇 차례나 말한 것처럼, 원해서 문학 담당이 된 건 아니지만, 그래서 내일 부서 이동이 있어도 이상할 것 없지만, 그리고 무엇보다 그 자신이 다른 분야를 경험해보길 바라고 있지만, 나는 그가 좀 더 문학 기사를 써주면 좋겠다. 베테랑 문학 전문 기자들 틈에 불쑥 나타나, 젊은 작가들과 다양한 활동을 하면서 그가 불어넣은 새로운 판의 에너지가 분명히 있기 때문이다. 그는 거의 30년 가까이 《뉴욕 타임스》의 문학 전문 서평 기자를 하고 있는 미치코 가쿠타니 같은 기자들이 우리나라에도 많아져야 한다고 말하기도 했다. 그의 읽는 마음이면 가능할 것도 같은 이야기다. 이번 주 '여산통신' 문학 기자 명단에서 그의 이름을 확인하고, 나는 슬쩍 미소를 지었다.

김슬기,

문학 기자의 마음

문학하는 마음

| 1판 1쇄 | 2019년 7월 15일 |
| 1판 5쇄 | 2022년 12월 1일 |

지은이	김필균
펴낸이	김태형
펴낸곳	제철소
등록	제2014-000058호
전화	070-7717-1924
팩스	0303-3444-3469
제작	세걸음

전자우편	right_season@naver.com
인스타그램	instagram.com/from.rightseason

© 김필균, 2019

ISBN 979-11-88343-26-3 03300